U0909243

教育教学思想探讨与教学管理研究

主　编　李旋旗　何　曦　吴建功
副主编　李菽林　高作梅　符　敏

前言

Foreword

鉴于经济学与管理学在社会经济发展和人类文明进步中至关重要的地位和作用，经济与管理学科专业一直是当代世界高等教育和中国高等院校的核心学科专业，也是湖南应用技术学院立校的核心学科专业。为探索该学科专业发展的基本规律，借鉴国内外该学科专业建设的成功经验，梳理本校经济管理类学科专业建设的逻辑思路和实践脉络，湖南应用技术学院经济管理类学科专业带头人、骨干教师在对该学科专业建设和发展进行孜孜不倦的探索和锲而不舍的实践基础上，组建团队撰写并组编了本书。

本书是经济管理学院教师在教育教学思想大讨论和经济管理类专业学科建设方面的研究与实践成果。此成果体现了本校经济管理类专业学科团队成员多年来践行教学育人、科研育人、学工育人、实践育人、管理育人的全方位、全时空、全领域育人的教育教学理念，反映了广大教师知难而进、自强不息、踔厉奋发的精神品质，凝聚了广大教师数年如一日地为经济管理类教育教学和人才培养所付出的努力和心血。

本书文章主题多样，内容丰富，观点思想新颖，包括专业学科发展、教育教学管理、教师教学能力建设、课程教学改革、课程思政探索、“三全育人”与“五育并举”、实践教学与创新创业教育以及教学条件建设这八个方面的内容，力图从目标、过程、行为、方法、结果、条件等维度多方面探索经济管理类专业学科建设和人才培养的新理念、新方向、新思路和新作为。

参与本书撰写的作者既有学校教育的领头人、经济管理类学科专业教育的教授，也有奋战在经济管理类教育教学一线的青年才俊。资深教授行文稳健，语重心长；青年骨干思想勃发，才气洋溢。此书实乃老中青教师三结合的教育思想和教育心得的集大成者也。

本书由李旋旗教授、何曦副教授、吴建功教授担任主编，李菽林教授、高作梅高级政工师、符敏副教授担任副主编。主编、副主编负责本书的主题安排、思路设计和审稿、统稿工作，邹红菊、钟唯、曹琳、谭丽峰等老师负责文稿的整理与校对工作。

在此，特别感谢湖南应用技术学院领导对本书撰写和出版工作所给予的鼎力支持，感谢经济管理学院全体师生为本书撰写所作出的贡献。由于受笔者理论水平和实践经验限制，本书尚存在诸多不足之处，恳请教育界同仁赐教指正。

《教育教学思想探讨与教学管理研究》撰写组

2023 年 11 月 15 日

于湖南常德鼎城

目录

Contents

第三篇　教师教学能力建设

第四篇　课程教学改革

第五篇　课程思政探索

第八篇　教学条件建设

01

第一篇
专业学科发展

地方院校经管类专业建设的目标要求与理念革新

何　曦

（湖南应用技术学院 经济管理学院 湖南 常德 415000）

摘要：明确建设的目标是建设地方院校经管类专业的前提。要达到经管类专业建设的目标须注重六大结合。经管类专业建设的基本要求包括目标结果导向要求、人才培养的通而专要求以及特色化发展要求。受主客观因素的影响，当前经管类专业建设存在着诸如专业层次定位不清晰、培养体系和课程安排不科学、能力培养环节弱化等一系列问题。要解决这些问题、推进地方院校经管类专业建设，就须着重在融合性建设、系统性建设和开放性建设等方面发力。

关键词：地方院校；经管类专业；专业建设；专业特色

1　地方院校经管类专业建设目标指向

专业建设目标与大学宗旨是一致的，涉及师资队伍建设、教学建设、人才培养、服务社会和传承文明。应用型地方院校经管类专业建设的目标是造就品行优良、结构优化、具有良好的学术造诣和较强的教书育人能力的师资队伍；构建科学合理实用的人才培养体系，建设优良的教学条件和资源；培养有能力促进区域经济社会发展的应用型经济管理人才；传承优秀的管理文化和商业文明，弘扬商业道德。经管类专业可以朝着以下四个方向进行建设，以达成总目标的要求：其　，地区性的发展方向。根据地域经济特点，发展与之相适应的专业方向，培养与之相适应的专业能力素质。其二，行业性和产业性的发展方向。依据产业发展趋势，积极主动地进行专业方向和课程体系调整，使经管类学生具有行业产业背景知识和能在某些产业行业从事经济管理工作。其三，学科性的发展方向。基于学科是专业发展之源的思想，着重依托于某些学科，以优势学科的发展促进专业建设。其四，特色性发展方向。在专业充分发展的基础上，逐渐聚焦和形成专业发展的优势特色，并在一定地区和领域内具有一定影响力和知名度。

2　地方院校经管类专业建设的基本要求

2.1　目标结果导向要求

应以目标端而非出发端、输出端而非输入端作为专业建设和人才培养的指向，构建出口导向的人才培养机制，按照人才培养的目标要求设计人才培养的内容体系、环节体系和方法体系，实现人才培养质量的提升。

(1)打造目标导向的经管专业人才培养理念

要以人才培养的最终结果作为考察检验教育教学的唯一尺度，在经管类专业中兴起向更高、更好、更优秀的人看齐的比学赶帮超的专业文化和氛围。

(2)突出经管类专业人才培养的核心价值

从目标结果的视角来看，沟通能力、社会常识和个人修养是经管类人才最重要的三大要素。对于经管类专业来说，应将语言表达沟通能力(包括本国语言能力和外国语言能力)作为经管类专业人才的首要能力，将关于社会文化和人情世故的常识作为经管类专业人才首要知识，将礼仪修养、与人为善作为经管类专业人才首要素养。经济管理人才培养要形成礼仪为先、协作沟通为本、敬业奉献为魂的独树一帜的经管专业文化，并以此体现与其他学科专业文化的差异。

(3)构建一体化的素质能力培养体系

转化成素质能力之后的知识方能体现应用价值。而知识转化为素质能力的唯一途径就是实践。因此，实践是学生成长成才的最根本、最重要途径。为此，经管类专业应构建全方位、全过程、全领域的大实践教学体系。每门专业课都应有一定的实践环节和实践考核指标，如研究报告、案例分析报告、课程论文等，确保大学四年“八学期”形式多样的大实践教学不断线。

(4)养成良好的思维习惯

良好的思维习惯是一切优质工作和创新创业工作的基础。优良的大学教育的非常重要的一项成果标志就是学生普遍养成了反思型与批判性的思维习惯。让学生完全置身于反思型学术教育环境中是学生养成批判性思维的根本途径。经管类专业要建立人人参与学术活动或科技活动的机制，以全面广泛培养学生的批判性思维品质。比如，可广泛开展班级学术活动，让每位学生每学期都能参与学术或科技活动，以及形式多样的课题研究工作。

2.2 人才培养的通而专要求

人才培养须满足社会发展的需要，人才的配置须符合市场的要求。然而，计划经济体制下形成的重知识的“细而专”、轻知识的“宽而通”的狭隘的专业教育模式流弊颇深，有时还呈愈演愈烈之势。此模式培养出来的学生，工作适应面过窄，岗位转换能力较差。就经管类专业来说，其培养口径过于狭窄，专业太专而且不通[1]。如果过于强调大学教育的市场导向和专业方向，学生就会沦为缺乏个性和人文精神的职业机器[2]。

此种形势非常不利于学生的职业发展和社会的变革。改变这种越来越细、越来越专的专业教育局面，是所有有责任感的教育工作者都应认真思考和面对的问题。就培养学生的创新能力而言，因为创新已经从传统的依靠单项科技突破转变为依靠跨学科融合而形成的集成创新，所以也需要学生具有跨学科的知识。经管类专业建设的使命之一就是拓宽专业设置口径，拓展课程设置维度，培养具有广泛就业适应力和较强工作转换能力的大经管类人才。经济学管理学专业人才的培养应该淡化专业界限，减少目前专业间的差异，逐渐融合成几个大专业。德国按一级学科设置本科课程的做法[3]、日本名古屋大学普通教育与专业教育交叉进行的改革方案[4]，以及麻省理工学院斯隆管理学院将科技课程作为管理学科的限选课的经验[5]非常值得我们学习借鉴。培养具有创造性的专业能力、良好思维素质和完善人格的人才的教育方称得上最佳教育[6]。我们可以学习借鉴外国经济学类专业教育的经验，以大经济学和大管理学理念指导专业建设的基本方向，强化专业的包容性、适应性，淡化乃至消除专业界限，扩大知识素质和能力的应用面。

2.3 特色化发展要求

经管类专业的专业特色建设是学校办学优势和办学风格的集中体现，是经管类专业寻求生存发展之道，形成专业竞争力的不二之选。根据我国经济社会发展的客观需要，培养能满足地方经济社会发展需要的高级应用型创新人才是专业特色建设的目标[7]。如果不及时明确并培育办学特色，院校及其专业就可能因不能较好地顺应经济社会多样化发展需求而难以立足于大学教育之林[8]。大学的差异化发展而非同质化发展才是高等教育的希望所在[9]。办学方式趋同、办学特色不明显是大学教育忌讳之事。地方本科院校因历史渊源、地区属性之故与当地社会文化传统和经济属性关系密切，着实可以在专业建设走向和功能发挥方面显示独特的优势和风格。依据所属地区的经济发展战略、产业格局、升级路径和内外资源，展开经管类专业学科规划和建设，按照地方对经管类人才的个性化要求，院校对人才的知识结构和能力素质维度进行共性化与个性化相结合的培养，呈现专业发展的别样风景。经管类专业须注重并突出专业建设的以下三大特色。

(1)本科特色

注重知识的基础性、广博性、连通性、共同性(通用性)，体现学科的广泛性、复合性和交叉融合性。

(2)产业行业特色

突出知识技能的技术性、专向性、指向性，体现专业的方向性和与社会需求的契合性。

(3)应用特色

专业核心课程都应能与实践需求和经济社会发展要求对接，并且要重视知识素质向实践操作能力的转化和生成。地方院校经管类专业可选取兼具学科专业共性和个性的专业发展方向和目标。经管类专业应既有共性化课程设置，也有特色化课程安排。教师既要符合共性学术要求，也要有一些特殊的才能和特质性的学术和思想造诣。要改造课程体系、模式与形式，将现代科学技术和产业技术融入经管类专业课程体系，并以此培育经管类特色学科。

3 地方院校经管类专业建设的困境及原因

3.1 困境的表现

经管类专业发展的困境主要表现在如下几个方面。

其一，对所培养的人才层次定位不清晰。院校人才培养模式同质化现象严重，大学教育总体上尚未形成多元化的错位竞争格局[10]。在高校扩招、学生生源素质下降的背景下，各院校的各种类型、各种层次的经管类专业遍地开花，许多院校经管类专业对所培养的人才层次定位不清晰，缺乏人才培养特色，也没有什么优势。

其二，培养体系不合理。培养体系不合理表现为：①“二・二分段”培养模式积病已久。所谓“二・二分段”模式指的是将普通教育置于大学四年的前两年进行，而将专业教育放在后两年进行。该模式导致大学普通教育与专业教育脱离，使得普通教育缺乏专业内涵，专业教育没有普通教育支撑，学生的全面发展也受到阻碍。②因材施教原则落实不到位。学生不能选择专业方向和课程。由于选修课所占比重小，学生选课缺乏自由度，专业方向也往往由专业限定。③过程性学习考核没有落实。学生平时不学习，考试通过即可，缺乏知识的积累巩固和消化，学习成了走过场的形式。

其三，专业课程设置不合理。①理论课程比重大，实践实务性课程比重小。共性课程多，个性化课程少。②存在课程内容交叉重复、课堂信息量不大及选修课少等显著缺陷。③课程体系雷同，没有针对不同院校办学特点安排课程体系。④技能型课程未能得到有效加强，关于产业行业生产技术和产品性能方面的课程缺或无。

其四，学生实践能力培养没有落到实处。经管类专业的实践教学没有得到应有的重视。培养方案体系的理论性太强，实践性太弱。理论课程太多，实践课程和真实的实践环节太少。实践机会稀缺、理论环节与实践环节的互动性缺乏是阻碍学生能力培养的顽疾。经管类专业学生所应具备的沟通协调管理能力得不到锻炼，作为未来管理者和领导者的素质得不到培育，人才培养目标难以达成。因此，要创新经管类专业人才培养模式，必须从学生实践能力和非智力素质培养的要求出发，从多个方面对教学实践进行革新[11]。

3.2 困境产生的原因

导致上述困境的原因众多，本文着重言及三个方面：第一，教育思想陈旧而不合时宜。对经管类专业来说，以学生为中心的理念主要体现在口头上，还没有真正落实在制度和行动上。教育教学绝大多数情况下是以教师为主导、为主体，学生只是在课堂上被动学。学生对教育教学往往应付了事，甚至连应付都不应付。学生对自主性学习和实践活动特别是科技实践活动的积极性没有充分调动起来。第二，人才培养缺乏针对性和实效性。学院领导和专业负责人没有探究经管类人才培养的特殊规律和特殊方法，在教育教学过程中，没有注重对未来管理人才所需的诸如交际沟通、组织协调、领导管理等重要能力的锻炼和训练。有些院校可能没有意识到需要重点加强对这些能力素质的培养；有些院校可能意识到此事，但苦于没有找到培养的路径或即使找到路径也不愿付出努力去实践。经管类专业往往把实践性课程当作理论课来上，导致课程所设想的实践能力和专业素质培养的目的无法达成。这与课程设置的初衷相违背。第三，对专业发展的统管过死。由于专业目录中规定的必选课太多，各院校经管类专业在制定人才培养方案方面的自主性严重受限，院校拿不出更多学分来开设更多的选修课程和特色课程。

4 地方院校经管类专业建设的理念与思路

4.1 融合性建设

地方院校经管类专业建设的融合主要体现在两个方面。

首先，经管与科技融合。经管类专业作为高校中连接文理(工)的桥梁，可以根据自身特点和资源状况，与理工农林医等应用技术学科专业优势互补，交叉结合，取长补短。理工科、农林院校的经管类专业可开突出理工科和农林特点的课程系列。在选修课中，这类院校可设置××产业概论、××产品概论、××工艺概论、××工程基础等理工农林类课程供学生根据兴趣爱好和职业规划适当选取。在专业实践性教学环节，则可进行××工艺认知实习、××产品生产实习[12]。经管类专业需通过多元化的学科知识的交叉、渗透，增强专业的应用性、实用性以及就业的广泛适应性[13]。专业方向课程模块可主要针对不同行业、产业、部门设置不同专业方向的选修课程群，增强学生的行业产业认知和实践能力。科技特色模块则对经济管理教师的知识结构和能力素质提出了挑战[14]。

其次，专业内部和彼此之间融合。经济学门类和管理学门类应该相互选课。在大经济学和大管理学专业下设专业方向，使学生可以根据未来的就业倾向，选择2~3个方向模块，但需跨专业交叉择选方向模块。譬如，经济学专业的学生，除了学习管理原理和企业管理，也应该选修部分专业管理类课程。可参照德国波恩大学的学士培养标准，要求经管类专业学生在经济学一级学科其他专业模块中选修25%学分，同时还要从管理学门类的专业模块中选修25%学分[15]。

4.2 系统性建设

这种系统性建设要求考量权衡专业建设诸维度。就经管类专业建设来说，主要涉及四个维度。

首先，主体维度。专业建设的主体即教师。教师队伍须在职称结构、学源结构、年龄结构、能力结构方面具有较强的合理性。教师既要在学术研究、教学研究方面有较高的造诣，又要在品性言行方面有良好的修为。

其次，课程维度。西方发达国家大学本科的选修课比重一般为50%~60%。我国可学习借鉴西方发达国家大学课程设置经验[16]。一方面，要大大增加选修课的比重，使之达到50%以上；另一方面，要让选修课真正可选，让选修课制度真正落实、落地，再也不能让选修课成为名义上的选修课和实际上的必选课，或成为不会被选的挂名的课程。经管类专业须从多个学科领域、多个类别中提供真实可选的众多课程。

第三，内容和方法维度。经管类专业可在充分的学术研讨和教学研究基础上，通过修改教案、讲义和编写新教材的方式，将学科发展的新成果和新实践充实到教学内容中。在教学方法建设方面，可借鉴和采用以学生为主体的教学方法手段。譬如，借助于问题导向法，教师可提出现实中的相关问题让学生思考，以此训练学生运用理论知识分析解决实际问题的能力。借助于辩论式讨论法，教师可调动学生的主体积极性，让学生大胆地提出自己的见解，甚至对书本知识质疑，在讨论和质疑中加深对知识的理解。

第四，制度维度。专业建设的基础在于制度建设。经管类专业须改变传统的那种各专业整齐划一的教学管理模式，建立多元、灵活而有针对性的管理制度，如教材选用制度、教师进修深造制度、职称评定制度、经费使用制度等；从制度上保持专业院系责任和权利的平衡。

4.3 开放性建设

院校经管类专业须向过去和未来学习，向世界一切优秀的经管类专业和院校学习，学习借鉴其办学模式、专业建设理念思路、人才培养体系。只有坚持开放的原则，才能建立起校内外之间通畅的信息、知识、人才、资金等资源的流通渠道，才能持续地利用校内外的资源和力量来壮大自己。

地方本科院校须坚持开放建设的理念，进行开放性建设。第一，学习借鉴国内外经管类专业建设的先进经验。①借鉴课程体系经验。经管类专业应开设大通识课，分门别类设置人文、科学、艺术等通识课程，构建复合型宽口径的知识结构。学生跨专业、跨方向选课，进行学科交叉融合。根据个性特点、兴趣爱好和职业规划，让学生自主选课，因材施教。②借鉴专业选择经验。在大学学习 2~3 年后，学生根据兴趣爱好和职业规划，可自主选择专业和专业方向。这样学生就会知道为什么学此专业，此专业的要求是什么。学生就会带着目标方向去学习，学习就会有动力，就会乐于专业学习。③借鉴培养方式经验。经常性的多重形式考核促使学生处于经常性的学习压力之下。应借鉴国外经验，减少总课程数，加大每门课程的功课任务量，提高任务要求。④借鉴班级规模经验。压缩班级人数，对于需要开展课堂训练的专业核心课程，将一个班级的人数控制在 20 人以下。

第二，开放性利用社会资源。经管类专业可通过合作与联合的方式发掘和保有各类社会资源(包括硬件资源、软件资源、人才资源、场所资源、公共关系资源等)，并将这些资源充分利用到专业建设的诸多方面。经管类专业可建立跨地区跨院校的人才联合培养和科学联合攻关方案，开展国际性或区域性教学科研交流研讨会，营造更具开放性和学术自由的教育环境和专业建设机制[17]。

第三，建设开放性的专业特色。根据办学主体所依托的学校学科专业特点和所属的行业产业特点，确定和建设开放性的经管类专业特色。综合性大学经管类专业可利用学科专业综合性优势，强调大经管通用型、知识广博型的专业特色；理工科院校经管类专业可借助理工科的专业背景和行业背景，强调与理工科技的结合，办出技术性/工科性的专业特色；行业性院校经管类专业可借重行业性资源和背景，突出经管类专业的行业知识和技能教育，着重为行业培养高水平经管类专门人才。

参考文献

[1] 罗尧成，李利平. 发达国家大学课程结构改革：背景、动向及启示[J]. 现代教育科学，2005(1)：39-42.

[2] 布鲁贝克. 高等教育哲学[M]. 王承绪，郑继伟，张维平，等，译. 杭州：浙江教育出版社，2001.

[3] 蒋远胜，李天，陈文宽. 德国大学的经济学教育及其启示[J]. 成都大学学报(教育科学版)，2007(6)：1-3+6.

[4] 胡建华. 面向 21 世纪的日本大学课程改革[J]. 高等教育研究，1998(2)：97-100.

[5] 蒋盛楠. 美国商学院本科人才培养模式的个案研究及其启示[J]. 北京教育(高教版)，2006(Z1)：109-111.

[7] 唐志良. 地方本科院校经管类特色专业建设研究[J]. 中国市场，2012(22)：107-109.

[8] 刘耘. 培育办学特色：新建本科院校的立校之本[J]. 中国行政管理，2009(9)：106-108.

[10] 潘华，王乐鹏，施泉生. 立足专业特色　产学研结合构建应用型本科专业人才培养体系——以上海电力学院经管学院信管专业为例[J]. 教育教学论坛，2012(S5)：1-3.

[11] 李远东. 财经类院校经济管理专业实验教学体系的建设[J]. 河南教育(中旬)，2010(9)：72.

[12] 潘慧明，饶洪军，常亚平. 不断深化教学改革建设有特色的经管类专业[J]. 武汉纺织工学院学报，1999(2)：90-94.

[13] 彭本红，张丹平. 一般工科院校经济管理专业“工科特色”人才培养模式探讨[J]. 商场现代化，2008

(8)：395-396.

[14] 孙英隽. 创新：经管专业“工科特色”人才培养模式的最佳选择[J]. 上海理工大学学报(社会科学版)，2012，34(4)：316-319.

[15] 郑军，蒋成飞. “双一流”背景下“新经管”的发展路径探究[J]. 天津大学学报(社会科学版)，2020，22(5)：400-405.

地方应用型院校经济管理类学科发展方向与建设路径探讨

吴建功

（湖南应用技术学院 经济管理学院 湖南 常德 415000）

摘要：加强学科建设是促进经济管理类学科专业可持续高质量发展的必由之路。学科建设和发展的前提是要明确学科建设的目标定位、发展方向和基本要求。为顺应学科发展趋势，根据学校学科目标定位和学科专业发展实际，经济管理类学科可朝着特色化、差异化、交叉化、一体化方向发展。受主客观因素的影响，地方应用型院校经济管理类学科建设中存在一些急需解决的问题，正阻碍其经济管理类学科专业发展和人才培养。地方应用型院校可从制度构建、方向选择、梯队建设、特色与优势培育、学术交流、科研教学互动等方面着手，系统地开展经济管理类学科建设。

关键词：地方院校；经济管理；学科建设；学术研究

对于地方应用型院校经济管理类学科来说，加强学科建设是促进经济管理类学科专业可持续高质量发展的必由之路。没有良好的学科建设和学术研究，学校发展和教育教学就是无源之水，无本之木。

1 学科建设的内涵与基本要求

1.1 学科建设的内涵

学科建设从狭义的角度来说，就是以一定的科研力量开展科学研究并取得一定的科研成果的行为过程。学科建设从广义的角度来看，则是指以学科团队作为主体，借助一定的资源条件，以若干个相关研究方向为核心，以高质量的学术成果和高水平人才培养为主要目标的学术体系。学科建设的主要衡量标志是科学研究。学科建设涉及科研活动的开展、科研能力的加强、科研水平和层次的提升、科研影响力的扩大[1]。学科建设是一项复杂而长期的系统工程，涉及学科建设目标方向、制度体制、行为过程、条件环境、效果评价、传播交流等众多因素。

1.2 学科建设的基本要求

虽然不同院校的办学定位和层次不同，学科建设的标准和要求有所差异，但学科建设还是有一些具有共性的标准尺度的。

(1)有从事学术研究的优良学术梯队

学科梯队建设是学科专业持续发展的动力之源[2]。学科建设需要有优良的学术梯队，有合理的人才配置结构，需要一代人接着一代人连续不断地去奋斗[3]。优良的学术梯队体现为三个方面。首先，要有学术带头人和学术骨干等高层次学术人才。这些高层次人才可以是自己培养的，也可以是引进的。这些人才可以来自国内院校和研究机构，也可以来自外国的大学和研究机构；可以来自名校，也可以来自普通院校。只要是热爱科研、有良好的学术造诣和较好的学术成果的，就可以作为高层次学术人才培养和引进。其次，要有学术导师制度。传帮带性质的学术导师制度是团队建设的基石。在该制度下，学科带头人和学科骨干可指导、帮衬青年教师开展学术研究，在项目选题、研究方法、学术规范和成果发表等方面给予精心指导和大力协助。最后，有团队攻关协作的传统和机制。联合协作的团队才是优良的团队。只有集体作战方能在学术研究领域攻坚克难，形成一加一大于二的合力。优良学术梯队建设的前提条件是要有吸引人才的待遇条件和工作环境，要有鼓励人才脱颖而出的机制和政策。只有如此，人才才能引得进、留得住。

(2)有良好的学术氛围

学术氛围既是学科建设的结果，也是学科建设的条件。如果没有良好的学术氛围，加强学术研究和学科建设就是一句空话。良好学术氛围的标志就是全体教师具有从事学术研究的热情和积极性，开展科研的动力充足，精力充沛，都以饱满的热情投入到科研工作中。全部或绝大多数教师能根据自身学科背景和实际情况确定研究方向和目标定位，从事某一方面、某一领域的学术研究工作，或从事多方面、多领域的学术研究工作，并通过持续的研究实践形成某一方面或多方面的学术成果。

(3)有促进学术研究和学科建设的制度机制

学科发展需要有一定的支持、激励和约束机制，主要涉及经费保障制度、科研工作量计算制度、科研奖励制度等。同时，对于课题研究、论著撰写与发表、奖项评定也要有一定的支持和鼓励。在健全相关制度的基础上，通过队伍建设、平台建设、能力建设，深度推进学科发展，提高学科建设效率，增强学科协同创新发展能力。在制度保障下，使教师有充分的时间、精力和经费开展学术研究工作。

(4)有一定数量且较高质量的学术成果

从目标导向的角度来看，学科建设的基本标志就是有一定数量的高质量学术成果。缺乏成果的学科不可能是优良学科。学术成果有多种形式，包括但不限于论文、著作、项目课题、专利发明、获奖。不同层次的学校，对学术成果要求不同，但成果导向的学科建设方向应该是一致的。要成为特色学科和优势学科，必须取得一定的标志性成果。毕竟，学科知名度和影响力的提升最终要取决于学术成果的数量和质量。

(5)形成学科特色和优势

所谓学科特色，指的是学科成员在某一领域进行特定的研究，取得特定的成果，形成特定的优势，具有特定的影响力。由于学科发展日益精细，而研究主体的时间精力和资源有限，每个主体只能就某一或某些领域的某个或某些问题进行专项研究。对于应用型地方院校学科建设而言，追求特色较追求一流更具现实性、必要性和可行性。对于地处不同区域的教学应用型院校，特色化发展是所有学科建设的基本方向和要务。此类院校经济管理类学科应探索和培养学科特色，在特色研究方面进行突破，形成一系列具有较高水准的成果，体现出一定的学科优势。

2 学科建设的目标定位与发展方向

2.1 目标定位

高等教育改革动向、学科发展趋势、学校办学理念和现实条件是学科建设目标定位的重要参照系。综合考量和权衡上述因素之后，可将经管类学科发展目标进行定位，比如可以(但不一定非此不可)定位为：建设成为地区性知名学科、特点鲜明的学科和交叉融合发展的学科。地方院校经济管理类学科应突出学科或学科群的内涵发展，构建优势和特色鲜明、师资结构合理、在国内具有一定影响的学科体系。地方院校经济管理类学科建设应坚持有所为，有所不为，突出重点，交叉发展，强化特色，培育优势，推动学科群的建设。

学科发展要处理好两个关系，即打牢学科基础与突出学科优势的关系、学科发展与教学改革的关系；要强化学校发展动力在于学科建设、学科建设靠学术带头人引领、学科建设的生力军是教师、学科建设与专业建设相辅相成等意识[4]。由于地方应用型院校以服务地方社会经济发展，培养专业基础扎实、技术能力突出、真正学以致用的高素质应用型人才为主要目标，学科建设应主要聚焦于地区性、应用型、领域性的学科目标。通过多年的特色化研究、差异化发展和协同化攻关，地方院校经管类学科应争取在特定的学术领域有所突破，取得一些标志性的成果，并在国内同类院校经管类学科中有一定的影响力和知名度。

2.2 发展方向

为顺应现代学科知识的发展趋势，根据学科建设目标定位和学科发展方向，经管类学科应朝着特色化、差异化、交叉化、一体化方向发展。此类学科应密切跟踪产业发展动态，对接城市发展战略，理顺学科发展思路，谋划学科发展布局。

其一，特色化、差异化发展。为避免与普通学科研究撞车，地方经管类学科须发现和发掘自己的地域和领域特色以及学术潜能，建设富有地域特征、时代特征、人文特征的学科。学校可利用现有学科基础和学科条件，发挥差异化发展的优势。

其二，交叉化发展。当代学科发展的大趋势是学科体系相互融合、相互交叉、相互借鉴和支撑。学校可结合学科实际，有意识地引导和培育交叉学科或融合学科，通过多学科联合攻关，多学科思想互补，学科边缘拓展，实现学科综合化和整体化发展[5]。学科的交叉和融合发展将为新兴产业培养具有创新性的应用型人才提供学术支撑。

其三，一体化发展。学科可围绕企业、管理、服务、经济发展几个关键词和核心内涵，组建一体化的学科群体系。该学科群体系应该能相互联系、相互支撑、相互促进，其中的学科队伍和学术资源也要能相互利用、相互帮衬、相互辅佐。

根据教师学科专业背景和科研基础，再结合学校的办学特点和所在地区的区位特点和乡村振兴战略的形势要求，以及本校实际，笔者认为可将电子商务、行政管理、物流管理、财务管理、旅游管理等学科融合交叉，形成政府财务管理、乡村文旅产业发展与管理、农业农村电商物流、乡村与社区行政管理、酒店财务管理等交叉学科，形成差异化、特色化的学科发展体系。这些学科不仅可以相互联系、相互融通，而且可以相互支撑、相互促进，进而构成多位一体的学科发展体系。

3 地方应用型高校经济管理类学科建设中存在的问题

对照学科建设的基本要求，地方应用型院校经济管理类学科建设尚存在一些短板和薄弱环节，亟须加以改进。这些问题主要表现为“五多五少”。

3.1 教学的教师多，做学术研究的教师少

教师从事教学的多，但相对来说，做学术研究的少，尤其是学科建设的领头人和攻坚拔寨的生力军严重缺乏。部分教师为了评高级职称，积极从事科研工作，撰写了一些论文，申报了一些课题，申请了一些专利。不急于参评职称的教师对于科研工作则不够积极，对学术研究不够重视，对学科建设也不够热心。受主客观因素的影响，某些院校的学科建设和学术研究气氛不浓，学术研究的声势尚未兴起，群众性的、广泛性的学术研究难以展开，研究成果较少、档次不高。而且，这些成果主要由少数晋升职称的教师取得。总体来说，教师做科研的经验不丰富，实力不强，所受的学术训练不足，对学术规范和程式不熟悉；申报和承担高级别项目研究、撰写和发表高水平论文较为困难，学科建设中缺少标志性的有影响力的学术成果和教研成果，学科建设和科学研究停留在低产出、低水平、低层次状态。

3.2 独自作战的多，团队攻关的少

一些地方院校因缺乏具有良好学术造诣且有责任担当和学术抱负的学术领军人物来引领学科发展和科学研究，难以展开集体攻关和协作，难以形成科研合力。教师往往在各自领域内做一些研究，写自己熟悉的论文，做自己熟悉的课题，各吹各的号，各弹各的调，对是否可整合实力、协同作战、联合攻关、发挥集体的力量，缺乏共识和认同。科研项目计划中，虽然有团队安排，但其实是名义上的，团队研究实际上较少开展。教师的研究领域分散，研究力量分散，研究工作分散，研究成果也分散。因学科力量缺乏整合，团队建设较为落后，学术研究难以有重大作为。

3.3 工作要求多，支持少

某些院校对科研的支持力度不大，科研投入较少，对立项课题提供较少的或不提供配套支持，对科研成果的奖励范围小、力度小。教师工资低，学术研究成本大，从事学术研究入不敷出。立项省厅以上课题，学校不配套支持，微薄的课题经费连低档次的课题研究都难以支持，更不用说高档次研究了。许多教师缺乏学科平台支持，科研没有经费和社会资源保障，科研之路走得异常艰辛。

3.4 分散的研究多，凝聚方向的研究少

由于学科建设缺少组织规划、缺乏平台的支持，学术研究往往较为分散和盲目，缺乏连续性、计划性、方向性、前瞻性。学科没有对方向进行凝聚，教师也没有形成一些方向性成果。一些院校较少组织教师发掘和整合学科专业力量和优势，也很少凝聚方向特色和开展差

异化特色化的研究。很少有人指导教师如何研究、从哪些方面研究。因缺乏学科规划、着意设计和组织引导，学科方向凝练不足，凝练成果相对也不足。

3.5 对科研成果强调的多，对科研教学互动强调的少

学科建设中存在片面强调追求科研成果而对科研促进教学和教学反哺科研问题关注不够的现象。科研教学互动机制建设问题尚未提上学科建设的重要议程。学术研究服务于教育教学、教育教学成果反作用于学术研究的机制尚不完善，学术研究对专业建设和教学建设的支撑作用不够明显，教育教学实践对学术研究的反哺作用不够突出。学术与教学的结合尚不紧密，互动尚不显著。

4 问题产生的原因

4.1 学校和教师对科研工作重视不够，学术研究的积极性不高

有一些人认为，科研工作可有可无，对学校的发展没有多大重要性和紧迫性。教师工资收入不高，仅有的收入基本上用于维持家庭生活，无多余经费支持其科研工作。这是高水平、高质量的学术成果难以产生的原因之一。另外，应用型教学型高校教师的教学工作量大，有时上多头课或新课，教学压力很大，难以分出足够的时间精力开展学术研究。诸如此类的问题导致教师对学术研究缺乏动力和规划，干一天算一天，懒得动脑筋。

4.2 科研团队建设落后，科研实力较弱

没有科研领军人物，就不可能培养造就科研骨干，也不可能打造出科研有生力量，学科建设就永远只能是无本之木，无源之水。一些学校对学科团队特别是学科带头人和学科骨干的重要性认识不足，缺乏引进、培养和留住学科带头人和学科骨干的有效政策，关于高层次人才的人事政策远远不能适应学科建设发展的要求。由于学术领军人物和学术带头人的缺失，青年教师难以得到学术指导和帮衬，学术能力也难以得到增强，在学术上难以有所突破、有所造诣。一些院校尚未形成学术团队攻坚的机制，科研主体实力不如别人，却还不合作、不抱团取暖，因此学术研究和学科建设难以有实质性的进步和突破。

4.3 学科建设制度不健全，促进学科发展的动力和支持不足

因为没有充分认识到学科建设的战略意义，一些院校激励教师从事学科建设的机制不健全，教师进行学科建设的压力和动力不足，学科建设服务于经济建设和社会发展的意识和能力较弱。院校行政体制和组织壁垒客观上也阻碍了学科优势的重组和学科建设的发展[6]。一些院校对教师参加国内外学术活动和举办学术活动的支持政策缺乏，对学术交流制度的保障不够到位。学术交流不足导致教师学术视野狭隘，学术攻关能力难以提高，创新思想难以形成，学术研究落后于学科和社会经济发展。不仅学术基础差而且闭门造车，其结果自然是科研成果数量少、质量低。

5 促进地方应用型高校经济管理类学科发展的思路

学科建设是大学高质量发展的命脉。不重视科研和学科建设的大学是难以在高等教育界立足的。不积极从事科研工作、无高质量科研成果的教师是难以在大学求得良好发展的。因此，加强学科建设是经济管理类学科教师的不二选择和重要使命。

5.1 健全促进学科发展的机制

大学教育发展要立足于学科发展。没有学科强有力的支持，专业教育教学是发展不起来的。因此，地方应用型院校须高度重视、关注和支持学科建设，对学科建设和学术研究给予充分的制度支持，努力创建良好的科研条件和环境。其一，健全科研激励制度。通过富有实效的激励机制，提升学术研究的质量档次和学科的竞争力[7]。建议加大对立项课题的配套支持力度，对于省部级社会科学、自然科学和教育规划等立项课题给予不小于一倍的配套经费支持，对于国家级科研和教育规划立项项目给予不小于两倍的配套支持。对发表的高水平论文和获得省级以上科研奖和教学成果奖的成果给予每项 5 万元到 10 万元的奖励。其二，给予教师科研工作量支持。适当减少教师的教学工作量，稳定授课科目，使教师能拿出更多的时间精力用于学术深造和学术研究。可将科研工作折算成课时量。对于科研型教师，只要完成一定的科研工作就可核算一定的工作量。给具有科研潜力的教师充分的时间和精力保障，让他们发挥科研优势，多出成果，出好成果。

5.2 明确“术业专攻”方向

地方院校可基于学科建设目标和教师学术潜能，依据术业有专攻的原则，理清学科发展思路，集中和凝练研究方向，体现不同院校经管类学科专业特色，进而达到以“专而精”的学术研究支持和推进“宽而博”的教育教学的目的[8]。地方应用型院校可考虑选择直接为市场经济和社会发展服务的学术领域作为经济管理类学科发展的主要方向[9]。教学应用型院校经管类学科建设在研究方向的选择上须尽量兼顾理论价值和实践价值，瞄准科学发展前沿和重大生产及社会实践问题，发展基于学科融合交叉且别具一格的学科。这样做，可与在国内研究领域已经具有明显优势的院校形成一定的错位竞争，体现自身经管类学科发展的特色和相对优势。

5.3 加强学科团队建设

优良的学科团队无疑是保持学科发展继承性和持续性的前提和必要条件。地方教学应用型院校为此应进一步优化队伍结构，提高学科带头人和学术带头人的待遇，引进和培育一批有较高学术造诣和能力的高层次人才作为学术研究的领军人物，打造一个齐整而又实力雄厚的学科团队[10]。这些带头人和学术骨干可分别组成几支互相联系、互相支撑的学术团队，以团队方式展开学术攻坚，形成学术研究的合力，对具有一定挑战性和创新性问题进行研究[11]。在团队建设中，积极推广学术导师制，在科学研究能力提升方面对青年教师进行竭诚提携和帮衬，促使青年教师在学术研究方面迅速成长。学科负责人和方向带头人须多方教导和帮衬青年教师开展科研工作，鼓励青年教师在工作的同时继续深造，通过在建设中锻炼，在锻炼中发展，不断培养和壮大学科队伍，造就新的学术骨干乃至新的学术带头人。

团结合作可以出成果，出战斗力。院校应重视在科研项目研究中的集体攻关和团队作战，发挥集体力量，突出团队作用，群策群力，逐渐形成有凝聚力、有实力、有战斗力、优势互补的学术科研团队。可以高层次学术人才为核心形成几个具有战斗力的学术团队，推动每个团队在3~5年内取得有一定分量的成果，比如每个团队在3~5年内力争发表一定数量的高质量论文、申报立项一定数量的高水平社科或自科基金研究项目。譬如，就湖南应用技术学院而言，至少需要3~5个学科带头人或领军人物(涉及电子商务、行政管理、物流管理、财务管理、旅游管理等学科)，并由其统领学科发展，培养学科队伍。

5.4　培育学科特色与优势

学科特色与优势培育是地方院校经济管理类学科突进的法宝和金钥匙。

其一，特色培育。特色培育是个复杂的系统工程。院校应该先对社会经济发展实际进行调查研究、对国内外经济管理类相关学科的发展动态进行较为全面和深刻的了解，充分借鉴同类院校经管类学科发展的经验教训，经过学科团队反复论证后，初步确定特色发展的内涵要义。然后，在学科建设过程中根据院校实际、学科发展特点和社会需要逐渐培育和展现学科特色。此特色须是地区特色、产业特色、时代特色和院校特色的水乳交融。

其二，优势培育。与特色培育相对应，优势培育也可围绕地区经济和产业优势、学校学院办学优势等方面展开。学科团队在特色培育的过程中，应选准某些可能有相对优势的研究领域开展集体攻关，取得具有一定影响力的标志性成果，在一定领域、一定范围和一定程度上形成比较优势或差异优势。可以考虑通过学科交叉融合，比如财务管理与金融学的交叉融合，电子商务、物流管理与国际贸易的交叉融合，行政管理与工商管理的交叉融合，来培育学科优势。在前期，可以围绕某一学科方向开展重点培育，形成有一定优势的拳头学科，在此基础上再带动其他学科和学科方向优势的培育。

5.5　广泛开展调查研究和学术交流

没有调查研究就没有发言权。调查研究是学术研究的基础和前提。要加强学科建设，就要重视调查研究的作用。学科团队可根据项目研究和学科建设需要，开展经常性的形式多样的调研活动。通过多领域、多层次、多方面的调查研究，学科团队可以了解把握与经管类学科发展相关的经济社会中的热点和焦点问题，发掘、发现有价值和有前途的学术研究方向与领域。

为增长见识、拓宽思路、创新思维，建议学科团队成员特别是学科带头人、学科骨干积极走出去，到国内院校参观学习，借鉴其他学校学科建设和科研工作的先进经验和做法。有条件的院校应积极支持教师出国、出境研修学习，参加国际性学术研讨会，跟踪管理类学术研究前沿，了解具有国际水准的商学学科发展动态，搭建国际学术交流网络，提升学术研究能力和学科建设水平，同时大大增强教师用外语进行学术研究和专业教学的能力[12]。学校经管类学科可以定期举行学术会议，邀请国内外同行专家参会，请其介绍他们的研究成果和学科建设经验，指导本校经管类学科建设和科研工作；也可借此机会，向其他院校推介本校经管类学科建设的做法和经验，扩大本校经管类学科的知名度和影响力；还可以多方搭建跨学科、跨地域、跨机构的产学研用学术网络，进行形式多样的学术交流与实践探讨，提高学科理论创新水平[13]。

5.6 推进学科发展和教育教学工作的互动互进

学科建设要服务教育教学，教育教学也应反哺学科建设。地方应用型院校应积极探索并建立健全教学科研互动机制。院校应引导教师将教学中的重大或重要理论问题作为学术研究的选题，针对教学中的疑难和前沿问题开展研究；引导教师及时将研究成果补充到教学内容中，发挥学术研究对专业课程建设的推动作用，使学术研究成为课程建设和教学内容改革的力量之源。同时，应引导教师通过教学实践充实和修正理论研究成果，发挥教学对学术研究的反哺作用。

参考文献

[1] 李丰才，臧冠荣. 上海金融学院学科建设工作研讨会(2005)综述[J]. 上海金融学院学报，2005(4)：79-80.

[2] 柯小霞. 林业经济管理的特点及体制创新研究——评《林业经济管理学(第四版)》[J]. 林业经济，2021，43(11)：97.

[3] 徐玮，包庆丰. 内蒙古农业大学林业经济管理学科发展回溯与思考[J]. 内蒙古农业大学学报(社会科学版)，2022，24(5)：73-77.

[4] 刘宏. 关于我国林业经济管理学科建设的思考[J]. 经济研究导刊，2014(8)：75-76.

[5] 张进. 教学型高校学科与专业建设的问题和对策——以财经类院校为例[J]. 高等教育研究，2006(12)：47-49.

[6] 赵纯均，吴栋. 走向一流的经济管理学院[J]. 清华大学学报(哲学社会科学版)，2001(2)：22-25.

[7] 金璐，覃冠文，张堂云. 教育生态视域下地方本科院校应用型特色建设研究与实践——以梧州学院经管学科为例[J]. 梧州学院学报，2019，29(4)：107-112.

民办本科院校经济管理学院教学督导工作的探索与启示

刘良科　黎小敏

（湖南应用技术学院 经济管理学院 湖南 常德 415000）

摘要：以民办本科院校经济管理学院教学督导工作为背景，学院教学督导室在院领导支持、各职能部门协作和全体教师的积极配合下，开展了对教学督导工作的探索与实践。首先，从听课评课、青年教师培养、教学信息站管理、日常教学督导、编辑整理教学情况等方面系统总结了教学督导工作，包括听课评课的全方位覆盖、青年教师的培养常态化、教学信息站的创新和管理、实践教学与考试的严密监督，以及《教学情况简报》的精心编辑。在实践中，学院通过教学督导的导向作用，加强正面引导，提升教师师德；通过教学信息站的优化，形成信息闭环，推动教学信息的高效利用；通过青年教师的培养，不断提升教学水平；通过实践教学的督导，保障教学质量。本文对民办本科院校教学督导工作的探索经验进行了总结，以期为其他院校提供有益的借鉴和启示。

关键词：民办本科院校；经济管理学院；教学督导

1　引言

随着中国高等教育的迅速发展，民办本科院校在教育领域扮演着日益重要的角色。然而，如何确保民办本科院校的教育质量，成为当前教育改革和发展所面临的重大挑战。在这一背景下，经济管理学院作为一所民办本科院校的二级学院，为了不断提升教学质量、充分发挥教育育人功能，正在不断探索适合自身发展的教学改革路径。

教学督导作为教育质量保障的重要手段，在现代教育中的作用愈发凸显。本文着眼于民办本科院校经济管理学院的教学督导工作，通过对两年来教学督导工作的总结与分析，探讨其经验、问题以及带来的启示。在当前高等教育竞争日益激烈的情况下，探索有效的教学督导模式，提升教育质量，不仅是经济管理学院的内在需求，也是适应时代和社会发展的重要举措。

本文旨在从实际出发，总结与分析民办本科院校经济管理学院的教学督导工作，了解民办本科院校在面对教育挑战时所采取的措施，发现其中存在的问题与不足，以便在教学改革中找到更好的方法，并为教育改革和发展提供有益的参考。

2 民办本科院校教学督导概述

2.1 教学督导的定义与特点

教学督导，作为教育质量保障的关键环节，是一种系统性的评价与指导活动，旨在促进教育教学改革和提升学生学习效果。它不仅关注课堂教学，还涵盖了教师的专业发展、课程建设、教学资源等多个方面。教学督导以“促进发展”为核心理念，通过合作性的沟通与反馈，引导教师不断树立正确的教育观念，改进自身的教学方法，从而实现学校的教育和培养目标。

教学督导的特点在于其多元性和系统性。它不仅包含定期的课堂观察和评价，还包括教学设计的审查、教材教辅的评估、教师发展的指导等环节。此外，教学督导强调问题导向，通过发现问题和瓶颈，为教师提供有针对性的反馈和支持，推动其自我反思与专业成长。

2.2 民办本科院校的发展现状和挑战

近年来，随着中国高等教育的持续扩张，民办本科院校作为教育体系的重要组成部分，发挥着重要的作用。这些院校以其灵活性、创新性和特色化的办学模式，吸引了众多学生。然而，与此同时民办本科院校也面临着一系列挑战。

教育资源的不均衡分配导致了教学质量的差异。与一些知名院校相比，民办本科院校在教师队伍、教材资源、实验设施等方面存在一定的不足，这就给民办本科院校提供高质量的教育带来了挑战。民办本科院校在教育改革和课程建设方面需要更加注重特色和创新。如何在紧张的教学日程中融入实践性、跨学科的教育内容，培养具备实践能力和综合素质的毕业生，是一个亟待解决的问题。此外，民办本科院校的知名度和社会认可度也不高。由于办学历史相对短暂，这些院校需要在校园文化建设、师资力量提升等方面加大投入，以提升其在教育领域的影响力。

2.3 教学督导在提升教育质量中的作用

教学督导在民办本科院校的教育质量提升中发挥着重要作用。首先，教学督导可以帮助发现和解决教学中存在的问题。通过定期的课堂观察和评价，督导人员可以发现教学中的不足之处，为教师提供针对性的建议和改进方向。这有助于提升课堂教学的效果和学生的学习体验。

教学督导可以促进教师的专业发展。督导人员不仅关注教学效果，还关注教师的教学设计、教学方法、教材选择等方面。通过与教师的交流和合作，督导人员可以促使教师不断反思和调整自己的教学策略，提升其教育教学水平。教学督导还可以帮助教师建立自信，鼓励教师创新教学模式，从而构建积极向上的教育环境。在民办本科院校中，教学督导需要考虑院校的特点和发展阶段，注重在发现问题的同时提供有效的支持和建议。此外，督导人员还应具备专业素养和敏锐的观察力，以便更好地引导教师实现教育目标。

3 经济管理学院教学督导的重要性

随着中国高等教育的蓬勃发展，民办本科院校在培养高素质人才方面正发挥着越来越重要的作用。作为其中的重要组成部分，经济管理学院肩负着培养经济管理领域应用型人才的重要使命。在这一背景下，教学督导作为教育质量保障的重要手段，显得尤为关键。

3.1 经济管理学科的特点与教学需求

经济管理学科作为现代社会不可或缺的重要组成部分，其特点在于理论与实践的紧密结合。而民办本科院校经济管理学院更注重培养学生的实际操作能力、创新思维和实际问题解决能力，以适应日益复杂多变的市场环境。因此，教学在经济管理学科中不仅仅要传授理论知识，更要充分融入案例分析、团队合作、项目实践等教学方法，使学生能够在真实情景中应用所学知识。

3.2 教学督导对培养应用型人才的意义

教学督导在培养应用型人才过程中具有重要意义。教学督导能够帮助教师更好地理解学生的学习需求和问题所在。通过定期的课堂观察和反馈，教学督导可以为教师提供关于学生学习情况、理解难点和学习效果的信息，有助于教师进行针对性的教学调整。教学督导有助于促进教学方法的创新和优化。经济管理学科需要培养学生的实际操作能力和解决问题的能力，传统的教学方法可能无法满足这些要求。通过与教学督导的交流和合作，教师可以得到关于改进教学方法的建议，从而更好地培养学生的应用能力。教学督导还能够帮助学院更好地把控教育质量，提升学生的综合素质。民办本科院校作为新兴力量，需要通过高质量的教育来树立良好的声誉。教学督导可以为学院提供专业的教育质量评估，有助于推动教育教学不断改进方法和提升水平。

3.3 教学督导在促进师资队伍建设中的作用

教学督导在促进民办本科院校经济管理学院师资队伍建设中发挥着不可替代的作用。首先，教学督导可以帮助教师不断提升教育教学水平。通过与督导人员的互动和交流，教师可以获得拥有不同专业背景和经验的人的建议，从而拓展教学思路，丰富教学方法，提高教学效果。其次，教学督导可以促使教师进行自我反思和专业发展。督导人员的反馈和建议有助于教师深入思考自己的教育理念和教学方式，从而进行自我完善。教学督导可以为教师提供专业成长的机会，激励他们不断追求教育教学的卓越成效。

4 民办本科院校经济管理学院教学督导的实践探索

近年来，民办本科院校在中国高等教育体系中逐渐崭露头角，成为培养应用型人才的重要力量。在这一背景下，如何进一步提升教学质量，实现教育目标，成了学院发展中亟待解决的关键问题。教学督导作为一项重要的质量保障手段，对于民办本科院校经济管理学院的教育教学工作具有重要意义。

4.1 督导体制建设：建立科学合理的督导机制

为了有效推进教学督导工作，经济管理学院需要建立科学合理的督导体制。首先，起草《经济管理学院教学督导团章程》，明确督导的组织架构和职责分工，设立专门的督导部门或岗位，负责督导计划的制订、督导过程的组织和督导结果的反馈。其次，建立督导工作的考核和激励机制，使督导成为一项有力的教育教学改进手段，同时也为督导人员提供专业成长的机会。

4.2 督导方法创新：利用有效的督导手段与工具

传统的教学督导往往依赖于课堂观察和教师访谈，但在现代教育环境中，这已经远远不够了。经济管理学科的特点要求教学督导更加贴近实际操作，因此，督导方法也需要创新。教学督导时，可以借助现代技术手段，如录像回放、在线课堂观察等，深入了解教学过程，更加客观地评估教学效果。同时，利用问卷调查、学生反馈等方式，获取学生对教学的看法，为教师提供改进的建议。

4.3 数据支持与评估体系：基于数据的持续改进

在教学督导中，数据的收集与分析变得愈发重要。经济管理学院可以建立教学督导数据平台，汇集课堂观察、学生评价、教学成绩等数据，从多个维度全面了解教学情况。通过数据分析，可以发现教学中存在的问题和难点，为教师提供精准的改进建议。同时，可以建立持续改进的评估体系，将督导纳入学院的质量保障体系中，实现教学质量的不断提升。

4.4 督导团队建设：培养专业素质与团队协作

教学督导的效果与督导人员的素质直接相关。因此，经济管理学院应该注重督导团队的建设与督导人员的培养，招聘具有丰富教学经验和专业背景的督导人员，确保其对教学过程的理解和洞察。此外，督导团队需要具备良好的团队协作能力，以在督导过程中相互交流、互相学习，形成合力，促进教育教学水平的全面提升。

5 成效评估与经验总结

教学督导是提升教育质量的重要手段，经过一段时间的实践探索，民办本科院校经济管理学院在教学督导工作方面已经取得了一系列明显的成效。

5.1 教学督导的全面展开

在经济管理学院，教学督导不仅仅停留在课堂观察与评价层面，而是涵盖了多个层面，以确保教育质量的全面提升。首先，听课评课环节全方位地覆盖了教学过程，从教学设计到实际操作，从教师表现到学生互动，形成了全面客观的评价体系。其次，青年教师的培养得到常态化的关注。督导人员与青年教师定期交流，提供教学指导和经验分享，促进其专业成长。此外，教学信息站的创新和管理，为教师提供了一个高效利用教学资源的平台，促进了教学资源的共享与交流。实践教学与考试的严密监督，保障了教学质量和学术诚信。最后，每月精心编辑的《教学情况简报》，既是对教学过程的回顾，也是对工作改进的思考，为教育教学改革提供了有益的参考。

5.2 教学督导的导向作用

在实践中，教学督导在学院的发展中发挥着重要的导向作用。首先，督导工作强调正面引导，通过宣传认可优秀教师的先进事迹和表率作用，引导和激发全体教师的教学热情、工作主动性和创造力。其次，督导工作在教学信息站的优化中，推动了信息闭环，促进了教学信息的高效传递和利用。青年教师的培养也通过督导工作得以实现。教学督导为他们提供了与资深教师交流的平台，促进了教学理念和方法的交流。实践教学的严密督导，不仅提高了教学质量，也使学生可以更好地掌握实践技能。综合而言，教学督导通过多方面的导向作用，提升了学院的整体教育水平。

5.3 教学督导工作的经验

民办本科院校经济管理学院的教学督导经验为其他院校提供了有益的借鉴和启示。首先，在教学督导中全面覆盖教学过程，将课堂观察与评价与其他层面相结合，有助于实现教育质量的全面提升。其次，将青年教师的培养常态化，可以有效促进教师的专业成长和创新，为教育教学注入新的活力。教学信息站的创新和管理，提供了高效的信息交流平台，促进了教学资源的共享和教学经验的传承。实践教学与考试的严密监督，保障了教学质量的稳定。最后，精心编辑的 20 多期《教学情况简报》，为长期的教学改革提供了有力的数据支持和经验总结。

6 启示与展望

教学督导在民办本科院校经济管理学院的探索中展现了巨大的潜力，同时也为未来的发展提供了有力的牵引。通过总结经验，我们可以得到教学督导对民办本科院校的启示，看到在未来发展中结合信息技术的创新督导模式，以及教育部门政策支持与校际合作的推动等方面的发展前景。

6.1 教学督导对民办本科院校的启示

教学督导为民办本科院校提供了一扇通往教育质量提升的大门。通过对课堂教学的观察和评估，教学督导可以及时发现问题，帮助教师改进教学的方式方法，从而提升学生的学习效果。同时，教学督导也有助于激发教师的教学热情和创新意识，促进教学改革。此外，教学督导还可以帮助民办本科院校建立一套完整的教学质量保障体系，提升民办本科院校的整体声誉和竞争力。

6.2 未来发展方向：利用信息技术创新督导模式

随着信息技术的迅速发展，教学督导也可以借助新技术实现创新升级。在未来，民办本科院校经济管理学院可以探索如何利用信息技术来创新督导模式。例如，可以开发教学督导App，实现对课堂教学的实时录像和观察，从而更加客观地评估教学效果。同时，可以利用数据分析技术，深入挖掘学生的学习数据，为教学改进提供更有针对性的建议。此外，虚拟现实技术等也可以为教学督导带来全新的体验，增强教学督导的互动性和趣味性。

6.3 教育部门政策支持与校际合作的推动

民办本科院校的发展还需要政府的政策支持和校际合作的推动。教育部门可以制定相关政策，鼓励和支持民办本科院校在教学督导方面的探索与创新。政策可以涵盖督导人员的培训与激励机制、督导经费的保障等方面，为民办本科院校提供更有力的支持。此外，民办本科院校之间也可以开展校际合作，共同分享教学督导的经验和成果。通过合作，还可以实现资源共享，提升督导的专业水平，从而更好地促进教育质量的提升。

7 结论

本文系统探讨了教学督导在民办本科院校经济管理学院中的重要性、实践探索、成效评估以及未来的发展方向，为提升教育教学质量、推动学校发展提供了宝贵的建议。这不仅是对经济管理学院内在需求的回应，也是适应时代发展要求的积极探索。希望这些经验与启示能够为其他同类院校的教学改革和发展提供有益的参考，推动中国高等教育的整体进步。

参考文献

[1] 黄先莉，李娜，吴少平. 面向持续改进的本科教学质量管理机制研究[J]. 工业和信息化教育，2022(1)：1-5.

[2] 陈梦玥. 民办高校教学督导运行机制创新策略探析[J]. 中国多媒体与网络教学学报(上旬刊)，2021(12)：119-121.

[3] 郭丽君. 走向为教学的评价：地方高校教学评价制度探析[J]. 高等教育研究，2016，37(6)：68-73.

[4] 李晓静，吴彩娥，褚兰玲. 基于"以学生为中心"理念的教学质量监控评价体系建设[J]. 黑龙江教育(高教研究与评估)，2022(3)：35-36.

[5] 张莹. 制度化建设下教学督导工作的研究与探索[J]. 黑龙江教师发展学院学报，2023，42(1)：9-11.

[6] 冷玉冰. 新时代背景下民办应用型本科高校教学督导工作思路重构[J]. 黑龙江科学，2021，12(13)：142-143.

[7] 刘勤勇，刘晓燕. 基于专家评语的课堂教学评价指标反向构建[J]. 高等教育研究学报，2022，45(1)：90-97.

[8] 张冬冬. 高校教学督导体系的权威性提升：现实困境和实现路径[J]. 科教导刊，2022(19)：1-3.

[9] 张俊. 高校教学督导体系存在问题及持续改进对策[J]. 高教学刊，2023，9(4)：63-66+70.

[10] 邵瑞影，刘纪新，曹爱霞. 民办院校人才培养质量监控与评价体系研究[J]. 船舶职业教育，2022，10(2)：74-77.

[11] 刘秋菊，孙发有. 教学督导视角下民办本科高校课堂教学质量提升研究[J]. 甘肃教育研究，2022(10)：24-27.

[12] 关宏，龚黎明. 多维协同视域下民办高校教学督导工作的困境及对策研究[J]. 产业与科技论坛，2022，21(18)：285-286.

应用型本科院校数智化财务管理专业人才培养模式研究

张荷玲

（湖南应用技术学院 经济管理学院 湖南 常德 415000）

摘要：本文旨在探索数智化财务管理人才培养模式的要素和设计，并评估其实施过程和效果。该模式整合了数学、统计学、数据分析、金融和会计等课程，并采用案例研究、模拟实验和实习实训等实践教学方法。技术支持方面包括数据分析软件、信息系统和人工智能技术的应用。研究结果表明，该模式能够提升学生的知识和技能水平，增强毕业生的就业竞争力，并使他们获得行业认可。

关键词：数智化财务管理；人才培养；技术支持

1 引言

近年来，以人工智能、物联网、区块链、大数据等为代表的新兴信息技术，已快速、广泛地应用于社会生活的各个场景之中，在数字经济的推动下，企业由信息化阶段的流程驱动逐步升级为数据驱动，数智化财务管理成为财务管理领域的新趋势。传统的财务管理教育模式在面对日益复杂和多变的数据环境时面临挑战，无法充分满足企业对数智化财务管理人才的需求。本研究旨在探索一种应用型本科院校数智化财务管理专业人才培养模式，以满足现代企业对于数据分析、决策支持和风险管理等方面能力的需求。具体研究问题包括：如何整合数智化技术和财务管理知识，以提高学生的综合能力？如何评估和验证该培养模式在实际应用中的效果和成效？同时，研究也将探讨实施数智化财务管理专业人才培养模式时可能面临的挑战和障碍，并提出解决方案。本研究的意义主要体现在响应数字时代的挑战，为实践提供可操作的培养模式，以及推动教育改革与人才培养的紧密结合。

2 数智化财务管理专业人才培养模式概述

数智化财务管理是指将数字技术与财务管理原理相结合，利用数据分析、人工智能、机器学习等技术手段，来实现财务管理过程的智能化和优化。它强调数据驱动的决策和预测能力，强调财务信息的实时性和准确性，以及对风险管理和业务优化的系统化处理。

目前，数智化财务管理专业人才培养模式尚处于探索和发展阶段。一方面，传统的财务管理教育模式无法充分满足数智化财务管理的需求，缺乏针对数据科学和技术应用的相关课程和实践机会。另一方面，教育机构和企业之间的合作与对接仍存在不足，导致培养出来的数智化财务管理人才与实际需求之间存在鸿沟。此外，缺乏有效的评估和验证体系，使得现有的数智化财务管理专业人才培养模式的质量和效果难以得到客观评价。

3 数智化财务管理专业人才培养模式的要素设计

3.1 课程设置与内容

3.1.1 数学和统计学基础课程

数学和统计学基础课程是数智化财务管理专业人才培养中不可或缺的一部分。学生将学习概率论和统计推断的基本原理，包括概率分布、假设检验、置信区间等。此外，线性代数也是重要的基础课程，它提供了处理多元线性模型和矩阵运算的数学工具。通过这些课程，学生将打下扎实的数学基础，为后续的数据分析和模型构建做好充足的准备。

3.1.2 数据分析与挖掘课程

在数智化财务管理中，数据分析和挖掘是关键的技能。学生将学习数据收集、数据清洗、数据可视化、数据挖掘和机器学习等内容。他们将学习使用常见的数据分析工具和编程语言(如 Python)来处理和分析大规模的财务数据。学生将学习如何进行数据清洗和预处理，如处理缺失值、异常值和数据标准化。此外，他们还将学习如何应用数据可视化技术，直观地呈现和传达数据分析的结果。

3.1.3 金融和会计专业课程

数智化财务管理专业人才需要掌握金融和会计领域的专业知识和理论。金融课程将涵盖重要的主题，如金融市场、资本预算、投资组合理论和风险管理。学生将学习如何分析金融市场的趋势和风险、如何评估投资项目的价值和风险，以及如何应对不同的金融风险。会计课程将涵盖财务报表分析、成本管理和财务决策等内容，使学生能够理解企业的财务状况和业绩，并运用相关知识进行财务分析和决策。

通过对数学和统计学基础课程、数据分析与挖掘课程以及金融和会计专业课程的学习，数智化财务管理专业人才将打下坚实的数学基础，掌握数据分析和挖掘的技能，并深入理解金融和会计领域。这些课程的结合将为学生提供全面的知识和技能，使他们能够在实际工作中应用数智化财务管理的原理和方法，做出准确的决策和预测，推动企业的发展和创新。

3.2 实践教学与实习实训

3.2.1 实践案例分析

学生将参与实践案例的分析和解决。这些案例通常是基于真实的财务数据和场景。学生需要运用所学的数学、统计和数据分析技能来分析问题，制定解决方案，并提出合理的财务决策。通过实践案例分析，学生能够将理论知识应用到实际问题中，并培养解决问题和决策的能力。

3.2.2 模拟实验和项目实训

学生将进行模拟实验和项目实训，通过模拟真实的财务情境，进行数据收集、数据预处理、数据分析和模型构建等。这些实验和项目可以是个人任务或团队合作项目。学生要运用数据分析工具和编程语言进行数据处理和分析，并最终呈现结果和提出结论。通过模拟实验和项目实训，学生将获得实际操作的经验，提升数据分析和解决问题的能力。

3.2.3　外部实习与企业合作

学生将有机会参与外部实习或与企业进行合作项目。这些实习和合作项目可以在金融机构、企业或相关的研究机构进行。通过与实际工作接触，学生将有机会应用所学的知识和技能，解决真实的财务问题，并与专业人士进行交流和合作。这种实践经验将帮助学生更好地理解业务需求和实际挑战，并培养与团队合作和沟通的能力。

通过实践教学与实习实训，数智化财务管理专业将给学生提供与实际业务和环境相结合的机会，增强他们的实际操作能力、问题解决能力和团队合作能力。这将有助于他们更好地应对未来的职业挑战，并为他们的职业发展奠定坚实的基础。

3.3　技术与工具支持

3.3.1　数据分析软件和工具的应用

在数智化财务管理专业中，学生将学习和应用各种数据分析软件和工具。这些工具包括统计分析软件（如 Python），数据可视化工具（如 Tableau 和 Power BI），以及数据处理和建模工具（如 Python 的 NumPy、Pandas 和 Scikit-learn）等。通过学习和应用这些工具，学生将能够进行数据清洗、转换、分析和可视化，从而支持他们的财务决策和分析工作。

3.3.2　信息系统与数据库的使用

信息系统和数据库在财务管理中起着重要的作用。学生将学习如何使用财务信息系统和数据库管理系统（如 MySQL、Oracle 等）来存储、管理和检索财务数据。他们将学习如何设计和维护数据库，以及如何进行数据的提取和处理，并利用数据库中的数据进行财务分析和报告。

3.3.3　人工智能和机器学习技术的应用

人工智能（AI）和机器学习（ML）技术在财务管理中也有广泛的应用。学生将学习基本的机器学习概念和方法，包括监督学习、无监督学习和深度学习等。他们将了解如何使用机器学习算法来进行财务预测、风险评估和投资组合优化等任务。此外，学生还将学习如何使用自然语言处理（NLP）和数据挖掘技术来分析财务文本数据和大数据。

通过技术与工具支持的学习和应用，数智化财务管理专业的学生将能够更好地利用现代技术和工具来支持他们的财务分析和决策工作。他们将具备数据分析、信息管理和人工智能技术的实际操作等能力，为解决复杂的财务问题和应对不断变化的商业环境提供更强大的支持。

4　数智化财务管理专业人才培养模式的实施与实践

4.1　案例分析

湖南应用技术学院是一所应用型本科院校，它同一般普通本科院校相比具有鲜明的技术应用性特征。应用型本科院校以适应社会需要为目标，以培养技术应用能力为主线设计学生的知识、能力、素质结构培养方案，以“应用”为主旨和特征构建课程和教学内容体系。为了培养适应数字化时代财务管理需求的专业人才，学校实施了一套数智化财务管理专业人才培养模式，以下是该模式的具体实施过程以及相关问题的解决方法。

4.2 实施过程与问题解决

4.2.1 课程设计和改革

学校进行了全面的课程设计和改革，确保课程内容与行业需求和最新技术趋势相匹配。核心课程包括中级财务会计、财务成本管理、财务报表与大数据智能财务分析和智能财务共享(实验)等。选修课程提供了更多专业领域的深入学习的机会。在这一过程中，学校遇到了如何整合不同学科内容以及如何保持课程的时效性等问题。为解决这些问题，学校组织了跨学科的教师团队，定期进行课程评估和更新，与行业合作伙伴保持密切联系，以及时获取最新行业动态。

4.2.2 师资队伍培养

学校组织了数智化财务管理知识和教学能力的培训和研讨会，提升教师的专业水平和教学质量。教师还参与行业交流和实践活动，不断更新自己的专业知识、积累实践经验。然而，学校也面临着如何吸引和留住高水平教师的问题。为了解决这个问题，学校提高了教师的薪酬和福利待遇，并提供了教师职业发展的机会，鼓励教师参与科研项目和教学创新。

4.2.3 实践教学资源准备

学校投资建设了现代化的实验室和数据分析平台，购买了先进的数据分析软件和工具。这些资源为学生提供了充分的实践教学支持，使他们能够进行数据处理、模型构建和决策分析。然而，学校也面临着如何进行实验室设备和软件工具更新和维护的问题。为了解决这个问题，学校与相关供应商建立了长期合作关系，定期进行设备维护和软件升级，以保证实验室资源的完善和更新。

4.2.4 实习和项目合作安排

学校与企业建立了紧密的合作关系，以便与企业沟通实习和项目合作的安排。学生有机会在企业实践中应用所学的知识和技能，与实际业务环境接触，并解决实际的财务管理问题。然而，学校也面临着如何与企业建立更多的合作机会和如何确保实习和项目质量的问题。为了解决这个问题，学校积极与企业洽谈合作事宜，并与企业建立了实习指导和项目评估机制，以确保学生在实践中获得良好的指导和经验。

4.3 学生反馈和评价

学生对数智化财务管理专业人才培养模式的反馈和评价至关重要。学校通过定期的学生调查和评估活动，收集学生的反馈意见，以便不断改进和优化培养模式。以下是学生反馈和评价的一些关键方面。

4.3.1 课程内容和教学方法

学生评价课程内容与行业需求紧密结合，涵盖了数智化财务管理领域的核心知识和技能。学生表示有受益于实际案例的分析和讨论，以及实践项目的实施。同时，学生也提出了对于更多实际案例和项目的需求。

4.3.2 实践教学资源

学生对学校提供的实验室设备和数据分析平台表示满意，认为这些资源为他们的实践学习提供了很大支持。然而，一些学生也提出了对设备的数量和可用性的改进建议，希望能满足更多同学同时进行实践教学的需求。

4.3.3 实习和项目合作

学生普遍认为实习和项目合作是他们学习过程中的重要组成部分，能够提供实际工作经验和被行业认可的机会。学生对学校与企业建立的合作关系表示肯定，但也提出了对于更多企业合作机会和导师指导的需求。

4.3.4 师资队伍

学生对教师的专业知识和教学能力表示肯定，认为教师能够将复杂的概念和技术用简单易懂的方式传授给他们。然而，学生也提出了对于拥有更多实践经验和行业背景的教师的需求，并希望自己能更好地与实际工作环境接轨。

5 数智化财务管理专业人才培养模式的效果评估

5.1 学生知识和技能水平的提升

在评估数智化财务管理专业人才培养模式的效果时，首先需要考查学生的知识和技能水平是否得到了提升。可以通过学生的学业成绩、课程项目的完成情况以及相关证书的获得情况来评估。此外，对学生进行定期的知识和技能测试，以及与传统财务管理专业学生的对比分析，可以更全面地评估数智化财务管理专业人才培养模式对学生知识和技能水平的提升效果。

5.2 毕业生就业竞争力的提高

数智化财务管理专业人才培养模式的另一个重要评估指标是毕业生的就业竞争力。可以通过毕业生就业率、就业岗位的质量和薪资水平等来评估该培养模式的效果。与此同时，与雇主和行业的合作关系也是评估就业竞争力的重要因素。如果毕业生能够顺利地就业，并得到雇主和行业的认可和赞赏，那么数智化财务管理专业人才培养模式就可以被认为是有效的。

5.3 企业和行业的认可和反馈

评估数智化财务管理专业人才培养模式的效果时，需要考虑企业和行业对该专业人才的认可和反馈情况。可以通过与企业合作的情况、招聘会上企业对该专业人才的需求情况以及毕业生的工作表现来评估该培养模式的效果。如果企业对该专业人才持有积极的看法，并给予高度认可，那么可以认为数智化财务管理专业人才培养模式达到了预期的效果。

综上所述，评估数智化财务管理专业人才培养模式的效果需要从学生知识和技能水平的提升、毕业生就业竞争力的提高以及企业和行业的认可和反馈等多个方面进行综合考量。通过科学的评估方法和数据收集，可以更准确地评估该专业人才培养模式的效果，并为进一步改进和优化该培养模式提供指导和依据。

6 数智化财务管理专业人才培养模式的优势、不足与改进措施

6.1 模式的优势与不足

数智化财务管理专业人才培养模式具备一系列优势。首先，该模式注重培养学生在数智化财务管理领域的知识和技能，如数据分析、数据挖掘和机器学习等，使他们能够灵活应对财务管理中的大数据和复杂问题。其次，该模式与实际行业需求紧密结合，通过与企业和行业的合作，可以帮助学生了解实践中的财务管理挑战，并提高他们的就业竞争力。此外，该模式引入新技术和工具，如人工智能和自动化系统，提升了财务管理的效率和准确性，为企业的决策提供了更好的支持。

然而，该模式也存在一些不足之处。例如，可能存在与传统财务管理知识体系脱节的问题，需要确保数智化财务管理与传统财务管理的基本原理和概念之间的衔接，以避免学生在实际应用中出现偏差。

6.2 基于反馈的改进措施

在改进数智化财务管理专业人才培养模式时，可以采取基于反馈的改进措施。首先，对学生和毕业生进行定期调查和访谈，了解他们对课程内容、教学方法和实践项目的评价和建议。根据他们的反馈意见，调整和改进教学计划和课程设置，以满足学生的学习需求和行业的要求。其次，与企业和行业保持定期对话和合作，了解他们对毕业生能力和素质的期望，并根据反馈意见来调整、优化培养目标和课程内容。此外，鼓励教师参加行业研讨会、工作坊和培训，不断提升自身的专业知识和教学技能，以适应数智化财务管理领域的变化和发展。

通过持续的优化和改进，数智化财务管理专业人才培养模式将更好地适应行业发展的需求，并培养更多具备数智化财务管理领域知识和技能的高素质人才。这些人才将成为财务管理领域的专业人士，为企业和社会提供更好的财务决策支持，推动数智化财务管理领域的创新和发展。

7 结论

数智化财务管理专业人才培养模式的优势在于注重学生在数智化财务管理领域的知识和技能培养，并与实际行业需求相结合。通过引入新技术和工具，该模式提升了财务管理的效率和准确性，并为企业的决策提供了更好的支持。该模式强调实践与理论相结合，通过项目实战、实习经验和案例分析等教学方法，培养学生的问题解决能力和团队合作精神。

尽管本研究对数智化财务管理专业人才培养模式进行了初步的探讨，但仍存在一些局限性。首先，本研究的结论主要基于现有的理论和实践经验，缺乏大规模的实证研究支持。未来的研究可以开展更多的实证研究，采用定量和定性研究方法，以验证数智化财务管理专业人才培养模式的有效性和实际效果。其次，本研究主要关注数智化财务管理领域的知识和技能培养，对于学生的创新思维、领导力和跨学科能力等方面的研究还较为有限。未来的研究可以进一步扩展这些方面的内容，以培养具备全面素质的数智化财务管理专业人才。

参考文献

[1] 王粉波，于小烜. 智慧财务赋能高校高质量发展——以山西职业技术学院财务智慧化转型为例[J]. 会计之友，2023(18)：148-154.

[2] 吴武清，闫丽娟，傅雪君，等. 数字经济、财务创新与企业高质量发展——财务理论前沿 2022 学术研讨会观点综述[J]. 财务研究，2023(1)：98-102.

[3] 宁平. 探究企业数智化财务转型新赛道[J]. 会计之友，2022(16)：127-128.

[4] 周雪峰，龚然然. “大智移云”背景下高校财务管理专业人才培养模式革新研究[J]. 经济研究导刊，2021(14)：71-74.

[5] 唐大鹏，王伯伦，刘翌晨. “数智”时代会计教育重构：供需矛盾与要素创新[J]. 会计研究，2020(12)：180-182.

[6] 宫义飞，李佳玲，李沛樾，等. 智能财务时代下管理型会计人才培养路径选择[J]. 会计之友，2020(16)：44-50.

[7] 何瑛，杨琳，张宇扬. 新经济时代跨学科交叉融合与财务管理理论创新[J]. 会计研究，2020(3)：19-33.

02

第二篇
教育教学管理

基于 OBE 理念提升应用型本科院校教学质量的对策研究

李莉林

（湖南应用技术学院 经济管理学院 湖南 常德 415100）

摘要：在高等教育普及化阶段之后，高质量发展成为我国高等教育改革发展的核心任务，应用型本科教育作为一种与学术型本科和职业本科不同的新型高等教育类型，如何提升应用型人才培养能力，如何持续增强服务社会贡献力，如何服务和融入中国式现代化全局，成为应用型本科院校发展的基础问题。基于此，本文以应用型本科院校教学质量为研究对象，基于 OBE 理念，依据现今应用型本科院校教学质量中的三重困境，针对性地提出了优化对策，为应用型本科院校的可持续发展提供了一种新的策略选择。

关键词：应用型本科；教学质量；教学改革；对策

随着我国经济社会的发展，高等教育经历了由精英教育到大众教育的发展阶段。在高等教育普及化阶段之后，高质量发展成为我国高等教育改革发展的核心任务，应用型本科不仅为中国式现代化的发展提供了人才支持，也提供了一种全新的路径。[1]党的二十大报告站在民族复兴和百年变局的制高点上，首次对教育、科技、人才进行统筹谋划、一体部署。应用型本科院校作为衔接教育、科技、人才的关键一环，如何提升应用型人才培养能力，如何持续增强服务社会贡献力，如何服务和融入中国式现代化全局，成为应用型本科院校发展的基础问题。

1 OBE 教育理念与应用型本科院校教学质量

OBE 教育（outcome-based education）是一种强调学生学习成果的教育方式，而不是传统的基于输入的教育方式。它的核心三要素是“以学生为中心、成果导向和持续改进”。它的特点：成果是学生学习过程中获得的最终结果；成果是内化于心的过程历程；成果是能应用于实际的能力；成果越接近学生学习的真实体验其存续性越高。它的主要内涵：强调人人都能成功；强调所有个体、不分差异、不分高低等级；强调能力本位；强调标准化与多样化并存；强调教师的教育主体责任。它是一种以学生为中心，以培育学生自主学习为目标，以信息化为基础的课程设计和教学方法，强调学习者应该知道、理解、演示以及如何适应正规教育之外的生活。OBE 关注的是学生在完成课程或项目后应该能够展示的知识、技能和态度。这是一种以学习者为中心的方法，关注学生的个人需求和目标，并试图为他们在现实世界中的成功做好准备。在 OBE 理念中，教育者使用明确定义的学习成果来设计课程和评估，学生积极参与学习过程。在全球范围内，OBE 已被应用技术大学广泛采用，在专业教育变革中带来了教育方法的转型和质量保障体系的重构，并已被证明可以有效地提高学生的成绩，并为学生的职业成功做好准备。在教学中有效推进 OBE 教育理念必须做到：想让学生取得什么学习成果？为什么要让学生取得这样的学习成果？如何帮助学生取得这些成果？如何知道学生已经取得了这些学习成果？

结合党的二十大报告，应用型本科院校的发展目标已非常明确，它应主动把握新技术发展，紧紧围绕新兴产业和社会建设发展步伐，发挥对接区域需求的科学研究和技术研究能力优势；应依据区域优势开展区域产业、教育资源的整合，建立紧密对接产业链、创新链的专业体系，推动优势学科群与新兴产业链的紧密结合；应融入技术创新体系，支持技术创新，为行业企业升级换代提供技术和智力支撑；应使专业调整以及专业的开设与区域经济发展需求紧密结合，以应用型学科建设的加强，提高应用型高校的学科建设与地方经济社会发展的匹配度，推进形成产业与教育的共生共享生态圈；应主动把握新技术发展，紧紧围绕新兴产业和社会建设发展步伐，发挥对接区域需求的科学研究和技术研究能力优势；应依据区域优势开展区域产业、教育资源的整合，建立紧密对接产业链、创新链的专业体系，推动优势学科群与新兴产业链的紧密结合；应融入技术创新体系，支持技术创新，为行业企业升级换代提供技术和智力支撑；应让专业调整以及专业的开设与区域经济发展需求紧密结合，以应用型学科建设的加强，提高应用型高校的学科建设与地方经济社会发展的匹配度，推进形成产业与教育的共生共享生态圈。近年，国际经济、科技、文化、安全、政治等格局都在发生深刻调整，一大批应用型本科院校应运而生并得到迅速发展，但是教学管理理念却缺少方法上的共识，也面临诸多与发展不相适应的问题。

2　阻碍应用型本科院校教学质量提升的三重困境及成因

2.1　实施“以学生为中心”流于表象

伴随认知科学取得的进展，这一理念在高等教育领域颇受青睐，已成为高校教师的共识。近年来，围绕教学“以学生为中心”等理念进行的理论探索和教学改革实践，在很大程度上丰富了我国高校教学形式和方法。然而，任何理论都不能简单移植，作为指导实践的通则，实施过程中会遇到各种困惑。集中表现在口号喊得多、行动落实少，要求讲得多、成果显现少。其原因首先是，教师对“以学生为中心”研究不够，由于学生个体经历、兴趣、偏好和潜质千差万别，不同学科知识属性殊异，班级规模的大小不同等，落实“以学生为中心”的教学理念需要教师对学生的学情进行深入的研究，针对学生具体情况设计并采用与之相适应的教学方法，而现实情况是：青年教师缺乏对学情和教法的系统研究，缺乏与之相应的教学经验；接近退休的教师和退休返聘教师在过去的教学中已形成“以教师为中心”的固有经验，并且缺乏主动改变教法的强烈愿望；中年教师以讲好课作为主要任务，把学生学习效果放于次要地位，影响了教师的深入研究。其次是，教师强烈的育人责任和与要求相匹配的专业理论、实践经验不够，实施“以学生为中心”的教学理念需要教师有广泛的教育学、心理学、行为科学知识，以及丰富的学生管理经验，还要付出比“以教师为中心”的教学更多的时间和精力，加之，教师个人风格的多样化，时间、精力与经济成本的有限性等诸多因素也阻碍着教师推进“以学生为中心”的教学理念。第三，教学管理部门很少对教师实施的“以学生为中心”的教学效果进行重点考核，受传统教学管理的影响，教学评价部门更看重教师“课堂讲课水平”，忽略学生最终学习效果；学生缺乏评教的经验，满足于教师“课堂讲授生动”，难于欣赏教师从学生实际出发，以实现学生培养目标、提升学生毕业能力为主线，以学生主动学习为主要手段，精心设计的需要学生付出大量精力的引导性授课。如此最终使这一理念的落实流于形式。

2.2 培养学生“主动学习”落实不到位

学生由被动学习变为主动学习的重要性早已被教育界认知，然而，如何实现这种转变一直是教育者面临的难题，大多数教师把学生“主动学习”作为一种理想境界，在教学中不能具体落实，无法让学生“主动学习”成为自觉行动。一是学生“主动学习”的目标不明确。缺乏自我学习动力，其原因是多方面的，包括缺乏明确的个人发展规划、规划操作性不强、规划实施难度大、学生缺乏坚韧的品格等，产生这种现象的原因在于大学生对规划的重要性认识不足，既缺乏远大理想，没有把主动学习上升到为国家建设事业成才、为自身发展立业准备的高度，也缺乏自主学习的习惯，特别是在新建应用型本科院校中，大多数学生高考分数在 450 分至 550 分区间，高中阶段就没有养成良好的自主学习习惯，从而缺乏自主学习的自控能力。二是学生缺乏自主学习的兴趣。兴趣是人们对事物喜好或关切的情绪，兴趣包括物质和精神两个方面，兴趣是最好的老师，当学生没有从感性上对课程知识产生兴趣，又没有从理性上养成自觉学习的行为习惯，更没有从责任担当上树立为中华之崛起而学习的理想，最终结果必然是应付式地学习，或纯粹不负责任地学习。三是教师给学生提供的优秀教学资源不够。目前，人类社会已进入数字化时代，学生获取教学资源的方式很多，同时，也被泛滥的吸引眼球的信息吸引，很多时间在刷视频和看无益于学习的垃圾信息，在难于分辨的情况下耽误了很多学习时间，当教师满足于使用几年一贯制的教材和粗放的 PPT，不能通过现代信息化手段收集与课程相关的企业资信、行业动态、学科前沿知识，不能帮助学生使用现代信息技术，不能给学生提供优质的感兴趣的教学资源时，学生则无法把精力集中于课程内容，无法对课程内容产生浓厚的兴趣，难以自觉地主动地把精力集中于学习。

2.3 信息化教学资源建设和利用推进缓慢

信息化教学经历了传统教学，电化教学，以计算机等为代表的信息化教学，以人工智能、大数据、云计算等为代表的智能化教学的发展阶段。教育数字化转型是今年高校信息化教学的改革方向，是不可逆转的趋势。2023 年，习近平总书记在中共中央政治局常委第五次集体学习时强调，教育数字化是我国开辟教育发展新赛道和塑造教育发展新优势的重要突破口。当前，随着数字技术创新和迭代速度加快，数据作为关键生产要素，正成为驱动经济社会发展、教育体制改革和人才培养模式升级的重要力量，教育部已召开数字化教学推荐会并做了具体安排，但信息化教学资源建设和利用仍然推进缓慢。主要原因是教师对信息化教学资源建设和利用的重要性认识不足，缺乏紧迫感，教师整体的信息化教学水平参差不齐；二级学院缺乏这方面的领军人才或知名骨干教师，信息化教学团队建设缺乏灵魂人物，而培养信息化教学骨干教师又需要较长的时间，在推进师资队伍建设时重点关注整体师资队伍的建设，对教师信息化教学水平偏低的情况缺乏单项的提升措施，对教师参加信息化教学比赛等活动重工作布置和要求，轻推进措施，师资队伍信息化教学水平提升成效不明显；学校投入信息化教学资源建设的速度不快，整体起步偏晚，缺乏整体的信息化教学资源建设推进计划，或者推进计划稍迟或者推进力度不够。综上所述，信息化教学资源建设和利用已成为应用型本科院校工作的又一瓶颈。

3 基于 OBE 理念疏解困境的应对策略

衡量教学改革的有效性不是有多少新异的标签，而是能否将教学改革尝试的各种方法恰如其分地组合运用。OBE 教育理念是一种以成果为目标导向，以学生为本，采用逆向思维的方式进行的课程体系的建设理念。它的核心三要素包括三方面，即以学生为中心、以主动学习为导向、以持续改进为重点。[5]

3.1 夯实“以学生为中心”

“以学生为中心”是 OBE 理念的中心。推进“以学生为中心”的教学理念可从以下三个方面下功夫。

3.1.1 增强教师爱心和教育责任感

爱心和教育责任感是紧密相连的，没有对学生的爱就不可能承担对学生的教育责任，没有责任感的教育不可能有好的教育效果，当好教师一个重要的因素是对学生有爱心并自觉承担教育责任，我国著名的教育家陶行知先生曾用“捧出一颗心来，不带半根草去”形容教师。教师用满腔的爱对待学生时，就不会计较为教育所付出的时间、精力和得失；教师用责任对待教育工作时，就会努力学习教育需要的新知识、改变固有的过时经验、学习别人成功的教育方法。有爱心和教育责任的教师会在教育中始终心系学生并以学生为中心。

3.1.2 研究教育思想改进教学方法

从哲学的角度出发分析事物可知，内容决定形式，形式反映内容。教师要在“以学生为中心”的教改中实现突破，必须系统地研究所在应用型本科学校的办学定位，所属二级学院的学科结构，任课系部的专业特色，承担课程在人才培养中的地位和作用，所教班级学生的文化基础、知识结构、素质特征，分析课程知识与学科前沿内容的衔接，分析课程教学与对口就业的关联度和影响，审视自身教学特色的发挥和教学资源的利用情况，有针对性地设计“以学生为中心”的课堂教学内容，帮助学生提升以理论知识与专业实践为媒介的能力和素质，而不是简单地让学生熟记和掌握大量的可被不断更新和替代的知识，最终让学生形成可持续开发性的教学成果，并把教学成果经常与教师和学生交流，争取相关教师和辅导员的配合，争取学生的积极参与，方可在“以学生为中心”的教改中迈出坚实的步伐。

3.1.3 把落实“以学生为中心”的教改活动列入教师教学考核重要内容

落实“以学生为中心”的教学改革要求教师重新审视自身以往教学经验，改变以往长期形成的不适应现代要求的教学习惯，投入更多的时间、精力，挑战自身专业知识和适应能力，可是面临新的学生状况、未知的教学结果，凡此种种，将使部分教师虽理解了“以学生为中心”的理念，但不积极推进、不认真实施，甚至拒绝执行。教学管理部门必须制定一套既具可行性又有便利性的实施细则，并对教师实施情况进行定期和不定期考核，将考核结果运用于教师评级、晋升、奖励，用制度推进教师自觉进行“以学生为中心”的教学改革，在实施和考核中及时推广“以学生为中心”的样板课程。

3.2 笃行“主动学习”

学生“主动学习”是 OBE 理念的重点。其推进措施主要有：

3.2.1 提升学生对“主动学习”的认识

用切实可行的学生个体发展规划引领自我学习，学校可要求每个大一学生写份可指导学生操作的个人发展规划。首先，列举自身情况，分析优势和不足，爱好和个性特征；其次，结合专业方向，制定个人学期、年度及整个大学阶段的个人发展目标，并将目标细分为阶段子目标；再次，列出实现目标要求的可量化的任务清单，以及自我测评规定，在班级或寝室公布，每学期进行自我测评并在一定范围内公布结果，以培养学生树立远大目标，养成良好学习习惯，增强自我学习意识。

3.2.2 提升学生自主学习的兴趣[6]

在《论语·雍也第六》中，孔子提出，“知之者不如好之者，好之者不如乐之者”。它已经成为中华文化中的经典名言之一。乐之者能够将学习视为一种乐趣和享受，更加自信、乐观和有耐心，从而更容易克服学习中的疲惫和挫折感。如何使当今的学生成为学习的乐之者，则是教育工作者面临的又一痛点。学习之乐由三种因素产生：学习兴趣之乐，学习成就之乐，责任担当之乐。学习兴趣以天性为主，由学习者性格产生感性快乐；学习成就之乐是在后天学习成果分享中强化的理性快乐；责任担当之乐则是学习者承担责任后由理性升华产生的快乐。解决学习者学习之乐应该增强针对性，在与学生交往和交流中发现和挖掘学习者兴趣之乐，在培养和帮助学生中促进、分享和强化学习者成就之乐，在教育和熏陶学生中升华学习者实现理想抱负之乐。

3.2.3 为学生提供课内外优质的学习资源

一方面，通过提供经过筛选的优质学习资源，既满足学生完成学业和扩展个人知识的需要，又减少垃圾资源对学生的侵袭，提高学生利用资源的效率；另一方面，优质的学习资源给学生在知识讲解、痛点剖析、逻辑梳理、课程体系、行业动态、前沿理论等方面提供听觉、视觉方面的帮助和欣赏，将大大提高学生的自我学习积极性。其三，任课教师和辅导员在帮助学生使用学习资源时，进行有效的督促和指导，重点帮助学生解决自我学习中出现的困难，通过克服困难的细节使学生内心变得越来越强大，形成意志坚定、永不言败的个人品质，促进学生由被动学习向主动学习的转变。

3.3 履践“信息化”

“信息化”是 OBE 理念的圆心。信息化教学具有明显时代特征，也有很强实践性，可采取如下措施推进信息化教学资源建设和利用：做好推进信息化教学资源建设的整体规划，加快相关基础条件建设，把推进信息化教学资源建设列入学校重要工作内容；通过学习党和国家关于推进教学数字化的有关文件精神，剖析全球经济社会发展引起的数字化趋势，增强教师对推进信息化教学资源建设的紧迫感；通过教学管理团队和一线教师共同研讨信息化教学资源建设推进中的具体困难，寻求适合本校情况的解决办法，制定教师信息化教学素养能力提升的整体方案、学科或专业信息化教学团队建设方案；通过理论学习、现场操作指导、相互交流等形式，有针对性的、分层次的、以提升教师信息化教学水平为核心内容的各类培训，鼓励教师积极参与线上课程设计、信息化微课录制等课程资源建设，组织教师开展学院信息化教学比赛，出台措施鼓励优秀选手参加省级信息化教学比赛，推进重点课程的信息化教学资源建设、信息化教学课程团队建设，让信息化教学优秀教师脱颖而出，构建信息化教学专业建设推进模式；通过调研现代化管理水平偏高的企业在企业管理、生产制造、物流配送、市场营销等不同环节，采用计算机网络、数据库等信息技术进行数据的收集、存储、处理和传递的真实情况，知道企业推广应用前沿信息技术的情况，增强教师信息化教学和企业信息化应用的联系，构建推进学科信息化教学与企业信息化推进融合的应用模式；通过制定信息化教学资源建设及利用的考核目标、考核流程、考核方式，以及考核结果的运用方式，使教师对信息化教学资源建设的认识提高、积极性增强、水平提升、成果规范，构建信息化教学资源的规范模式。综上所述，逐步推进信息化教学资源建设及利用，实现学院信息化教学资源的品牌效应。

4 结语

应用型本科院校的发展历程与科技、社会和文化的演进过程紧密关联，它们之间的嵌入关系很难解构为特定的平衡关系。基于此，结合应用型本科院校教学质量发展现状和文献整理，发现应用型本科院校教学存在三重困境，它们突出表现为实施“以学生为中心”流于表象、培养学生“主动学习”落实不到位及信息化教学资源建设和利用推进缓慢。并依据上述困境产生的原因，提出了相应对策；夯实“以学生为中心”立足 OBE 理念中绝对自主的自在差异，它强调科技、社会和文化网络的连续异变；笃行“主动学习”和屡践“信息化”则立足 OBE 理念中科技、社会和文化联结中生产性学习的个人空间和知识空间。

参考文献

[1] 柳友荣，项桂娥，王剑程. 应用型本科院校产教融合模式及其影响因素研究[J]. 中国高教研究，2015(5)：64-68.

[2] 赵炬明，高筱卉. 关于实施“以学生为中心”的本科教学改革的思考[J]. 中国高教研究，2017(8)：36-40.

[3] 黄荣怀，汪燕，王欢欢，等. 未来教育之教学新形态：弹性教学与主动学习[J]. 现代远程教育研究，2020，32(3)：3-14.

[4] 童建华. 信息化背景下高校教学管理中的资源共享研究——评《“互联网+”背景下信息化教学资源共建共享与服务》[J]. 中国高校科技，2022(Z1)：137.

[5] 巩建闽. 实施基于成果教育 OBE 的原因及策略[J]. 国家教育行政学院学报，2016(6)：48-53.

[6] 时帅帅，张仕学. 以学生为中心的教学评价指标体系研究与实践[J]. 高教学刊，2023，9(17)：71-74.

基于新文科能力培养的行政管理综合实验室建设路径研究

邓太平

(湖南应用技术学院 经济管理学院 湖南 常德 415000)

摘要：开展行政管理综合实验室建设，融合实验教学资源，高度综合运用信息数据技术，打破固有验证知识型实验教学体系，形成智慧信息数字型实验教学，凸显实践应用能力培养，起到引领示范作用是"新文科"能力培养的必然要求，打造智能信息化技术新文科综合实验教学平台，达到有效培养学生的综合素质和综合应用能力的目的。

关键词：新文科能力；行政管理实验室；建设

1 高校文科实验室建设的提出

加快建设高水平本科教育，全面提高学生的实践动手能力和创新能力，必然要有实验室这一教学科研重要基础设施的支持。实验室是培养学生实践能力最重要的场所，是"现代大学的心脏"，又是学生进行实践锻炼和实施综合素质教育，培养知识创新和科技创新能力的重要平台[1]。《教育部社会科学司2020年工作要点》提出，大力推动"新文科"建设，全面启动高校文科实验室建设，深化"产学研"校企合作协同育人[2]。这为我校行政管理人才培养和科研的需要提供了方向，行政管理学科具有较强的综合性、交叉性、实践性等特点，这就决定了行政管理专业要有大量实践性、实验性教学内容。由此，加大"新文科"实验教学的投入与建设，深化"产学研"校企合作协同育人，这是新形势下我校行政管理专业新文科人才能力培养教育改革的重要举措。

2 "新文科"行政管理专业实验室建设要求

开展新文科能力培养为导向的行政管理综合实验室建设，大力推进了我院新文科应用型人才能力培养模式的创新、综合集成式实验教学模式的创新和实验资源共享管理运行模式的创新，并将达到三个方面要求。

2.1 融合实验教学资源，高度综合运用信息数据技术

行政管理综合实验室要融合实验教学资源，高度综合运用 Access、CARD Xpress 数据库、web2.0 信息、spss，Intranet 信息服务的配置等运用信息数据技术，形成社会要素数据分析实

验模块、档案信息化管理实验模块等多个模块。对应多专业跨学科、集成化、协作式横向综合实践课程[3]，以信息数据技术应用为导向，进行集中统一管理、开放共享，使实验教学资源得以高度集成融合和高效利用，达到有效培养学生的综合素质和综合应用能力的目的。

2.2 打破固有验证知识型实验教学体系，形成智慧信息数字型实验教学

新文科行政管理综合实验室的建设要突破固有实验教学体系，在新的机遇和挑战中完成转变，从验证知识型的实验室转变成智慧型、综合性实验室。深化产学研校企合作，结合高性能计算集群与决策支持平台，有效利用现代化、信息化、网络数字技术，注重培养学生实践能力、创新能力和综合能力。

2.3 凸显实践应用能力培养，起到引领示范作用

新文科行政管理综合实验室以不断提升学生的综合素质、应用能力和创新精神为主要目标，打破固有学科边界，文理综合交融、交叉互动、集成融合，结合信息数据技术应用综合实验平台，构建跨学科跨院系跨专业人才培养实践模式，以应用为本，以能力培养为核心，组建跨学科跨专业的科教实践项目教学团队[4]。强调实践能力的培养要围绕地方经济发展中的核心问题，培养综合素质高、应用能力强、复合型应用型人才。新文科行政管理综合实验室得到社会普遍肯定认可，并在省内同类高校中具有一定的知名度，起到引领示范作用。

3 新文科行政管理综合实验室建设目标

深化产学研校企合作，建设成为实践设施完善、管理运行规范、资源利用高效、教学理念先进、教学效果良好、教学特色显著、教学队伍水平稳步提高、在省内同类高校中具有一定的知名度和引领示范作用的国家级新文科行政管理综合实验室。其项目建设目标如下：

3.1 人文综合、文理交融、学科重组，以技术融入人文课程实践育人

加强行政管理专业实验教学体系建设，强调实践能力的培养，打破专业之间的传统藩篱，打破固有学科边界，引导文理综合交融、交叉互动、集成融合，形成跨学科跨院系跨专业人才培养实践模式，确立跨学科跨专业教学团队和科教实践项目。以应用为本，以能力培养为核心，强调实践能力的培养要围绕地方经济发展中的核心问题，培养综合素质高、应用能力强、复合型应用型人才。

3.2 突破固有实验教学，从验证知识型到智慧型、综合性实验教学转变

有效利用现代化、信息化、网络数字技术，注重培养学生实践能力、创新能力和综合能力，新文科行政管理综合实验室的建设要突破固有实验教学体系，在新的机遇和挑战中完成转变，从验证知识型的实验室转变成智慧型、综合性实验室。

3.3 结合地方发展要求，整合优化实验资源，构建共享综合专业特色实验教学平台

新文科行政管理实验室建设要结合地方经济发展要求，以服务地方经济发展为目标，整合实验资源，优化实验项目，构建资源共享的文科综合专业特色实验教学平台，注重文理交

融、专业互补，提升学生的综合素质来培养综合型、高素质人才。

3.4 不断完善行政管理实验室管理体制和运行机制

完善行政管理实验室管理体制，全面规划布局，统筹教育教学资源，加大信息资源库的建设力度，高效利用网络化、信息化和数字技术实验教学和实验室管理信息平台，打破已有实验室建设机制和运行模式，提高实验室综合利用效率，打造一个在实验教学、实践能力培养等各方面的行政管理专业新文科综合性实验室。做到实验室开放运行良好，管理规范，安全到位。

3.5 凸显行政管理专业特色，扩大引领示范作用

行政管理实验室要根据地方经济发展要求、学校人才培养定位和专业学科特点，深化产学研校企合作，努力在实验教学育人、实验教师队伍、管理体制模式、教学设备与环境等方面凸显专业实践育人特色[5]，做出更多有积极示范意义的成果，加大与其他院校的合作共享，起到引领示范作用。

4 新文科能力培养的行政管理综合实验室建设内容

开展新文科研究与实践，建立融合发展的新模式、新结构，运用新理念、新内容、新方法、新技术，实施行政管理专业课程教学内容模块化、教学方法信息化、教学评价过程化，大力推行“网络信息技术+数字技术”新文科建设，把新技术融入行政管理专业实践教学之中，为学生提供综合性的跨学科学习。以此为基础，逐步完善行政管理综合实验室实践实验教学功能。

(1)要充分利用产学研校企合作资源，强调实践能力的培养，打破专业传统藩篱、固有学科边界，引导文理综合交融、建立以技术融入行政管理人文课程实践育人平台。

(2)有效利用现代化、信息化、网络数字技术，突破固有实验教学，从验证知识型到智慧型、综合性实验教学转变，并结合地方发展要求，整合优化实验资源，构建共享综合专业特色实验教学平台。

(3)不断完善行政管理实验室管理体制和运行机制，打造一个在实验教学、实践能力培养等各方面的行政管理专业新文科综合性实验室。

(4)根据地方经济发展要求、学校人才培养定位和专业学科特点，深化产学研校企合作，努力在实验教学育人、实验教师队伍、管理体制模式、教学设备与环境等方面凸显专业实践育人特色，起到引领示范作用。

5 新文科行政管理综合实验室建设实施路径

5.1 明确专业发展定位，构建新文科综合实验教学平台

为培养综合型、高素质人才，注重文理交融、专业互补，提升学生的综合素质，新文科实验室的建设要结合专业特色和发展方向等多种因素，整合实验资源，优化实验项目，构建资

源共享的文科综合实验教学平台。

5.2 加强新文科行政管理实验室的虚拟仿真技术应用

加强网络信息数字技术应用，提升行政管理实验室内涵，增加实验室的科技含量，视觉化、语音化、智慧化的技术应用和虚拟仿真技术在实验教学中的应用，提升行政管理实验室教学效果。

5.3 强化实验室开放，打造智能信息化技术综合管理平台

新文科行政管理实验室的建设要打破原有实验室之间的边界，利用信息化技术对实验室进行综合管理，打造智能化综合管理平台。

5.4 以功能为导向，建设新文科行政管理综合性实验室

整合实验室资源，融合学科发展，拓宽实验室的辐射范围，以功能为导向，提高设备利用率，打造新文科行政管理综合性实验室。

5.5 以实验课程为主线，加强实验室精准化建设

深化产学研校企合作，合理设置实验教学内容，改进行政管理实验教学方法，提升实验专业教学水平，促进实验室教学精准化。

5.6 提升实验技术人员综合水平

加大实验技术队伍的培训力度，提升实验技术人员能力，提高实验教学质量综合水平。

参考文献

[1] 解志韬. 后科学知识社会学视角下的文科实验室：转向、定位与进路[J]. 探索与争鸣，2022(6)：170-176+180.

[2] 潘镇，李金生，王丽萍. 新文科理念下文科实践教学的探索与创新[J]. 中国大学教学，2022(6)：66-70+80.

[3] 李晶，刘越. 文科实验室赋能“新文科”创新发展[N]. 中国社会科学报. 2023-02-10.

[4] 陈倩倩，何妍. 地方应用型本科院校新文科建设及其路径研究[J]. 佳木斯职业学院学报，2023，39(2)：128-130.

[5] 周江林. 在中国式现代进程中展现文科实验室新作为——数智时代我国文科实验室改革发展研讨会综述[J]. 教育发展研究，2023，43(1)：81-84.

日本私立大学管理模式及对中国民办高校的启示

井西立

（湖南应用技术学院 经济管理学院 湖南 常德 415000）

摘要：日本是一个高度教育化的国家，在发展教育方面可谓世界先进国家之一，其科学且民主的内部行政管理制度、切合实际的教育管理制度、完善的教育法律基础、柔韧的教育经费筹措渠道及其经费管理制度等成功经验对助推我国民办高校的发展，构筑科学且合理的民办高等教育管理模式具有重要借鉴价值。本文旨在在介绍日本私立大学的管理模式和运行特征等成功经验的基础上，基于先前研究及作者在日30多年的生活经历，利用评析法对日本私立大学的自治管理制度进行探讨，为我国21世纪高等教育改革与发展提供一些建议。

关键词：日本；私立大学；管理模式；民办高校；启示

1 引言

日本自19世纪70年代初叶的明治维新开始，仅以一百年左右时间就形成了以私立大学为中心、多层次、多样化的高等教育体系。日本的高等教育分为私立、公立、国立大学三种主要形式，20世纪60年代以来，在国家教育改革的助推之下，私立大学得到了空前的发展，尤其是在教学质量、教育管理效率、培养人才等方面作出了卓越贡献。截至2021年5月，全日本共有803所学部（本科）大学，其中包括619所私立大学，约占日本大学总数的77%；98所公立大学，约占日本大学总数的12%；86所国立大学，约占日本大学总数的11%（见表1）。在日本社会里，私立学府为家长和学生提供了一种可变通的教育方式，代表了国民的广泛利益。从日本教育的整体办学水平及发展速度来看，私立大学远远高于国立、公立大学。值得一提的是，代表日本高水平的大学，大多数是诸如早稻田大学、庆应义塾大学、上智大学、明治大学、立教大学、中央大学、立命馆大学、同志社大学等著名私立学府。

表1 日本私立大学、公立大学、国立大学规模

	总计		私立大学		公立大学		国立大学		私立大学比例%	
年份	大学	短大	大学	短大	大学	短大	大学	短大	大学	短大
1960	245	280	140	214	33	39	72	27	57.5	76.4
1970	382	479	274	414	33	43	75	22	71.7	96.4
1980	446	517	319	432	34	54	93	35	71.5	83.6
1990	507	593	372	498	39	54	96	41	73.4	84.0
2000	649	572	473	407	72	55	99	20	73.7	86.9
2009	773	406	595	378	92	26	86	2	77.0	93.1
2021	803	315	619	301	98	14	86	—	77.0	95.6

注：资料来源于日本文部科学省，文部科学统计要览。

我国自1999年以来，民办高校得到了空前的发展，截至2023年6月，全国已有民办大学785所，并涌现了像河北美术学院、武汉东湖学院那样的“七千亩校园、五千亩校园”，像郑州工业应用技术学院、云南经济管理学院那样的“四万名学生”规模的民办高校[1]。民办高校已经成为我国高等教育的重要组成部分，为国家教育大业贡献着不可低估的力量。但是，由于种种原因，我国民办高校尚存在着诸多不可忽视的问题，仍然处在成长与规范、提高与整合的探索完善阶段。因此，探讨和借鉴日本私立大学的管理模式并取精用宏，无疑对助推我国民办高等教育的发展具有重要的意义。

2 日本私立大学的自治管理、运营模式

在自治管理及运营方面，尽管日本每个大学均有自己的个性与特点，但几乎所有的私立大学均采用行政管理和教学管理相互分离的制度。首先，学校法人是根据《私立学校法》的规定设立与管理，学校法人即创办私立学校的人或组织机构，它包括理事会、监事会、校长办公会议等主要组织机构。学校法人的作用在于形成科学合理的私立大学自身内部管理机制，使各个行政组织部门之间实现合理分权、相互牵制，以防止因权力相互制衡的缺失而导致的管理人员的衙门风、独断专制、腐败现象等，最大限度降低中枢机构的决策失误，规避学校经营风险，促进私立大学在教育市场的激烈竞争中胜出及稳定健康发展。而教授会则依据《学校教育法》设立，主要负责大学的教学与科研等事务。这种双轨制在实际运行中虽然常出现权力的纠葛，但通过学校法人的管理与教授会之间的相互联系与协调，助推了行政管理与教学管理的一体化，从而为私立学府双轨制的紧张与协调的玄妙关系打下了一个稳定发展的基础。日本私立大学协会加盟校自治管理的模式及相互协调与制约的大致情况如图1所示。

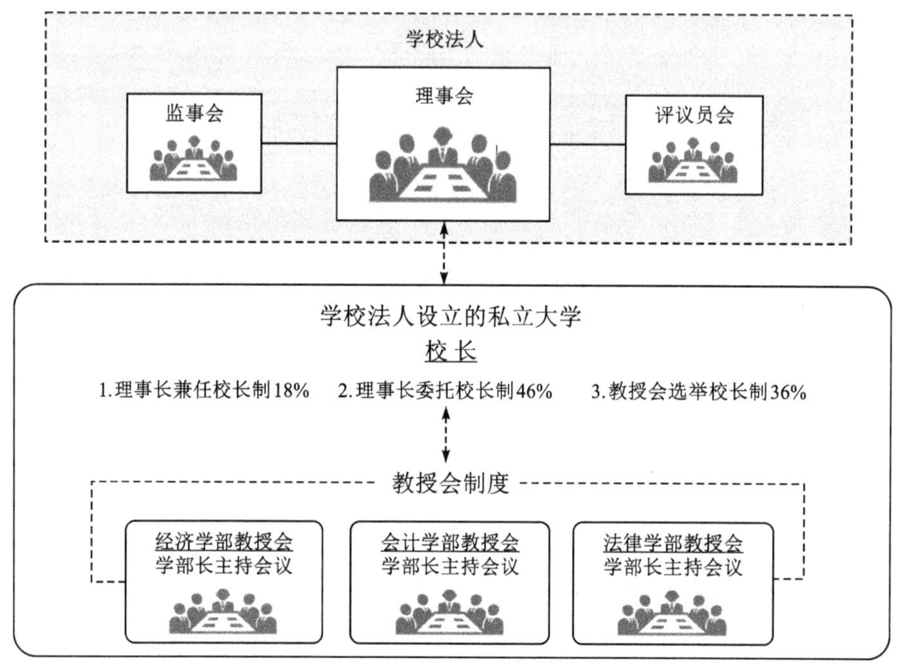

图1 日本私立大学自治管理的主要类型及相互关系

首先，学校法人被规定为私立学府的出资举办者，其决策过程主要由理事会过半数来具体表决，该机制与一般的财团法人基本相同。在理事会之外，由监事组成的监事会和由大学教员、校友、校外知名人士组成的评议会，形成了理事会的左膀右臂。校长是学校法人派驻学校的代理人，是私立学府的最高行政管理负责人，在对学校整体日常事务的筹划、运营及执行监督方面扮演着不可代替的角色。

2.1 内部民主自治管理制度 I ——教授会

日本私立大学教授会制度是其最大亮点之一。纵观日本高等教育的发展过程，办学历史虽然源远流长，但真正意义上的日本近代大学是在1868年1月明治维新运动之后形成的，而促成近代大学诞生的是两个不容忽视的要素，即中国古代的私塾教育(大学寮)和欧洲近代的大学制度。可以说，中国古代文明是形成日本近代大学乃至日本整体文化教育的基础，欧洲近代文明则是推进它发展的动力。

明治维新运动以后的日本，在“脱亚入欧”一边倒的口号之下，积极推行“全民皆学”、大力鼓励私学办学的国策。到1872年，以兰学塾(庆应义塾大学前身)为领头羊的日本私立高校发展到9所，而同一时期以东京帝国大学(东京大学前身)为中心的国立高等教育机构仅有3所[2]。然而，东京大学作为日本政府建立的第一所综合性大学，在大学组织、学校运营、资金、人才等方方面面得到了全力支持并采用严格的国家主义集权管理方式。比如，在组织设置方面，设立总长(校长)、学部长(学院院长)及咨询会。咨询会也就是后来的私立大学的教授会及评议会的基础，这种观点在学术界尽管尚未达成共识，但受到了学者的广泛支持[3]。更为重要的是，教授会的权利被1893年颁布的《帝国大学令》成文法首次认可，使教授会自治有了一个名正言顺的符号，并在二战后美国占领司令部的民主化改革等政策的推动下得到了发展与完善。比如，1946年的日本新宪法规定“保证学术自由”“思想、良心的自由”“言论表达自由”。再如，1947年颁布的《学校教育法(第59条)》规定“为了审议事项，大学必须成立教授会。教授会可以吸收副教授及其他成员参加”“教授会审议大学的重要事项”。教授会一般具有以下职能：

(1)在决定大学重要事项时，理事会应听取教授会的意见；

(2)负责审议教育、教学、研究等有关的事务；

(3)负责审议课程履修和毕业(如学生入学、转学、留学、休学、退学、升学等)；

(4)审议教师的雇佣等人事问题。

日本教授会自治管理制度的实践证明，它不仅对大学的教学、学生管理、学术研究、教师雇佣等重要问题的解决与推进扮演着不可取代的角色，而且通过行使对理事会的监督权，保证了大学朝着符合正确且科学的中长期战略目标安定发展。尤其是在国立大学法人化(市场化、私人化)、私立大学的所有权与经营权分离制度日益凸显的今天，作为一校之长、一学部(院)之长、一科室之长的人选，大部分大学以公平、公正、公开的选举方式通过教授会选出且接受其严格的民主监督。在这种情况之下，通过教授会选出的人虽然被称为教育精英并且即便增加了一个头衔(校长或部长、科长等)，却仍坚持在教学科研的第一线，与教员讨论教学、与同行切磋科研。所以，私立大学教授会制度对提高教研水平、促进教育制度改革、助推大学在激烈的教育市场胜出等方面均起着极为重要的作用。当然，在一些“理事长兼任校长制”的新建大学或小规模大学，学校自治管理制度在实际的运行过程中，教授会与理事会在教员的任用上会不可避免地发生一些冲突。尽管理事会不直接介入教授会的运营，但它所拥有的人事任免权却严重地阻碍了教授会的自治以及学术自由[4]。

2.2　内部民主自治管理制度Ⅱ——理事会、监事会、评议员会

2.2.1　理事会

日本的私立大学与国立大学都萌芽于日本明治维新时期，其管理体制的历史沿革尽管有相似之处，但两者的待遇不同。日本私立大学真正呈现飞跃性发展，应该是在二战后的事情。二战后，日本政府为助推私立大学在社会和经济发展当中的积极作用，调整了其高等教育政策，纠正了官方一些歧视私立大学的措施，为私立大学赋予了与国立大学同等的地位及待遇，并积极推进日本教育民主化改革，使其在较短时间内完成了从“私立大学”到“国民的大学”的成功转型，保障了私立大学办学的自主性。加之政府出台诸如《私立学校法》《私立学校法施行规则》《关于私立学校振兴的决议》《对私立大学的研究设备进行国家补助的法律》等法律法规，并作为战后教育兴国的应急性制度措施对私立大学进行大力支持与资助，从根本上解决了战后私立大学的重建和恢复问题。

《私立学校法》第 44 条规定，私立学校的创办者即“学校法人”，依托学校而存在，只有创办了学校才是“学校法人”。而对于学校法人来说，学校经营管理及其最高决策的机构的实体是理事会，它不仅扮演着学校法人的智囊团的重要角色，而且掌握着学校的财政和人事大权，是学校日常运营的具体责任者。

理事长的人选是从全体理事中选举而产生的，主要职能就是对外代表学校法人，对内筹划、处理学校法人事务，并负责贯彻、推进学校的经营管理及办学方针政策，故私立大学的理事长可谓不折不扣的学校法人的全权代表。

理事会成员称为理事。理事一般通过两种方式来决定，其中一种方式是通过投票选举从大学教员当中选出，另一种方式是学校创办者任命其直系亲属作为理事，前者是活用了日本一般企业的经营管理模式，后者与日本一般企业的业主式经营甚为相似[5]。《私立学校法》规定，一个学校的理事最低应不少于 5 人。故每个学校可根据本校的实际状况来斟酌决定不低于 5 人的理事人数，政府和其他机构无权干涉学校理事的人选问题。值得说明的是，日本私立大学理事成员的多寡与其知名度及学校规模有着密切的正相关关系，即①私立大学的知名度越高，其理事人选的数量就越多，诸如早稻田大学、庆应义塾大学、上智大学、明治大学、立教大学、中央大学、青山学院大学、同志社大学等著名学府；②私立大学的实际规模越大，其理事成员的数量就越多，诸如日本大学、早稻田大学、庆应义塾大学、立命馆大学、明治大学、同志社大学等。

一般来说，理事会的主要任务有以下几个方面。

(1)根据学校的长远规划，围绕学校发展制定短期、中期、长期发展战略规划，并根据学校实际状况，作出具体决定并指派专人负责执行、付诸实施。

(2)依照学校的发展规划及社会对教育资源的需求，适时适度地筹建新校区或新学校，整合老校区，构筑整个学校的运营机制。

(3)探讨且确定学校经营管理应当遵循的基本思路及其大政方针，并在其执行过程中，全程跟进监督，即事前安排到位、事中监督严格、事后评价及时。

2.2.2 监事会

日本《私立学校法》第35条第一项规定，监事属于学校法人的组织成员，学校法人必须设置2人以上的监事。为发挥权力的相互监督与牵制作用，学校法人的理事或者学校法人的职员不能成为监事。再者，在学校法人的成员中，三辈以内直系亲属不得超过1人。通常，监事会具有以下职能：

(1)具体调查、监督各个时期学校法人的资产、负债状况；

(2)调查、监督管理各理事各项事务的实际执行状况；

(3)对以上(1)(2)监察过程中，如果发觉学校法人、理事存在作为或不作为问题的，将其不当行为向文部科学省(或评议员会)提出情况报告；

(4)对上述的报告在起草、做成若需召集评议员会的情况下，应向理事长提出书面请求；

(5)对有关学校法人的财产状况及理事的实际业务执行情况，应定期或不定期地向理事阐明自己的看法。

2.2.3 评议员会

评议员会是对私立大学有关教育教学事务的预算借款等事项进行审议和表决的组织。《私立学校法》规定，该组织是学校法人的合议制度咨询机构，当然根据学校法人的规章，在规定授予评议员会决议职能的情况下，也是学校法人的决议组织。根据法律规定，评议员会的实际人数须超过理事会人数的两倍，评议员可以是学校法人的教职员工，也可以是学校的毕业生，或者是来自外部的著名人士等。评议员会的职责一般有以下几个方面：

(1)处理学校的预算、收支和资产问题；

(2)根据社会发展的需要，修改、完善学校规章制度，沟通与其他学校法人的业务关系；

(3)听取理事长的年度决算报告，并阐明自己的意见；

(4)接受来自监事的各种报告，对学校法人的日常业务、各期财产的执行情况阐述自己的意见等。

首先，在私立大学内部自治管理方面，尽管《私立学校法》规定了学校法人制度，但遗憾的是，除了像诸如早稻田大学、庆应义塾大学、上智大学、明治大学、立教大学等著名学府，学校法人制度尚未真正发挥学校自治管理的民主化职能。例如，普遍存在监事职能方面的问题。表面上，大部分私立大学均依照《私立学校法》的规定配置了监事机构，然而监事本来应该发挥的监察职能尚未得到实现。再则在一些私立大学的机构框架中，监事充其量也就是一种摆设而已。

其次，《私立学校法》规定，学校法人须设5人以上的理事，但不足的是，法律并没有对理事会作出相应制约的规定，导致理事会的权力无限制地扩大乃至时常干预教研及招生事务。

最后，《私立学校法》规定将评议员会作为理事会的咨询机构，但在学校管理过程中，除了一些著名私立大学，评议员会制度仅仅是一个摆设而已。

2.3 内部民主自治管理制度Ⅲ——校长(或总长)

《学校教育法》规定，为了对学校重大事项进行审议，私立大学也设置教授会，校长人选的决定必须尊重教授会的意见，理事长不经教授会决议不能任免校长。日本私立大学校长人选的决定可分三种模式，即①理事长兼任校长制，②理事长委托制，③教授会选举校长制。

近年来，随着日本国立大学法人化(私人化、市场化)的推进及私立大学所有权与经营权分治凸显，教授会选举校长制已逐步成为私立学府追逐的自治管理模式。但不论私立大学采取哪种校长人事制度，校长作为学校的高层代表，负责学校经营事务及教研管理事务都是这三种模式的共通之处。

日本政府不介入校长人选是日本高等教育的一个优良传统。通常，私立大学的校长是先由理事会采用校内外招聘选拔，然后通过教授会投票选定，再将最终人选上报文部科学省审批。这种校长人选选拔方式，不仅避免了理事会、政府关系的走后门问题，而且强化了教授会治校的作用，并为稳定教研秩序、助推学校安定发展夯实了良好的基础。对于私立大学来说，校长的任职资格极为重要，一般有以下几个方面：

(1)具有经营能力及创新意识；

(2)学术上的造诣。在日本私立学府中，校长不仅为经营管理的带头人，而且必须扮演学术领袖的角色；

(3)高等教育理论方面的造诣；

(4)个人专长所形成的魅力。

私立大学对于校长的监督体系可分为：①校外监督；②校内监督。校外监督即以文部科学大臣为中心而设置的学校法人审议会，其成员主要由社会贤达及私立大学校长构成。当文部科学省对私立大学行使其管理权时，必须依法听取该组织的意见。这种上下对口式的管理方式对于私立学府校长具有极强的制约及助推决策效用。校内监督包括理事会、评议员会、监察员等机构。依照规定全部理事会成员与监察员之间禁止包括配偶在内的亲属关系。具体监督责任范围为：理事会具有最高决策权；评议员会主要负责学校内的教研事务且为理事会决策提供支持；监察员主要对决策层领导、全校教职员工行为实行法律及纪律上的监察。因此，面对校内外的双重严格监督的一校之长，尽管有较大的管理权限，但其权限必须在监督的框架中实行。这种校内外双轨制监督模式对于校长的学校管理运营、决策实施过程及有效性的提升均起着极为重要作用。

日本私立大学的校长人选选拔制度，可谓一张傲人的“名片”。二战前，理事长兼任校长的自治管理模式曾经是民办大学板块的主流，这也在很大程度上迎合了二战前日本社会的家长式企业(公司)管理模式。二战后，在美国占领司令部的管理之下，日本接受了美国主流的民主主义理念、企业文化及其管理方式等，在这样的情况下，以前那种带有家长制浓厚色彩的兼任校长模式也不得不逐步退出教育市场，取而代之为校长委托式的自治管理制度。不言而喻，这种私立大学自治管理制度是吸取了企业老板开始热衷于委托非直系亲属做管理人的模式的经验。20世纪90年代末，日本政府推出了国立大学法人化(私人化、市场化)大改革，教授会选举校长制成为私立大学追逐的自治管理模式。因为，此模式给诸多私立大学带来了“预想不到的红利”。精英在什么地方？天才的教育家又在何方？是先要靠“曹操”式的人物去寻找，再由“诸葛亮”式的教授会来定夺。精英就是精英！这些被选定的校长不仅具有超强的经营能力及创新意识，而且是教学、科研的佼佼者、带头人。当然，就教授会选聘校长模式而言，仍存在一些问题。比如，一些小规模大学及新建大学仍然存在校长职权范围与理事会职权范围模糊不清的问题，并且造成双方职能互不协调，以至于影响到学校的稳定发展。

3 中国民办大学发展对日本私立大学管理模式的借鉴

3.1 重塑民办大学的社会地位

首先，确立民办大学的社会文化价值观势在必行。民办大学是国家高等教育的一个重要组成部分，“公办”与“民办”只不过是投资筹建方有异，其办学目标均为育人、树人。故一方面政府应以法律法规等形式赋予民办大学与公立大学同等的待遇；另一方面，民办大学要通过不断提高教育和研究水平来确立自己的社会地位，逐步实现从“民办大学”到“国民的大学”的成功转型。日本私立大学之所以在二战后得以长足的发展，且教学科研能达到与国立大学并驾齐驱的水平，主要是因为日本政府从法律法规上确定了私立大学在其高等教育中的本来应有的地位，且在人力、财力等方面给予政策支持，使私立大学有一个良好的政策环境和宽松的经营环境。

3.2 探索自身在科学管理上的潜力，强化民办大学民主自治管理

民办大学要赶超公办大学的办学水平，除了要营造一个良好的外部环境，还需加强大学民主自治管理。民办大学应当努力转变传统管理模式，积极导入现代科学管理新途径。由于我国民办大学发展历史较短，大部分民办大学的管理机制实行理事会领导下的校长委托制度，而且不少民办大学的理事会虚有其表，无实质性作用，所以，只有建立完善的理事会制度，才能有效地监督和管理学校的运行。

3.3 导入教授会自治管理制度

日本私立大学能取得傲人的教育水平，主要得益于教授会自治管理制度。教授在教研第一线身体力行，不仅能接触到先进的科学管理知识，且对学生的学习等较为了解，是一种切合实际的模式。我国民办大学在管理机构上缺乏“教授会”自治管理模式，导致教员失去了参与监督学校管理的机会。因此，有必要建立由教员组成的教授会作为监督机构，激活理事会和教授会两个民主自治双轨制度，以推进我国的民办大学稳定健康发展。

4 结语

日本的私立大学因创办时期、发展历程的不同，在经营管理方面有其个性及特点。比如，从作为学校法人全权代表的校长的选任模式来看，有理事长兼任式、理事长委托式、教授会选举制等。不论学校法人采取哪一种经营管理模式，均体现了各自办学特色及社会对教育需求的倾向。可以说，日本私立大学不仅满足了社会公众日益高涨的高等教育需求，为促进国家教育、科技及经济等快速发展做出了莫大的贡献，同时也体现了私立大学的公益性特征。我国民办大学仅以三十多年的发展，已取得了让世人吃惊的成就，但同时也存在着不可忽视的问题。他山之石，可以攻玉，日本私立大学通过教学科研实践而积累的先进自治管理经验，值得我们学习借鉴。

参考文献

[1] CNUR. 2023 年中国民办大学占地面积排名，2023 年中国民办大学在校生人数排名[EB/OL](2023-04-13)[2023-08-18]. https//www. cnur. com/rankings/475. html.

[2] 耿萍. 日本私立大学经营体制研究[D]. 北京：对外经济贸易大学，2007.

[3] 吉见俊哉. 大学とは何か[M]. 东京：岩波书店，2011.

[4] 张秀红. 日本私立大学的发展与经营[J]. 大学(学术版)，2010(11)：77-82+76.

[5] 王彦风. 日本私立大学管理机构及决策方式[J]. 北京城市学院学报，2005(3)：9-13.

大数据思维嵌入高校教学管理的创新路径研究

邹红菊

（湖南应用技术学院 经济管理学院 湖南 常德 415000）

摘要：本文旨在探讨大数据思维在高校教学管理中的应用路径和价值，通过深入分析教育数据，解决高校教学管理中的问题，提高教育质量、效率和学生满意度。首先，回顾了高校教学管理中的问题，如学生成功挑战、资源不均分配和教学标准不一致，以寻求智能化、数据驱动的解决方案。其次，详细阐述了大数据思维的核心概念，包括数据驱动决策、个性化教育、资源优化和预测分析。该方法倡导多源数据的充分利用，以指导高校的决策，提供个性化学习支持，优化资源配置和预测未来趋势。再次，探讨了实施大数据思维所需的方法和技术，包括数据采集与处理、数据分析与挖掘、预测分析与决策支持，以及教育数据仓库的构建与维护。最后，提供了大数据思维在高校教学管理中的应用案例，包括学生成功预测与干预、资源优化、个性化教育和招生市场策略改进。这些案例凸显了大数据思维的多样性和重要性，为高校提供了灵活、定制的管理工具。

关键词：大数据；高校教学管理；创新路径

1 引言

1.1 研究背景

在当下社会，大学教育的作用至关重要，然而随着规模的扩大和复杂性的增加，教育管理面临着巨大的挑战。这些挑战包括如何在保持教育质量和提高效率之间取得平衡，满足不同学生多样性的需求，更有效地配置有限资源，以及提高教师和学生的满意度等诸多方面[1]。

传统的教育管理方法通常受到数据搜集与分析方法的限制，这使得管理者难以全面把握教育系统的运作情况。另外，教学质量和效率方面的问题也需要更加系统化的方法来解决，包括应对教师培训和课程设计等方面的挑战。同时，学生和教师之间的需求常常存在不匹配的问题，需要更好地实现个性化教育和提供支持。最后，以经验为基础的管理方法往往无法满足复杂的教育管理需求，因此需要更具数据驱动的决策方法来引领教育管理的未来发展。

本研究关注高校教育管理领域中存在的以上问题，旨在采用新的思维方式和创新途径来解决这些问题。大数据思维被视为一种潜力巨大的方法，可以为高校教育管理提供新的解决方案。本研究探讨如何将大数据思维融入高校教育管理，以应对这些挑战，并为高校管理者提供更多的决策支持和资源优化的机会，从而提升教育的质量和效率。

1.2 研究目的和研究意义

1.2.1 研究目的

首先，我们将着眼于大数据思维在高等教育领域的潜在应用，研究的主要目标在于深入研究如何将大数据思维有机地融入高校教育管理中，以做到更深刻的洞察、更高效的决策制定以及更巧妙的资源管理。

其次，我们将对当前高校教育管理所面临的问题进行分析，通过深入研究高等教育管理领域的问题和挑战，揭示出现有管理方法的不足，为大数据思维的应用提供明确的动力。

最后，我们将探讨独特的解决途径，旨在提出创新性的方法和策略，将大数据思维与高校教育管理相融合，有效解决当前存在的问题，并为教育管理者提供崭新的工具和战略。

1.2.2 研究意义

一是提升高校教育品质与成效。高等教育阶段是培养未来社会领袖和专业人才的至关重要阶段，因此其品质至关重要。大数据思维的运用可帮助高校更深入地理解学生的需求、学习方式和表现，从而精确地调整课程设计、教育方法和评估方式。通过个性化教育，大数据有助于教师更好地了解不同学生的需求，提升教育品质，增强学生的学习体验，最终提高教育效益。这将积极影响毕业生的就业竞争力和高校声誉。

二是优化高校资源管理效能。高校管理涵盖庞大的资源，包括人力、课程、财务和基础设施等。大数据思维可协助高校更好地分析和利用这些资源。借助数据驱动的方法，学校可更有效地分配预算、制订招生计划和规划人员配置，减少资源浪费和成本，提高管理效率。这不仅有助于保障教育的可持续性，还有助于提供更多财政支持，以改善教育品质和学术研究。

三是促进教育制度的创新与可持续发展。大数据思维的应用将推动高校教育领域的创新。透过教育数据的分析，学校能够不断改进教育方法、学科设置以及学术支持服务，以适应不断变化的学生需求和社会发展趋势。这种创新有助于提高高校的竞争力，吸引更多学生和杰出教职员工。此外，通过优化资源管理和提高教育品质，大数据思维有助于确保高校教育的可持续发展，为未来社会培养更多具有竞争力的人才，推动国家和社会的可持续发展。

2 目前高校教学管理中存在的问题

2.1 教学管理挑战概述

高校教育管理领域面临的一个主要挑战就是如何在保持教育质量的同时提高效率。为提供高质量教育，高校通常需要投入大量资源和时间。然而，高校也必须在有限预算内运作，这便要求教育管理者在教育质量和资源利用效率之间找到平衡。具体包括财务分配、招生计划、教职员工配置以及课程设计等决策。

为了应对这个挑战，高校管理者需要面对多个方面的问题。首先，必须设计招生策略，以确保吸引符合学校要求的学生，并充分利用学校资源。其次，有效利用教育资源。不同学科和专业需要不同类型的资源，如教室、实验室和设备。因此，管理者必须精确规划资源的使用，以最佳方式配置资源。此外，管理者还需思考如何提高教职员工的工作效率，包括提供培训、鼓励创新教学方法以及评估教育质量。

挑战不仅涉及资源和成本问题，还包括提高教育效果和学生满意度的问题。这就要求不断改进教学方法、评估方式和课程设计，以满足学生需求。高校教育管理者还需考虑如何提高学生参与度和留存率，以确保学生能够顺利完成学业。因此，平衡教育质量与效率是一项复杂任务，需要管理者具备深刻的洞察力和灵活的决策能力，以适应不断变化的需求和资源限制。

2.2 数据获取与分析的限制

在高校教育管理领域，数据获取和分析一直是关键任务之一。然而，传统的数据获取方式存在多个限制。首先，它们通常牵涉烦琐的手工工作和纸质记录，不仅费时费力，还容易产生错误。这种方法还需要大量的人力资源，通常只关注有限的指标，如学生成绩和考试成绩，而忽视了更广泛的学生表现和需求。

其次，数据通常分散在不同的系统和部门中，导致了数据的碎片化和分散。比如，学生信息存储在学生信息系统中，财务数据存储在财务系统中，而教职员工信息可能分散在多个部门中。这种数据孤立性使得数据整合和分析变得更加困难，因为它们不容易进行共享和比较。因此，数据标准化和集成成为一项紧迫的任务，以确保管理者能够访问全面且一致的数据。

最后，数据隐私和安全问题也需要高校管理者的关注。教育机构必须确保学生和教职员工的个人信息得到充分保护，以遵守相关法规并确保数据的安全性。这包括采取适当的数据加密和安全措施，以防止数据泄露和滥用。因此，数据获取与分析的限制需要综合考虑，以确保数据的可靠性、完整性和安全性，从而更好地支持决策和管理。

2.3 教学质量和效率问题

高校教育管理面临的一个主要挑战就是平衡教学质量[3]。这需要不断改进教学方式、评估方法和课程设计，以确保学生获得高质量的教育。首先，教育管理者必须关注教师评估和培训。评估教师的教学表现是确保教育质量的重要环节，但传统的评估方法可能不够全面或客观。因此，管理者需要采用多种评估方法，包括同行评审、学生反馈和教学观察等，以更准确地评估教师的表现。

此外，课程设计和交付也是一个重要问题。教育管理者需要确保课程内容的及时更新和适应性，以满足不断变化的学生需求和学科发展。这可能需要采取课程创新、引入新技术和更新教材等措施。同时，高校还需要关注学生的参与度和留存率问题。如何吸引学生积极参与学习和如何提供支持以减少学生的辍学率是需要解决的关键问题。管理者可以通过引入互动教学方法、提供学术支持和建立学生社区等方式来应对这些挑战。

在提高教学效率方面，高校管理者需要考虑如何更好地利用教职员工、设备和教室等资源。资源的有效利用对于控制成本和提高效率至关重要。这需要规划和管理，以确保资源的最佳配置。管理者还需要关注如何提高教职员工的工作效率，包括提供培训、鼓励教学创新以及评估教学质量等措施。因此，提高教学质量和效率是一个多方面的任务，需要管理者在各个层面采取措施，以满足学生需求和提高教育质量。

2.4 学生和教师需求的不匹配

在高校环境中，学生和教师之间的需求往往存在差异，涉及多种不同的背景、兴趣和学术水平。首先，学生的学习需求因其背景、学科兴趣和学业水平而各不相同[4]。一些学生可能需要更多的支持和反馈，而其他学生可能需要寻求更高层次的挑战。教师也可能具备不同的教学风格、需求和研究兴趣。管理者必须寻找方法来平衡这些差异，以提供个性化的学习体验和支持，同时满足教师的需求。

为了解决这个问题，高校可以考虑采用灵活的教学方法，如混合式教学、个性化学习和在线教育。例如，针对不同水平的学生，可以提供不同难度的课程版本，以满足他们的需求。对于教师，可以提供多样化的培训和发展计划，以满足他们的专业发展需求。此外，学校还可以鼓励教师积极参与教学研究和创新，以提高他们的教学满意度和学生满意度。

除了个性化教育，高校管理者还可以促进学生和教师之间的互动和沟通，建立学生反馈机制，使学生能够提供对课程和教学方法的反馈，以便教师及时调整教学策略。同时，教师和学生之间的开放对话也可以帮助他们更好地理解彼此的需求和期望。总之，高校管理者需要采取综合措施，以确保学生和教师之间的需求得到充分满足，从而提高教育质量和教职员工的工作满意度。

2.5 管理决策的不足

高校在管理中，常常依赖传统经验和方法做出决策。但这种方式存在多种问题，并且可能导致决策不足和错误。首先，数据在决策中的应用不足是一个关键问题。很多管理决策仍然依赖主观判断和经验，而未充分发挥可用数据和分析的潜力。这可能导致决策的不全面或基于不准确的信息而做决策。

此外，管理者通常在没有全面了解所有可行选项的情况下做出决策。这可能导致错失机会或选择不适合的方案[5]。例如，在招生策略方面，管理者可能根据以往的经验做出决策，而未充分考虑当前市场趋势和学生需求。因此，决策不足可能导致高校错失提高效率、提高教育质量和满足学生需求的机会。

为了解决这个问题，高校管理者需要更好地利用数据来支持决策。这包括收集和分析学生和教职员工的数据，以了解他们的需求和表现，从而更好地满足他们的期望[6]。管理者还可以采用数据驱动的方法，如预测建模和决策树分析，评估不同决策方案的潜在结果。此外，管理者需要培养数据驱动的文化，鼓励员工使用数据来支持他们的决策，以更好地实现高校的战略目标。

3 大数据思维如何为解决这些问题提供路径

3.1 大数据思维概述

大数据思维代表一种数据驱动的战略方法，旨在充分利用大规模数据来优化决策和提高效率。在高校教学管理领域，大数据思维强调以下几个方面：

①数据为决策指南。大数据思维倡导将数据作为决策制定的重要依据，而不是仅依赖经

验和主观判断。高校可以通过深入分析学生和教职员工的数据来制订更明智的战略方向。②个性化学习体验。通过分析学生的学术表现、学习风格和需求，高校可以提供更加个性化的学习体验，以满足不同学生的特定需求。③资源的优化管理。大数据思维有助于高校更有效地管理各种资源，包括教室、教材、教职员工和财务资源。这可以帮助高校降低成本并提高整体效率。④预测性分析。通过大数据分析，高校可以预测未来可能出现的趋势和挑战，从而有足够的时间来应对和调整战略。

以上这些方面都突显了大数据思维在高校教学管理中的潜在益处，它强调了数据的重要性，并鼓励高校采用数据驱动的方法来取得更好的结果。

3.2 数据采集与处理技术

①数据采集。高校可以利用多种渠道来获取数据，包括学生信息系统、在线教育平台、社交媒体以及问卷调查等。这些不同来源的数据为教育管理提供了多样化的信息。②数据存储。大规模数据需要可靠的存储系统，其中包括云存储和分布式数据库。这些系统能够存储各种结构和非结构化数据，确保数据的可用性和安全性。③数据清理和预处理。在进行数据分析之前，数据需要经过清理和预处理的步骤，以去除错误、不一致性和冗余数据。这一过程旨在维护数据的质量和准确性。

3.3 数据分析与挖掘方法

①数据分析方法。在高校管理中，数据分析是一项重要的工作，可用于深入了解数据的特点和趋势。这包括使用描述性统计、假设检验、方差分析等方法，以探索数据之间的关系和差异。②机器学习应用。机器学习算法可以应用于大规模数据中，用于构建模型，预测学生的表现，分析学生的行为模式，并为个性化教育提供建议。决策树、神经网络、聚类和分类算法等工具在此领域都具有广泛的应用。③自然语言处理技术。对于文本数据，自然语言处理技术可以帮助高校理解学生和教职员工的反馈和需求。情感分析、文本分类和文本挖掘等技术常常用于处理文本数据。

3.4 大数据思维在高校教学管理中的应用案例

高校教学管理中的大数据思维应用案例在以下四个关键领域凸显了其在提高教育质量、效率和学生支持方面的价值。

学生成功的预测与干预：大数据思维在高校中的应用之一是学生成功的预测和干预。通过深入分析学生的学术表现、出勤率、参与度等多维度数据，高校可以创建高度精确的学生画像，以识别可能面临学业挑战的学生。一旦这些学生被识别出来，高校就可以采取个性化的措施来支持他们，如学术辅导、补充教育计划和心理健康支持。这种个性化干预提高了学生的学术成功率，同时减少了辍学率，可为学生创造更有成就感的学习体验。

资源分配的优化：大数据思维支持高校资源的精确分配和优化利用。通过对教室利用率、教材需求、教职员工工作负载等数据进行深入分析，高校可以更好地规划和分配资源。例如，如果数据表明某个教室在特定时间段内使用率较低，高校就可以重新安排课程计划，以最大限度地利用该教室。此外，高校还可以根据学科需求和学生人数来招聘或安排教职员工，以确保他们在最需要的地方提供支持。这有助于高校降低成本，提高资源的有效利用，以及提供更好的学习和教育环境。

个性化教育：大数据思维在高校中的另一个关键应用领域是个性化教育。通过分析学生的学术表现、学科兴趣、学习风格和进度，高校可以创建精细的学生画像，用于制订个性化的学习计划。这包括为学生推荐特定课程、教材和学习资源，以满足其独特的需求。如果某个学生在数学方面表现出优势，而在文学方面表现较差，教育管理者就可以为该学生提供额外的数学挑战课程，同时还可以提供文学辅导。这种个性化教育方法不仅提高了学生的学术成绩和自信心，也提高了学习满意度。

招生和市场策略：大数据思维在高校的招生和市场策略中也发挥了关键作用。通过分析招生数据、学科需求和竞争情况，高校可以制订更精确的招生计划，包括确定适当的招生人数、优化录取标准以及调整奖学金计划。同时，高校可以通过监测社交媒体和在线论坛上的信息来了解潜在学生的需求和期望。这有助于高校调整市场战略，改进宣传材料，并与潜在学生建立更紧密的联系。这些举措提高了高校的吸引力，有助于高校吸引更多符合要求的学生，同时提高了高校的招生率和声誉。

综合来看，大数据思维在高校教学管理中的应用案例强调了其在学生支持、资源管理、个性化教育和市场策略方面的多样性和价值。通过更深入地了解学生和教育环境，高校可以更好地满足不断变化的需求，提高学生和教职员工的满意度，同时实现更高的教育质量和效率。这些案例还突出了大数据思维在高校管理中的重要性。

4 结论

在教育领域，大数据思维已经成为高校教学管理不可或缺的组成部分。通过深度数据分析，高校能够更全面地了解学生和教育过程，从而改进决策、提高学术成果水平和改善学生体验。

首要的应用领域是学生成功的预测与干预，这是大数据思维的核心之一。高校可以借助数据分析，及早辨识学生可能面临的挑战，以便提供个性化的支持。这种干预措施不仅可协助学生克服困难，还提高了他们的学术成功率，减少了辍学率。

资源分配的优化也是大数据思维的一个重要方面。通过深入分析资源利用率和需求，高校可以更准确地规划教室、教材、教职员工和财务资源。这有助于提高资源的有效利用，同时也降低了成本，改善了学习环境。

个性化教育是大数据思维的关键领域之一。通过分析学生的学术表现、兴趣和学习风格，高校可以为每位学生制订个性化的学习计划，提供量身定制的支持，从而提高学术成绩和学生满意度。

改进招生和市场策略也是大数据思维的关键目标之一。通过数据分析，高校可以更好地了解潜在学生的需求，灵活地调整招生策略，提高学校声誉，吸引更多符合要求的学生。

总之，大数据思维已经在高校教学管理中崭露头角，并为提高教育质量、效率和学生支持提供了新的可能性。高校应积极应用大数据思维，投资数据技术和基础设施，同时充分保护数据隐私，以充分发挥其在教育领域的潜力。通过这种方式，高校将更好地满足学生和社会的需求，实现其教育使命。

参考文献

[1] 章彤. 大数据视域下高校教育教学管理的现状分析和对策研究[J]. 中国多媒体与网络教学学报(上旬刊), 2023(8): 10-14.

[2] 张波. 大数据背景下高校教学管理信息化建设路径探究[J]. 教育信息化论坛, 2023(7): 12-14.

[3] 刘宗凯. 高校教学管理中的大数据思维应用探析[C]//2022 新时代高等教育发展论坛论文集, 2022-12, 线上会议: [出版社不详], 2022: 134-136.

[4] 宫宇强. 大数据背景下的高校教学管理创新研究[J]. 民族高等教育研究, 2022, 10(4): 88-92.

[5] 陈颖. 大数据时代高校教育管理的变革与创新——评《素质教育背景下高校教学管理制度改革的研究》[J]. 科技管理研究, 2022, 42(6): 255.

[6] 郅明铭. 基于大数据的高校教学管理系统设计[J]. 信息与电脑(理论版), 2021, 33(24): 150-152.

数字化时代下民办高校档案管理路径研究

钟 唯 黄丹婷

（湖南应用技术学院 经济管理学院 湖南 常德 415000）

摘要：数字化时代带来的数据安全、隐私问题等档案管理挑战，亟须有效解决。本文深入研究了数字化时代下，民办高校档案管理面临的一系列挑战，并提出了相应的解决方案。研究发现，纸质档案管理效率低下、占用空间大、容易损害等特点对民办高校的档案管理造成了严重困扰。数字化技术使得档案的电子化成为可能，提高了档案的可访问性、安全性和可持续性；同时，可以加强学校内部合作和信息共享，提高档案管理的效率与安全。虽然数字化档案管理为民办高校带来了众多潜在好处，但也伴随着一系列挑战和责任。有效应对这些挑战，充分发挥数字化档案管理的优势，对于提高档案管理效率、数据安全性和合规性至关重要。

关键词：数字化时代；民办高校；档案管理；管理路径

1 数字化时代下民办高校档案管理的内涵及重要性

1.1 背景介绍

数字化时代潮流下，信息和数据的生成、保存以及管理方式发生了革命性的变革。而档案管理作为信息管理的重要组成部分，也面临着崭新的挑战和机会。2014 年，中共中央办公厅、国务院办公厅印发了《关于加强和改进新形势下档案工作的意见》（中办发〔2014〕15号），要求利用先进的信息技术建立档案信息管理平台，不断创新档案管理模式，为高校档案管理的变革与完善提供了政策依据。民办高校作为中国高等教育体系的重要组成部分，其档案管理不仅涉及学校内部的运作和管理，还涉及学术研究、师生权益以及社会信誉等多个方面。因此，本文将着重探讨数字化时代下民办高校档案管理存在的问题与解决途径。

随着我国民办高校数量的迅速增加，档案管理变得更加复杂，传统的纸质档案管理方式已难以满足不断增长的档案需求，而数字化技术为提高档案管理的效率和可持续性提供了新的机遇。与此同时，数字化档案管理也带来了数据安全和隐私保护等新问题。因此，深入研究数字化时代下民办高校档案管理的问题和解决方案对于提升档案管理水平具有重要意义。

1.2 数字化时代下民办高校档案管理的重要性

我国民办高校的兴起与蓬勃发展为高等教育注入了许多新鲜血液，但档案管理所面临的挑战也逐渐浮现。首先，传统的纸质档案管理方式存在着空间浪费、检索效率低下等问题，已经不再适应现代高校档案管理的需求。其次，数字化时代的档案管理牵涉到庞大的数据和信息，引发了各大高校对数据安全性和隐私保护的广泛关切。第三，学校、师生以及合作伙伴之间的信息共享和协作变得更为密切，需要更高效和便捷的档案管理方式。

综上所述，本文研究的重要性在于，通过深入研究数字化时代下民办高校档案管理所面临的问题和解决方案，为提升档案管理水平、保护数据安全和促进信息共享提供有力的支持。同时，这也将有助于提高民办高校的管理效率，增强师生和社会的信任感，推动高等教育体系的进一步发展。因此，本文在理论和实际层面均具备重要的研究价值。

1.3 数字化档案管理概述

数字化档案管理代表了档案管理领域的一次革命性改革，它将传统的纸质档案转化为电子格式，以更便捷地创建、存储、检索和共享信息。数字化档案管理的核心目标是提高信息管理的效率、安全性和可持续性，同时为用户提供更便利的访问途径。对于民办高校而言，数字化档案管理不仅是必要的，更是迫切需求。

数字化档案管理的优势在于其高度可定制性和灵活性。学校可以根据自身需求和特点建立数字化档案系统，确保档案整理、存储和访问方式与学校的运营相契合。此外，数字化档案不受时间和地点的限制，师生和管理者可以随时随地访问所需信息，极大地提高了档案管理的便捷性。数字化档案还具备长期保存的优势，有助于有效对抗档案退化和损坏问题，有助于维护学校的历史和文化遗产。

然而，数字化档案管理并非一劳永逸的解决方案，而是伴随着一系列挑战和责任。在数字化时代，信息安全成为至关重要的问题，学校需要投入相应资源来确保档案数据的保护和合规性。此外，数字化档案管理需要长期的技术支持和维护，以保障系统的稳定性和可用性。因此，民办高校在采用数字化档案管理时需要全面考虑，并制定合理的策略，以最大程度地发挥其潜在优势。

2 数字化时代下民办高校档案管理存在的问题

2.1 纸质档案管理问题

传统的纸质档案管理一直以来都是民办高校档案管理中备受瞩目的问题。由于管理需要，高校产生大量文件和各种记录，致使纸质档案积压如山。这不仅占据了大量空间，还使得档案的检索和管理变得烦琐，管理效率也大幅下降。此外，纸质档案容易受到自然灾害和人为破坏的威胁，安全性令人担忧。综上，传统的纸质档案管理方式已然不再适应数字化时代的需求，迫切需要转向数字化管理，以提升效率和保障安全性。

2.2 数据安全和隐私问题

数字化时代带来了大规模数据的涌现和管理，使得数据安全和隐私保护成为至关紧要的问题。民办高校储存了大量重要信息，其中包括学生的个人数据、财务记录和知识产权等重要信息。如果这些数据未经授权地访问或泄露，将会对学校的声誉和师生权益带来严重损害。因此，确保数据的安全性和隐私保护已经成为数字档案管理的当务之急。为了应对潜在的风险，必须采取严格的访问控制、数据加密以及网络安全措施。

2.3 档案访问和共享的难题

2.3.1 访问权限管理方面

确立可信的访问权限系统是数字档案管理的一项重大挑战。学校必须清晰明确谁有权访问特定档案，以及何时可以进行访问。这要求建立严格的访问控制策略，包括身份验证、权限授予和审批程序。同时，需要细致考虑不同角色和部门之间的权限差异，以平衡访问便捷性和数据安全性。

2.3.2 跨部门和跨机构的信息共享需求

民办高校通常需要与多个部门、其他学校、合作伙伴和监管机构共享档案信息。这牵涉到不同系统和平台之间的数据整合和互操作性问题。如何实现无缝的数据共享，以确保数据的一致性和完整性，是一个复杂的难题。为此，需要建立明确的数据标准和协议，以促进跨部门和跨机构的协作。

2.3.3 共享与隐私之间的平衡

共享档案信息对于协作和决策至关重要，但同时也引发了隐私保护的问题。学校必须权衡共享和隐私之间的关系。这包括采用敏感信息的去标识化、数据脱敏和匿名化等技术，以保护个人隐私，同时满足信息共享的需求。此外，还必须考虑合规性和法规要求，以确保共享档案信息符合法律法规。

2.4 档案管理效率和可持续性问题

2.4.1 资源投入与成本管理方面

数字化档案管理通常需要大量资源的注入，包括数字化设备、软件系统、培训以及维护成本。民办高校需要制订详细的预算计划，以确保资金充足，并有效管理相关成本。此外，还必须考虑长期的可持续性，包括数字化设备和系统的定期更新和升级，以确保系统持续稳定地运行。

2.4.2 纸质档案的处理和数字化转换

许多民办高校仍然存在大量纸质档案需要处理和转化为电子格式的问题。这个过程需要大量时间和人力资源。如何高效地进行纸质档案的扫描、分类和整理，以确保数字化档案的质量和准确性，是一个重要挑战。同时，也需要关注纸质档案的安全存储和保护，直至完全数字化。

2.4.3 技术演进和标准化

数字化技术不断进步，档案管理系统也必须不断适应新的技术和标准。学校需要紧密追踪技术的发展，以确保其系统和策略始终保持最新和合规。此外，需要建立数字化档案管理的最佳实践和标准，以确保系统的互操作性和数据的可迁移性。

3 数字化时代如何避免这些问题

3.1 技术解决方案

3.1.1 档案数字化技术

数字化档案管理的核心在于将纸质档案和文件转变为电子格式的档案和文件。这一转变可以借助高分辨率扫描仪、光学字符识别(OCR)技术以及文档管理系统等工具实现。高分辨率扫描仪能够精确地将纸质文件转化为数字图像，而 OCR 技术则有能力将图像中的文本转化为可编辑的文字。文档管理系统则赋予学校更有条理、分类和检索数字档案的能力，提升了信息访问的便捷性。另外，学校还可以考虑采用云存储解决方案，以存储和备份数字档案，确保数据的可用性和安全性。

3.1.2 数据安全和隐私保护措施

数字化档案管理必须特别重视数据安全和隐私保护。学校应该采取一系列措施来确保档案数据的安全性，其中包括数据加密、身份验证、访问控制和监测等手段。数据加密有助于保护数据在传输和存储过程中的机密性，而身份验证和访问控制可以确保只有经过授权的人员才能够访问档案信息。此外，定期的安全审计和监测可以及时发现并应对潜在的安全威胁。同时，合规性和法律要求也必须充分考虑，以确保档案管理在法规和法律方面合法合规，特别是在涉及敏感个人数据的情况下。

总之，数字化档案管理的技术解决方案为民办高校提供了强大的工具，有助于提高档案管理的效率和安全性。然而，成功的数字化档案管理不仅仅依赖于技术，还需要全面考虑组织的需求、资源和战略，以确保系统能够长期稳定地运行。

3.2 档案访问和共享的改进

3.2.1 电子档案的可访问性

数字化档案管理使得档案的访问更加便捷和灵活。通过建立电子档案管理系统，民办高校能够极大地提升档案的可访问性，使师生、管理者以及其他相关方能够随时随地通过互联网访问所需的档案信息。这种方便性有助于加速决策流程，提高工作效率，同时也可以提供更出色的服务体验。用户可通过巧妙设计的用户界面和搜索功能轻松找到所需的档案，无须在烦琐的检索过程中浪费大量时间。然而，必须确保访问权限的有效管理，以防止未经授权的访问。

3.2.2 协作和共享平台的应用

数字化档案管理不仅令个人访问更为便利，还有助于促进协作和信息共享。民办高校可以建立协作和共享平台，使不同部门和利益相关方能够分享档案信息，协同工作，更好地满足学校的运营和管理需求。这种平台可以促进教学、科研和管理中的合作，有助于信息的流通和传递。同时，协作和共享平台必须确保信息的安全性和隐私，并采取适当的访问控制和权限管理，以保护敏感信息避免被滥用或泄漏。

总的来说，电子档案的可访问性和协作共享平台的应用使民办高校能够更好地满足信息共享和协作的需求。这有助于促进学校内部的合作和协调，提高学校的整体运营效率。然而，需要平衡便捷性和安全性，以确保档案信息的合法和安全共享。这也有助于加强学校与师生、合作伙伴和监管机构之间的信任关系。

3.3 提高档案管理效率和可持续性

3.3.1 自动化工作流程

数字化档案管理可以借助自动化工作流程来提高档案管理的效率。自动化工作流程是指利用技术自动执行和协调档案管理任务的过程。例如，可以采用自动化工具扫描纸质文件并将其自动转化为数字格式，然后进行自动分类和归档。此外，还可以建立自动化提醒和通知系统，以确保及时处理档案管理任务，如审批、归档和销毁。这些自动化工作流程不仅提高了工作效率，还降低了人为错误的风险，有助于提高档案管理的质量和可靠性。

3.3.2 数据备份与灾难恢复计划

为确保数字化档案管理的可持续性，民办高校需要制订有效的数据备份与灾难恢复计划。数字化档案管理系统中的数据备份是关键步骤，它确保档案数据的安全性和可用性。定期的数据备份可以防止数据丢失，尤其是在硬件故障、数据损坏或不可预测的灾难事件发生时。此外，灾难恢复计划是应对灾难性事件的关键措施，包括紧急情况下的数据恢复和系统重建步骤。通过备份和灾难恢复计划，学校可以最大限度地减少数据丢失和系统中断的风险，保障档案管理的可持续性。

综合而言，自动化工作流程和数据备份与灾难恢复计划是数字化档案管理中提高效率和可持续性的关键措施。它们有助于民办高校更好地管理档案，提高运营效率，同时保障数据的安全和可用性。这些措施需要与数字化档案管理系统的整体规划和管理策略相结合，以确保档案管理能够长期稳定运行并满足学校的需求。

4 结论

4.1 研究结论

本研究通过深入研究数字化时代下民办高校档案管理所面临的问题和可行的解决方案，得出以下主要结论：首先，纸质档案管理存在的问题对民办高校的档案管理带来了巨大挑战。传统的纸质档案管理方式效率低下，占用大量空间，容易受损和丢失。与此同时，数字化时代带来了大规模数据管理的挑战，包括数据安全和隐私问题，需要综合考虑。其次，数字化档案管理技术为解决这些问题提供了有效途径。数字化技术使得档案的电子化成为可能，提高了档案的可访问性、安全性和可持续性。此外，数字化档案管理还涉及协作和共享平台的建设，有助于增强学校内部合作和信息共享。第三，数字化档案管理需要全面考虑数据安全和隐私保护措施。数据安全不仅包括技术层面的措施，还需兼顾合规性和法律要求，以确保档案数据不被未经授权地访问或泄露。此外，数字化档案管理需要在便捷性和安全性之间取得平衡，以确保档案信息的合法和安全共享。最后，自动化工作流程和数据备份与灾难恢复计划是提高档案管理效率和可持续性的关键措施。自动化工作流程提高了档案管理的效率，减少了人为错误的风险。数据备份与灾难恢复计划则确保了数据的安全性和可用性，降低了潜在的数据丢失和系统中断风险。

4.2 未来展望

虽然本研究已经深入探讨了数字化档案管理的问题和解决方案，但仍有许多未来可研究的方向值得进一步探索。首先，可以进一步研究数字化档案管理对民办高校管理和决策的影响，以及它与学校绩效和声誉的相关性。其次，可以深入研究新兴技术如人工智能、区块链等在档案管理中的潜在应用，以了解它们如何改进档案管理的效率和安全性。此外，可以进行不同数字化档案管理系统和策略的效益比较，以确定最佳实践。最后，可以研究数字化档案管理在不同类型的高校和教育机构中的应用，以获得更广泛的见解。这些研究方向将有助于进一步拓展数字化档案管理领域的知识。

参考文献

[1] 陈文瑶. 数字科技在高校档案管理中的应用研究[J]. 黑龙江档案，2023(4)：291-293.

[2] 李瑞. 5G时代高校档案智能化管理水平提升探索[J]. 陕西档案，2023(5)：30-31.

[3] 胡茜. 高职院校科研档案服务内涵提升[J]. 科技风，2023(30)：167-169.

[4] 王媛. 我国高校档案管理标准的分析与实践建议[C]//中国标准化年度优秀论文(2023)论文集，2023-10，[出版地不详]：《中国学术期刊(光盘版)》电子杂志社有限公司，2023：510-514.

[5] 张岩，郭晓文. 试论信息资源共享环境下高校档案管理共享与共建[J]. 赤峰学院学报(自然科学版)，2023，39(8)：38-41.

[6] 张拥军. 大数据背景下医疗档案管理信息化改革的重要性[J]. 互联网周刊，2023(10)：31-33.

[7] 杨慧辉. 基于产学研协同育人与创新的财会类研究生培养模式探析——以上海对外经贸大学会计学院为例[J]. 新会计，2023(1)：17-21.

[8] 王霞. 大数据背景下档案管理工作质量提升路径研究[J]. 兰台世界，2022(3)：90-92.

[9] 张晓晨. 大数据时代的党校档案信息化建设[J]. 现代职业教育，2016(27)：160-161.

提升民办本科院校教务干事工作效率的研究

曹 琳

(湖南应用技术学院 经济管理学院 湖南 常德 415000)

摘要：民办本科院校教务干事是教学管理的重要岗位，负责学生的课程安排、考试安排、学生成绩管理、教师档案管理、教师工作量计算、协助教师教学和科研考核等工作。然而，由于各种原因，教务干事存在工作效率不高的问题。本文旨在研究这个问题并提出一些方法，以提升本科院校教务干事的工作效率。

关键词：民办本科院校；教务干事；工作效率；研究

1 引言

教务干事工作直接关系到学院教学工作的效果。教务干事对接教务处，承担着学生的课程安排、考试安排、毕业论文、学科竞赛、教材征订、教研室主任相关事宜；对接人事处，承担着统计学院全部教师信息并及时更新，填报本科数据、高校数据采集，核算专业生师比，新教师的入职、在职教师的离职，协助教师签合同，核算教师课时和工资，负责全国教师管理信息系统数据录入与更新，服务教师职称申报等工作；对接质评中心，承担着教师评学、学生评教以及其他评估相关工作。提高教务干事的工作效率，能为教师提供良好的教学环境，也可以为学生提供更好的服务。但民办院校的教务干事在工作中会遇到很多现实困难。首先是学历普遍不高，大多为本科生，其理论素养受到一定的局限，面对众多繁杂的教务工作，压力巨大，很难做到既按程序完成工作，又使工作符合科学性、有效性原则，还能满足大多数教师、学生的要求。同时，更难安排较多时间从事专业研究，全面提升自身的科研能力和水平。本人经过几年的工作，在工作中学习，在学习中思考，认为提升教务干事的工作效率可以从以下几个方面努力。

2 坚定党的教育事业信念

在提升民办本科院校教务干事工作效率的研究中，坚定党的教育事业信念是一个至关重要的方面。党的教育事业信念的坚定将直接影响到教务干事的工作态度和效率。

2.1 党的理论学习和教育

要坚定党的教育事业信念，定期组织教务干事进行党的理论学习和教育是必不可少的。这可以包括学习党的教育政策、教育改革方案以及党的思想文化等方面的内容。通过系统的学习，教务干事可以更好地理解党的教育事业的重要性，增强对教育工作的信仰，并将党的教育事业信念内化为行动。

2.2 增强责任感和使命感

通过对党的教育事业理论的学习，教务干事可以更清晰地认识到他们的工作对于党的教育事业的贡献。这种认识将增强教务干事的责任感和使命感，使他们更加坚定地履行自己的职责，积极为教育事业作出贡献；还将促使教务干事更高效地处理教务工作，确保工作流程的顺畅。

2.3 提高职业纪律性

坚持党的教育事业信念不仅是一种理论信仰，还应体现在教务干事的职业纪律性上。教务干事需要秉持党的教育事业信仰，严格遵守工作纪律，不违反党纪国法，诚实守信，切实履行职责。只有在遵纪守法的基础上，教务干事才能提高工作效率，确保教务工作的正常进行。

2.4 提高专业素质和职业能力

通过系统的培训，提升教务干事的管理、沟通和问题解决能力，可以使他们更好地应对各种工作情况，提高工作效率。这种综合提升不仅有助于他们更好地履行教务干事的职责，还将使他们更好地服务于党的教育事业，推动教育事业的发展。因此，坚定党的教育事业信念和提高教务干事的专业素质与职业能力是互为补充的，它们共同构建了提升工作效率的重要基础。

3 优化教务工作流程

优化教务工作流程是提升民办本科院校教务干事工作效率的关键一环。通过深入分析和评估现有教务工作流程，可以找出存在的问题和烦琐环节，以确定需要进行优化的重点。

3.1 分析和评估现有流程

首先，教务部门应当对当前的教务工作流程进行全面的分析和评估。这包括审查所有流程步骤、文件和手续，以了解哪些环节可能存在问题、瓶颈或不必要的复杂性。通过详细的数据收集和流程审查，可以建立对现状的清晰了解。

3.2 确定优化的重点

基于分析和评估的结果，确定需要优化的重点。这可能涉及简化复杂的流程，减少冗余的环节，消除不必要的文件或审批程序，以及明确工作的责任和权限。通过确定优化的目标，可以更有针对性地进行改进工作。

3.3 流程的简化和标准化

一旦确定了优化的方向，可以开始对流程进行简化和标准化。这包括将复杂的流程拆分为简单的步骤、明确每个步骤的执行者和责任，以及规范流程中的文件和表格。标准化流程有助于提高工作的一致性和可追溯性。

3.4 减少不必要的环节和人为干预

优化流程的关键目标之一是减少不必要的环节和人为干预。这可以通过自动化某些任务、减少重复性工作或使用现代信息技术工具来实现。减少手工处理和人为干预将有助于降低错误发生的风险，并提高工作的效率。

3.5 提供清晰的指导和操作手册

优化后的流程应该被记录在操作手册或指南中，以便为教务干事提供清晰的指导。这些文档应包括每个步骤的详细说明、所需文件的示例，以及相关政策和法规的引用。这将有助于减少工作人员之间的沟通和解释成本，同时确保工作按照规程进行。

4 提升运用信息技术的能力

通过增强信息技术意识、提供培训与学习机会、推行信息化管理、提供技术支持、拓宽信息渠道和推行在线服务等举措，民办本科院校的教务干事可以更好地运用信息技术，提高工作效率，为教育事业的发展和学生服务提供更优质的支持。

4.1 增强信息技术意识

教务干事需要深刻认识到信息技术在教务工作中的关键作用。教务干事应意识到，信息技术不仅可以提高工作效率，还可以提高教务管理的质量和精度。这意味着他们需要认真思考如何将信息技术整合到他们的工作中，以提升效率和服务质量。

4.2 提供培训与学习机会

为了提高信息技术能力，教务干事需要提供相关的培训与学习机会。这些培训应该涵盖各种现代信息技术工具和应用，如电子邮件、办公软件、教务管理系统等。通过定期的培训，教务干事可以不断了解和掌握最新的信息技术发展和应用，从而更好地将它们应用于实际工作中。

4.3 推行信息化管理

采用信息化管理手段是提高工作效率的关键步骤。借助现代信息技术，建立教务管理系统，可以实现自助查询、在线办理等功能，减少人工操作，提高工作效率。通过这些系统，教务干事能够更有效地管理学生信息、课程安排、考试计划等方面的工作，提高工作的精确度和速度。

4.4 提供技术支持

为确保教务干事能够顺利运用信息技术，提供必要的技术支持至关重要。这包括解决信息技术使用中遇到的问题、提供软硬件的更新与维护等服务。通过提供技术支持，可以确保教务干事充分发挥信息技术的优势，提高工作效率。

4.5 拓宽信息渠道

为了不断提升信息技术应用能力，教务干事应积极利用各种信息渠道获取教务管理方面的信息。这可以包括通过网络、教育平台、学院论坛等途径，了解最新政策、技术和经验。通过积极获取和筛选信息，教务干事可以更好地将信息技术应用于实际工作中。

4.6 推行在线服务

建立网上教务平台是提高工作效率的有力手段。这样的平台可以提供在线查询、报名、选课、评教等功能，减少学生和教务干事的时间和精力消耗。在线服务的推行可以大幅提高工作效率，同时提供更便捷的服务体验。

5 建立有效沟通机制

建立有效沟通机制是提高教务干事工作效率的关键一环，可以促进内部协作、学生满意度的提高，加强跨部门协同工作，以及提供灵活多样的沟通方式。

5.1 强化团队协作和沟通

建立有效的内部协作机制是必不可少的。教务干事应培养良好的团队合作意识和沟通能力，通过定期的团队会议、合作项目和信息共享，提高工作效率和协同作战能力。良好的内部协作不仅有助于更高效地完成日常工作，还有助于应对突发情况和提升问题解决能力。

5.2 建立与学生的良好互动机制

了解学生需求和反馈对于提高教务工作效率至关重要。通过定期的学生座谈会、调研问卷等方式，教务干事可以主动了解学生的需求和问题，并及时采取措施。这有助于增强学生对教务工作的信任和满意度，同时提高教务工作的针对性和效率。

5.3 加强与其他部门的协调与配合

教务干事需要与院系、学工等相关部门保持紧密的配合与沟通。建立信息共享和工作协同机制，可以更好地满足教学需求，提高教务工作的高效性和专业性。跨部门协同合作不仅有助于更好地整合资源，还可以提高工作效率。

5.4 提供多样化的沟通方式

除了传统的面对面交流，现代通信工具也应得到充分利用。教务干事可以通过电子邮件、即时通信工具、在线教学平台等途径，与教学人员等进行线上沟通。这种多样化的沟通方式有助于更灵活地满足各方的需求，提高工作的便捷性和效率。

5.5 积极倾听教学人员的意见和建议

教务干事应积极倾听教学人员的意见和建议，与他们协商并共同制订行之有效的教务管理方案和工作流程。这有助于建立合作伙伴关系，促进教务工作的改进和提高工作效率，达到互利共赢的目标。

6 提升监测和评估效果

通过提升监测和评估效果，以及建立健全激励机制，民办本科院校的教务干事可以不断提高工作效率，并为学校的教育事业发展做出更大的贡献。这些措施有助于工作的持续改进和优化，同时也激发了教务干事的工作热情，提升了他们的工作表现和成就。

6.1 提升监测和评估效果

监测和评估效果是确保工作持续提高效率的关键。通过数据统计和用户反馈等手段，可以及时发现问题和瓶颈。这种信息的及时获取有助于快速做出调整和改进，以确保工作流程顺利高效进行。此外，通过定期的评估，可以量化工作流程变革的效果，确定哪些方面取得了成功，哪些需要进一步改进。这有助于指导下一步的工作改进措施，使教务工作不断精益求精。

6.2 建立健全激励机制

为了激励教务干事积极工作，提高工作效率，建立健全激励机制是必不可少的。绩效考核是一种常见的激励方式，它可以根据工作表现来评定教务干事的工作绩效。通过设定明确的绩效指标和标准，可以帮助教务干事明确工作目标，并促进他们努力达成这些目标。此外，还可以通过先进个人表彰、奖金奖励等方式，公开表扬和奖励那些在工作中取得较大成就的教务干事，以提高他们的工作动力和积极性。激励机制不仅可以推动教务干事更努力地提高工作效率，还可以建立一种竞争机制，促进更多的创新和工作改进。

7 结论

提升民办本科院校教务干事工作效率是一项复杂而重要的任务。本文探讨了一系列方法和策略，以帮助教务干事更好地履行职责，提供高效的教务管理，为教育事业和学生服务作出贡献。首先，坚定党的教育事业信念是确保工作质量和效率的关键，它有助于提高责任感、使命感和职业纪律性。其次，通过优化教务工作流程，减少不必要的环节和提供清晰的指导，可以提高工作的效率和一致性。第三，运用信息技术的能力的提升将使教务干事更好地应对现代信息管理需求，提高工作精确度和速度。建立有效沟通机制有助于内部协作、满足学生需求和提高跨部门协同工作的效率。最后，监测和评估工作效果以及建立激励机制将促进工作不断改进，激发教务干事的工作积极性和创新精神。通过综合运用这些方法，民办本科院校的教务干事可以更好地提高工作效率，为教育事业的不断发展做出更大的贡献。

参考文献

[1] 韩鲁峰. 论信息系统在高校教务管理中的应用与提升[J]. 教育教学论坛，2014(48)：16-18.
[2] 刘卫东，李亚南. 现代教务管理中团队合作的研究[J]. 价值工程，2017(18)：163-165.

[3] 王维. 民办高校教务管理专业化创新路径研究[J]. 大学，2023(25)：75-78.

[4] 陈玲. 民办高校教务工作者的职业素能[J]. 山西青年，2023(7)：121-123.

[5] 李慧，栾红旭. 民办高校教务秘书如何做好教学管理工作[J]. 农业网络信息，2016(10)：165-167.

[6] 谢观坤. 民办高校教务员做好教学管理工作路径研究[J]. 山西青年，2022(21)：162-164.

[7] 梁霏霏，张清花. 谈民办本科院校教务管理工作质量的提升——以山东华宇工学院为例[J]. 文教资料，2020(13)：157-158.

[8] 沈惠，任莉枫. 民办高职院校教务管理中内部质量保证体系的构建[J]. 科技风，2019(27)：35-36.

[9] 谭瑞梅. 浅谈民办高校教务员工作和工作效率的提高[J]. 时代金融，2018(21)：212+214.

[10] 贾静妮. 民办院校教务系统设计与实现[D]. 南昌：江西财经大学，2018.

03

第三篇 教师教学能力建设

“数字经济”时代民办高校教师信息化教学能力提升研究

杨　茜

（湖南应用技术学院 经济管理学院 湖南 常德 415000）

摘要：信息时代以来，数字技术的快速发展和广泛应用衍生出数字经济，引发了社会和经济的整体性深刻变革。习近平总书记在讲话中提到教育数字化是我国开辟教育发展新赛道和塑造教育发展新优势的重要突破口。要进一步推进数字教育，为个性化学习、终身学习扩大优质教育资源覆盖面和教育现代化提供有效支撑。对于民办高校，采取信息化教学方式，不仅可以促进教学质量的提高，而且可以为学生适应社会发展奠定坚实的基础。因此，作为第一参与者的教师，应当不断提升信息化教学能力。这既有利于教师个人职业生涯发展，也有利于推进“数字经济”与教育有机结合。

关键词：数字经济；民办高校；信息化教学

1　教师信息化教学能力分析

教师作为学生的引路人，自身需具备较高的文化素养和沟通能力。在数字时代，信息和技术更新迭代越加频繁，对于教师的综合能力要求越来越高，教师的知识储备也需要不断更新以适应学科的快速发展。可以说，传统的讲授型教师在一定程度上已难以胜任高校教师这个职业。而且，教师除了知识储备更应具备信息化教学能力。简而言之，就是要能利用互联网、大数据等技术对信息进行整合再造，并将其应用在日常教学当中，用学生能够理解的语言和能接受的方式将信息传递给学生，引导学生独立思考以获得知识。此外，教师还应具备一定的信息化教学创新能力。有别于传统的口授，信息化教学需要依托多元化的手段和工具，这就需要教师通盘考虑不同的情形，将其进行有机融合，从而完成高质量的信息化教学。

2　民办高校教师信息化教学能力现状

2.1　信息化教学意识不强

当前，民办高校不少教师对信息化教学采取保守态度，更多采用传统教学模式进行教学。在此模式下，教师教学理念陈旧，对信息化教学缺乏认同和积极性，学生的“学”以教师的“教”为中心，削弱了学生的中心主体地位；教学手段仅限于制作电子课件等简单技术层面，缺少数字教育资源的挖掘与应用。

2.2 技术应用和创新能力不足

信息技术的高速发展，使教学模式从传统的课堂教学向多媒体辅助教学、网络教学等多元化方向发展。教师可通过雨课堂、学习通等 App 发布学习任务，学生可通过实时弹幕回答提问。这样做，可以充分调动学生的积极性，帮助学生突破难点，把握重点，启迪思维，激发感情，使学生在轻松愉快的氛围中高效率、高质量地获取知识，发展能力，形成优良的个性品质。但部分民办高校教师存在对新技术的抵触和不适应，缺乏对教学技术工具的熟悉和掌握，技术操作和教学应用能力也有所欠缺。另外，在教学过程中，教师更多按照自身熟悉的方式进行教学，缺乏思维和教学方法的创新，对教学资源和教学设计的创新意识不强，也缺乏对教学模式的创新。

2.3 信息化制度不完善

高校教师信息化能力建设需要外在环境的支持。当前，民办高校加大了信息化硬件环境建设，信息设备得到了有效提升。然而，软环境建设仍有不足，缺乏对信息化教学的战略规划和整体布局，存在信息化制度不完善的现象。同时，对信息化教学的重视程度不够，管理体制和流程也不适应当前信息化教学需求。

3 民办高校教师存在信息化教学能力发展困境的原因

3.1 教师自身能力不足

信息化教学不同于传统教学，它是以计算机网络为基本教学平台，通过教师积极引导，使学生利用网上浩瀚的信息资源进行自主学习。教师要想实现信息化教学必须具备一定的信息化教学能力与素质。这需要教师花更多的时间和精力学习研究信息化教学的设计和应用，因此对所有老师而言都是一个挑战。由于教师在个人素质和能力、教育背景和经验上存在差异，同时受工作环境和压力的影响，多数教师缺乏对信息技术的使用和掌握能力，导致技术操作和教学应用能力欠缺。部分教师墨守成规，对新技术有抵触和不适应，缺乏对信息化教学的积极态度，导致对教育创新的认知和理解不足。

3.2 学校支持力度不大

高校信息化教学环境是信息化教学实践良性发展的基本条件，一般包括硬件环境、软件环境和组织制度环境等。对教师进行信息技术培训的最终目的是提高教师的信息化水平，满足教师适应教育信息化的需要。但是在当前的各级各类信息技术培训中，学校对教师培训的重视程度不够，未从制度管理方面加强研究，未对培训质量作具体要求，工作并没落实，只是追求培训人员数量。同时，教师缺乏专业发展的机会和支持。另外，教师自身对培训和发展的重视程度不高，存在仅为完成任务而学习，未真正花时间精力琢磨培训所得，提升自身信息化教学能力的现象。

3.3 教育管理模式滞后

随着数字经济的发展和科学技术的进步，我国高等教育管理体制在高校信息化教学方面仍然存在一些较为突出的问题。作为办学实体，高校应拥有与之相匹配的功能、职责，然而政府部门通过项目立项审批、评估、评奖等方式，使行政力量介入高校管理的方方面面，无形中加大了政府对高校的管理力度以及高校对政府的依赖，直接促进了模式化管理的形成，在一定程度上制约了高校自主改革与创新，使高校很难及时对变革做出与时俱进的反应。

4 民办高校教师信息化教学能力提升策略

4.1 提供信息化教学培训

为了教师及时了解和更新教育理念，学校应对不能及时接受新形式教学的教师进行培训，并提供相关的信息化教学培训课程，包括教学软件和工具的使用、在线教学方法和技巧等，从而帮助教师熟悉和掌握信息化教学的基本技能。同时，创建教师交流平台，鼓励教师分享信息化教学经验和教学资源，并通过互相学习和交流，营造浓厚的信息化教学氛围，逐步提升教师信息化教学能力。此外，定期开展信息化教学能力评估和反馈，帮助教师更好地了解自身教学水平，并提供相应的改进建议和帮助。

4.2 加强硬件设施建设

信息化教学对于硬件设施具有一定的要求，学校应加大对信息化教学的投资力度，为教师提供必要的技术支持。具体包括对教学软件和设备的定期维护与更新，配备专门的技术支持人员等。这样可以更好地帮助教师将信息技术应用于教学实践中。同时，为教师提供必要的教学资源，包括教学素材、教学案例和教学工具等，以提升教学效果。此外，积极鼓励教师在信息化教学方面进行创新研究，如设计和开发在线课程、教学游戏等，激发教师的创造力和积极性。

4.3 完善信息化资源共享平台

建设信息化资源共享平台可以在一定程度上打破信息壁垒，实现优质教育资源共享。但随着信息资源的膨胀，一些不良诱导信息会掺杂其中，信息安全也变得尤为重要。因此，教育部门应加大对信息化资源共享平台的治理监管力度，特别是要把好入口关，严格筛选过滤其中的不良诱导信息，并加强对使用者个人信息和隐私的保护，避免使用者隐私信息泄露。同时，要通过建设信息化资源共享互动平台，促进高校教师群体交流沟通，促进他们相互学习，以弥补自身在开展信息化教学实践活动中的不足。

5 结语

在民办高校教师信息化教学能力提升的过程中，政府、学校和教师都扮演着重要的角色。政府应该制定相关政策和提供资源支持，学校应该提供必要的环境和培训，而教师则需要积极思考主动求变，并学习和应用信息化教学技术。只有三方共同努力，才能够实现民办高校教师信息化教学能力的全面提升，为学生提供更好的教学体验和学习效果。

参考文献

[1] 左莹莹. 高校教师教学理念创新及能力提升探索——评《高校教师信息化教学能力发展研究》[J]. 科技管理研究，2022，42(21)：254.

[2] 丛波，金有为. 信息化 2.0 时代高校体育教师信息化教学能力提升研究[J]. 沈阳体育学院学报，2021，40(1)：40-48.

[3] 王苗. 互联网背景下高校体育教师能力提升策略研究——评《教师信息化教学能力发展研究》[J]. 中国科技论文，2020，15(3)：388.

[4] 金晶，李成星. 智慧教育时代高校教师信息化教学能力的提升路径[J]. 中国管理信息化，2023，26(9)：186-192.

[5] 朱贤友，李康满. 师范生信息化教学能力的培养探究——以计算机专业为例[J]. 大学教育，2022(8)：198-200.

[6] 张岩，赵红梅，闪茜. 高校在线信息化教学能力评价研究[J]. 情报科学，2022，40(6)：52-58.

[7] 韩锡斌，葛文双. 中国高校教师信息化教学能力调查研究[J]. 中国高教研究，2018(7)：53-59.

[8] 田生湖，赵学敏. 我国高校信息化教学的现状、趋势与发展策略[J]. 当代教育科学，2016(11)：37-39+44.

浅谈中青年教师信息化教学能力建设

王　娟

（湖南应用技术学院 经济管理学院 湖南 常德 415000）

摘要：在网络环境下，信息技术的应用是教师必须具备的素质。教师的信息化教学能力，直接决定着信息化与教育融合的“深度和广度”。提高教师的信息化教学能力，已成为当前教育改革与发展的重要举措。

关键词：信息化教学能力；中青年教师；能力建设

1　信息化教学

1.1　信息化教学模式概述

信息化教学就是将信息技术运用到教育中，实现教育各个方面的数字化，进而提升教育的质量与效率。在新的教育观下，在资讯科技的支援下，教师可运用新的教育方法进行教学。信息化教学涉及观念、组织、内容、方式、技术、评价和环境等一系列要素的信息化。

1.2　信息化教学模式

由于在理论上的复杂性和无体系性，以及在实践中的生搬硬套和缺乏规律性，信息化教学已成为目前教育界普遍关注的一个问题。本文对常规多媒体教学模式、微课教学模式、翻转课堂教学模式、网络课程教学模式以及互动教学模式进行了详细的阐述。

1.2.1　基于常规多媒体教学模式

多媒体教学是指教师在教学过程中，基于教学目标，结合教学对象的特点，利用投影仪、PPT 和音响设备等数字教学设备，为学生提供理想的教学环境，并将其与传统的教学手段进行有机结合，让它们一起参与到教学的整个过程中，用多媒体信息对学生产生影响，最终形成一个比较合理的教学过程结构，从而实现最优的教学效果。

1.2.2　基于微课教学模式

微课是技术时代的产物，具有教学内容少、教学设计精巧、演示案例典型和流媒体播放等特点。由于微课具有这些优点，近年来越来越受到中青年教师的青睐。微课在高校信息化教学中的运用，必将促进高校信息化教学的改革。

1.2.3　基于翻转课堂模式

翻转课堂模式，又称颠倒课堂，就是教师将教学任务放置在上课之前，给予学生包括教学微视频在内的多样化学习资源，让学生在课前通过观看教学视频等学习资源，理解基本知识与技能，并发现问题，然后与老师一起在课堂上完成作业答疑、协作探究和互动交流等活动。这样做可以让学生之间、学生和老师之间进行更多的交流。实施翻转课堂的教学一般需要以下五个步骤：第一步，制定学习目标；第二步，选择和准备教学资源；第三步，设计课堂活动；第四步，提供反馈和评估；第五步，反思和改进。

1.2.4 基于网络课程教学模式

网络课程是通过互联网等在线渠道进行教育教学的一种形式。网络课程可以包括课程视频、PPT、文字、图表等多种形式，以及在线测试、在线讨论等交互式教学方式。学生可以通过电脑、手机、平板等设备随时随地进行自主学习。网络课程具有如下优点：自主学习，即学生可以在不上课的情况下自由掌握知识；互动式教学，即网络课程可以为学生提供交互式教学环境，包括在线测试、在线问答、在线讨论等，增加学习乐趣，帮助学生更好地掌握知识；易于传播，即网络课程可以传播到世界各地，具有广泛的受众群体和传播范围，有利于资源共享和知识传播。

1.2.5 互动教学模式

互动教学模式指的就是师生通过对话，交换信息、交换观点，或者共同解决一个棘手的问题，从而引导学生进行更高层次的思考，通过互动来表达自己的想法，以测试学生对知识的掌握情况，以及是否具备了思考、解决问题及与人交流的能力。它能有效地促进师生间、生生间和人与环境间的全面交流和集体学习。它的特色是“教人思，教人学”。

2 信息化教学能力的构成

通过对高职院校中青年教师信息技术教学能力的研究，可以推动信息技术教育的内涵建设，提高教师的信息技术教育水平。本文作者认为，在信息技术条件下，教师要成功地进行教育活动，就必须具备信息技术的基础能力：一是信息化教学设计和整合能力；二是信息化教学的应用和管理能力。这两项能力是通过长期的信息技术实践的积累和发展形成的。

2.1 信息化教学设计和整合能力

信息化教学设计以如何教学生学为理论依据，借助各类教学资源和网络平台，科学地安排和组织教学的各个环节和要素。与常规教学设计能力不同，信息化教学设计能力需要对教学环境、教学方式和教学内容等各方面的资源进行整合，并进行高效的规划。在信息化教学中，能够达到的核心能力，就是将信息技术以工具的形式，与课程教学设计有机地结合起来，利用多种手段，将各类教学资源与教学流程整合。

2.2 信息化教学的应用和管理能力

教学设计是信息化教学过程中的理论部分。教学设计是信息化教学过程中的一个重要环节。一份优秀的教学设计是教师教育理念、经验和教学艺术性的综合体现，教师如何应用和管理好现有的教学资源尤为重要。信息化教学的实践不是传统教学模式的“填鸭式”教学，而是要培养学生获取知识的能力，引导学生自发地进行学习。教师不仅仅是一名讲授者，而且要调动学生的学习积极性，指导他们在精心设计的教学情境中进行探究，提升他们的学习能力和解决问题的能力。此时，教师已由授课者转变为指导者、激发者。信息化教学是一个具有很强综合性、系统性和复杂性的教学活动，它不仅需要信息化教学实施者具备传统的语言表达能力、课堂组织能力、教学设计能力和制作 PPT 的能力，而且需要他们具备使用教学设施、网络教育平台和专业的实验设备的能力，以及运用电脑和网络等教学多媒体的能力。

3　教师信息化教学能力的提升

3.1　完善信息化教学基础设施

学校信息化教学资源和教学环境对教师信息化教学能力的提升起着不可忽视的作用。学校要努力为教师提供相应的完备的教学资源和基础设施，以满足信息化教学课程的基本需要。

3.1.1　硬件基础设施建设

①网络建设。网络是教育信息化过程中不可或缺的信息传递的桥梁，要以网络和网络系统的建设为首要任务。高校应该把教学场地的网络作为重中之重来建设，上到各部门的办公室，下到各教室、实训室，努力做到无线网络的全覆盖，要建立一个数字空间，扩大信息教学的硬件基础。

②多媒体教室建设。在建设课程阶段，要稳步推进所需要的录播室、各教室的投影设备等建设，既要投入资金购入新设备，又要保证现有设备不荒废，不能只做表面功夫。同时，要定期开展培训以提升教师对各种信息化教学设备的运用能力。

3.1.2　网络平台建设

现在市面上的网络教学平台繁多，功能各异，但是从整体上来看，它们都能够实现学生自主学习、在线讨论和虚拟课堂的功能，并且许多教学资源是对外开放的。这在一定程度上减轻了高校教师的教学负担。下面三种网络平台是现在使用较多的网络平台，在院校信息化教学中的作用举足轻重。

①云课堂。与传统课堂采用“课前预习+教师讲授”的模式不同，云课堂采用的是“线上自主学习+课堂合作探究”模式。课前线上自主学习是指学生提前学习教师提供的教学资源，其内容大多是非常浅显的知识；而课堂合作探究的内容往往比较高深、复杂，学生需要在教师的指导下深入地理解和掌握。经调查发现，有很大一部分中青年教师在使用云课堂进行网络课程的教学，各院校应当重视该平台的资源建设。

②雨课堂。雨课堂是由清华大学在线教育办公室组织研发、文理工一线教师全程参与的智慧教育工具，是教育部在线教育研究中心的最新研究成果，致力于快捷免费地为所有教学过程提供数据化、智能化的信息支持。

③慕课(MOOC)。MOOC 是最近几年出现的一种线上课程平台，也被称为“慕课”，即大型的网上开放课程，是指以共享与合作的方式来促进知识的传播，分布于互联网上的公开课程。第一个字母“M”代表 Massive(大规模的)，指与线下课程只有几十个学生不同，一门好的慕课在线观看人数众多，最多可达 16 万人；第二个字母“O”代表 Open(开放)，指以兴趣为导向，凡是对这门课程有兴趣的，都可以点进来学习，不分国籍，只需一个账号，就可参与；第三个字母“O”代表 Online(在线)，指不必跨越城市去名校听课，只要上网就可观看各大名校名师的课程；第四个字母“C”代表 Course，就是课程的意思。

3.2 提升中青年教师信息化教学能力的相关措施

3.2.1 明确信息技术在课堂教学中的定位

新课程改革提倡的是使用信息技术弥补传统教育的不足，因此在信息技术与教学进行整合时，首先，要明确学生才是学习的主体，信息技术只是辅助手段。其次，在教学环节中要恰到好处地运用信息技术，避免舍本逐末。这样既可以让学生对学科知识有一个全面的了解和掌握，提高课堂效率，又不至于喧宾夺主、淡化课堂上的学科特色。

3.2.2 在教学实践中发挥信息技术的优势，提升教学效果

①信息技术的发展给我们提供了一个资源共享的时代，教师可以充分发挥自身的优势，充分利用好各种学习资源、教学资源。比如，在课堂上插入与本课堂知识有关的视频、音频和图片等，为课堂注入新的活力，让课堂变得更加生动有趣。

②利用信息技术创设更真实的教学情境，能够很好地展示那些无法用语言描述的场景。在教学中，教师可以根据教学要求，设计适合学生特点的情境，让学生在更贴近生活的情境中学习。比如，在讲到包装设计时，教师可以用PPT带领学生在“线上逛超市”，让学生身临其境地体会到超市里商品的包装设计。这样做可以有效地激发学生的学习兴趣，将抽象的知识具体化。

③利用信息技术改变教与学的形式。“信息技术改变了在哪里学”，这就是信息技术对教与学的影响。比如，教师可以利用慕课、雨课堂等创新的教学方式实现“以学生为主体”的教学，使学习者真正成为学习的主人。所以，可以运用信息技术改变教学的结构，使教与学能够真正地支持学习者的深度学习。

④利用信息技术实现学生的个性化学习。在智慧教学中，教师可以利用人工智能、大数据、云计算等技术，采集学习者学习过程中的数据，开展学习分析，为学生提供精准教学，按需施教。

⑤信息技术为师生互动提供了便捷性，为师生之间的线上交流提供了可能。教师可以通过在线交流、语音、视频、公众号等技术，拓展师生交流的空间，丰富师生交往的类型，建立多元、理解、开放的师生交往关系。

⑥借助信息技术，实现家庭、学校、社会协同育人。教师可以利用一些信息技术平台，比如“云课堂”“空中课堂”等，把学生的在校信息和学习数据上传到相关平台，让家长通过手机端实时查看孩子的学习状况。这样既可以将家长的碎片化时间充分利用起来，也有利于实现信息共享。

4 结论

要想推动我国高校教育的良性发展，就必须对中青年教师进行信息化教学能力的培养，逐步提升他们的综合素质，并对信息化教学进行持续优化和完善，从而使学生在课堂上的学习效果得到更好的提升。对中青年教师进行信息技术教学的培训，不能一蹴而就，要根据他们各自的优势和不足，制定一套完整的培训方案。在此基础上，要充分考虑中青年教师个人的意愿。在学习方面，可以通过组织各种师资培训，为他们搭建一个很好的学习平台，持续地提升他们在信息技术上的整体素质。

参考文献

[1] 黄培健，陈倍安，陈健忠，等. 中职院校教师信息化教学能力提升的意义及策略[J]. 广东职业技术教育与研究，2019(4)：186-188.

[2] 侯梦华. 中职院校中青年教师信息化教学能力建设探析[J]. 教育现代化，2019，6(50)：91-92.

[3] 王宏. 职业院校教师信息化教学能力建设现状与前景展望[J]. 课程教育研究，2019(4)：205.

[4] 唐成永，肖宏启. 高职院校中青年教师信息化教学能力建设探析[J]. 教育现代化，2018，5(17)：92-94+121.

[5] 刘伊. 民办高校中青年教师信息化教学设计能力提升策略研究[J]. 现代职业教育，2020(40)：96-97.

[6] 薛利华. “互联网+教育”环境下的职业院校教师信息化教学能力培养研究[J]. 现代信息科技，2019，3(9)：117-118+121.

[7] 任国亮，徐永红，邹娜娜. 常州高职园区专业教师信息化教学能力培养体系构建研究——基于 TPACK 模型[J]. 中国管理信息化，2018，21(3)：224-225.

高校教师信息化能力培养路径研究

李娜娜

（湖南应用技术学院 经济管理学院 湖南 常德 415000）

摘要：信息化时代下，信息技术的运用不仅为人们的生产和生活带来了很大的便捷，而且对教育行业产生了巨大影响。将信息技术融入高校教学中，促进了教学资源的有效挖掘与整合，可帮助高校教师提高教学效率。目前，在高校教学中，信息化技术是一项非常重要的教学技术，也是教师必备的职业素养。因此，高校教师应适应时代发展的需要，树立信息化教学理念，多学习信息化专业知识，认清自身的问题，及时弥补自身的不足，多与同事交流，提升自身的信息素养，提高自身的信息化教学能力，把所学知识运用于课堂教学中，构建高效的信息化教学课堂。

关键词：高校；教育信息化；教师能力提升

随着信息技术的快速发展和广泛应用，教育领域也逐渐进入了信息化时代。信息技术为教学提供了全新的可能性和机遇，使教学变得更加灵活、个性化和互动化。然而，在信息化教学中，教师所需的技能和能力与传统教学中的有着明显的差异，这就需要教师进行信息化教学能力建设。传统的教师教育和培训主要关注教师的学科知识和教学方法，对于信息技术的应用和教学创新的培养相对较少。这导致了很多教师在信息化教学中充满困惑和挑战，无法充分利用信息技术来支持和促进教学过程。而通过加强教师信息化教学能力建设，可以提高教师在信息化教学中的能力和水平，推动教育教学的创新和发展。因此，教师信息化教学能力建设成了当今教育领域的一个重要议题。

1　教师信息化教学能力现状与提升困境

1.1　现状

教师信息化教学能力建设在许多地区和学校已经开始进行，一些教师已经具备了一定的信息化教学能力。他们能够利用信息技术进行教学设计和教学实施，也会使用多媒体教具和教育软件开展在线教学和互动活动等。学校和教育机构也意识到了教师信息化教学能力建设的重要性，并且已经采取了一些措施来支持教师的信息化教学能力建设。例如，为教师提供培训和专业发展机会，建设信息化教学资源库，购置教育技术设备等。

1.2　困境

信息技术更新换代的速度很快，教师需要不断学习和掌握新的教育技术和工具。同时，教师还需要解决技术使用中的问题和困难，如网络连接不稳定、设备故障等。而且，许多教师在信息化教学方面缺乏相关的培训和指导，需要获得专业的培训和支持来提高信息化教学的能力[1]。此外，教育机构也需要提供相应的支持和资源，如教育技术人员的支持、教育技术设备的更新等。和传统的教学模式强调教师的主导和学生的被动接受不同，信息化教学需要教师转变为学生的指导者和促进者，并鼓励学生主动参与和合作。这需要教师改变传统的教学观念和教学方式。

2 教师信息化教学能力的核心

2.1 教师信息技术知识与技能

教师信息技术知识与技能是指教师在信息化教学中所需的相关知识和技能。教师需要了解计算机硬件和软件的基本知识，包括计算机的组成和工作原理、操作系统的使用、常见办公软件和教育软件的知识和使用等；需要了解网络和互联网的基本概念和使用方法[2]，包括网络的组成和连接方式、互联网的使用和资源检索等；需要了解多媒体教具的使用方法和教育软件的选择与应用，包括投影仪、智能白板、教学软件等；需要掌握信息技术在教学设计中的应用，包括设计多媒体教学课件、制作教学视频、设计在线学习活动等。同时，教师还需要了解如何获取和利用优质的教学资源，如网络教学资源库、开放教育资源[3]等；需要了解在线教学平台和工具的使用方法，包括在线课堂的组织与管理、在线作业的布置与批改、在线讨论的引导与评价等；需要了解如何使用信息技术进行学生学习数据的收集和分析，以及如何利用评估工具和方法评估学生的学习成果。除了以上的知识与技能，教师还需要具备信息技术操作和解决问题的能力，包括熟练使用计算机和相关设备、解决常见的技术问题，以及快速学习和掌握新的技术工具和软件的能力。

2.2 教师信息化教学设计与实施能力

教师信息化教学设计与实施能力是指教师在信息化教学中能够有效地设计和实施教学活动的能力，也是教师在信息化教学中所需的核心能力。它涉及教学目标与内容的设计、教学策略与方法的选择、教学资源与工具的应用、教学评估与反馈的实施、学生支持与指导的提供，以及教学创新与反思的能力。教师应通过不断学习和实践，提升自己的信息化教学设计与实施能力，更好地支持学生的学习和发展。在教师信息化教学设计与实施方面，教师需要根据学科要求和学生的学习需求，确定清晰的教学目标，并设计相应的教学内容。在信息化教学中，教师需要将信息技术融入教学目标和内容[4]，使其与学科知识和技能相互支持；需要选择合适的教学策略和方法，促进学生的学习和发展。在信息化教学中，教师可以利用多媒体教具和教育软件，设计多样化的教学活动，如演示、探究、合作学习等，提高学生的学习效果和参与度；可以了解并有效地利用各种教学资源和工具，如教学软件、网络教学资源库、在线教学平台等。教师应选择适合教学目标和学生需求的教学资源和工具，并灵活运用它们进行教学设计和实施；设计有效的教学评估方法，了解学生的学习情况和进展，并及时给予反馈。在信息化教学中，教师可以利用信息技术工具进行学生学习数据的收集和分析，以便更好地了解学生的学习情况，并根据评估结果进行教学调整和优化；要给学生提供必要的支持和指导，帮助他们充分利用信息技术进行学习。教师应能够引导学生正确使用信息技术工具，培养学生的信息素养和自主学习能力[5]；同时也要具备教学创新和反思的能力，不断探索和尝试新的信息化教学方法和策略，并及时反思教学实践中的问题和不足，不断提升教学质量和效果。

2.3 教师信息化教学评估与反馈能力

教师信息化教学评估与反馈能力是教师在信息化教学中所需的关键能力，主要涉及设计有效的评估方法、收集和分析学生学习数据、给予及时的反馈、进行个性化评估与反馈、利用评估结果进行教学调整，以及培养学生的自主评估和反馈能力等。教师应通过不断学习和实践，提升自己的信息化教学评估与反馈能力，更好地支持学生的学习和发展。在教师信息化教学评估与反馈能力方面，首先，教师需要设计有效的评估方法，以了解学生在信息化教学中的学习情况和进展。评估方法可以包括书面测试、项目作品、在线测验、学习日志等多种形式，教师应根据教学目标和学生需求选择合适的评估方法。其次，教师需要能够收集和分析学生的学习数据，以便更全面地了解学生的学习情况。在信息化教学中，教师可以利用信息技术工具进行学生学习数据的收集和分析，如在线学习平台的学习记录、在线作业的提交情况等，并且根据收集到的信息进行必要的调整和改进。教师可以通过在线学习平台、电子邮件、面对面交流等方式给予学生反馈，鼓励他们继续努力和进步。除此之外，教师还需要根据学生的个性特点和学习需求，进行个性化的评估和反馈。教师可以根据学生的学习数据和表现，针对性地给予不同学生不同的评估和反馈，以满足他们的学习需求。最后，教师需要根据评估结果进行教学调整和优化。通过分析学生的评估结果，教师可以了解到学生的学习情况和问题所在，从而针对性地调整教学策略和方法，以提高教学效果。同时，教师需要培养学生的自主评估和反馈能力[6]，使他们能够对自己的学习进行评估和反思。教师可以引导学生使用自评和互评的方式，帮助他们了解自己的学习情况和进展，并提供必要的指导和支持。

2.4 教师信息化教学资源与环境支持

教师信息化教学资源与环境支持是教师在信息化教学中所需的重要条件，它涉及教学软件和应用、网络教学资源库、在线教学平台、电子设备和网络支持、学校和教育部门的支持，以及与同事和专家的合作与交流。教师应积极利用和开发这些资源与环境，提升自己的信息化教学能力，以更好地支持学生的学习和发展。

教师信息化教学资源与环境支持是指教师在信息化教学中所需的各种教学资源和良好的教学环境。教师需要利用适合的教学软件和应用，以支持信息化教学的实施。这些软件和应用可以包括多媒体教具、教育游戏、模拟实验软件等。教师应根据教学目标和学生需求，选择合适的教学软件和应用；并且能够利用网络教学资源库，获取和分享各种教学资源[7]。网络教学资源库包括教学课件、教学视频、教学案例等。教师可以通过搜索和下载这些资源，丰富自己的教学内容和方法。教师需要有在线教学平台，以支持在线学习和教学的开展。在线教学平台可以提供教学管理、学习资源共享、在线作业提交等功能。教师可以通过在线教学平台与学生进行互动和交流。教师需要有良好的电子设备和网络支持，以保证信息化教学的顺利进行。教师需要有电脑、投影仪、互联网等设备，以及稳定的网络环境，以支持教学资源的使用和共享。教师需要得到学校和教育部门的支持，以推动信息化教学的发展。学校可以提供必要的教学资源和设备，组织相关培训和研讨活动。教育部门可以出台相关政策和指导，支持教师的信息化教学实践。教师需要与同事和专家进行合作与交流，共同探讨信息化教学的方法和策略。教师可以参加教研活动、学术会议，与同行进行经验交流和分享，以提升自己的信息化教学能力。

3　高校教师信息化教学能力培养的有效措施

3.1　强化信息化基础设施建设，提高教师的信息化能力

要想提高教师的信息化水平，有效开展信息化教学，必须进行相应的设施建设，如果缺少相应的设施，就难以实现信息化教学。因此，高校信息化教学的第一要务就是要进行基础设施建设[8]。在硬件方面，要选用具有较好性能和质量的设备设施。高质量的设备设施的寿命相对较长，并方便进行以后的维修与保养，既可以提高教师的教学水平，又可以为校方节约投资。在软件的选用上，要选用适合高校专业教学的硬件设施，要便于教师进行操作和运用，只有这样才能更好地将信息技术与教师教学有机融合。此外，勤于操作是强化教师信息化能力的一种重要路径。这需要广大教师不能只是局限于观念层面的转变，而是要从观念延伸到具体操作，主动利用信息技术手段，整合专业基础知识，来制作电子课件，进行课堂教学展示，真正实现信息技术与实践教学的有机融合。在实操过程中，教师也可以不断深化知识，提升能力。教师要合理利用信息技术软件，来进行教学评价、构建教学系统、开展教学管理，进一步实现能力的强化。

3.2　转变传统观念，树立信息化思想观念

要想提高教师的信息化教学能力，把信息技术运用到高校教学中，关键在于改变观念，树立信息化思想观念[9]。首先，要强化信息技术的宣传，改变教师的教学工作观念。观念的转变，能够促进内驱力的产生，从而为教师信息素养可持续发展提供持久的动力。以往高校教师的教育手段过于单一陈旧，虽然其初衷在于培养高质量的应用型人才，但课堂教学枯燥乏味，难以提高学生的学习兴趣，教学质量不佳。在信息技术环境下，教师应积极转变教学观念，树立信息化教学观念。例如，在学习过程中，教师可以积极运用信息技术的分析技术进行分析，发现学生学习的薄弱环节，从而有针对性地帮助学生开展学习。其次，教师要自觉树立信息技术的思想观念，从心态上做好面对教育信息化发展的准备，形成良好的信息意识，并正确地看待教育信息化为当前教育教学、教师发展所带来的有利影响，对信息化予以思想上的重视，学会主动地接受当前的教育信息化发展、改革和创新，让自身的信息素养与能力得以提升。

3.3　开展信息技术培训，打造高质量的信息化师资团队

随着时代的发展以及进步，社会对高校教育提出了更高的要求，高校教师应顺应时代的发展，不断提升自身的信息化教学水平。在面临信息化教学过程中出现的障碍时，学校要加大对教师培训的力度[10]，要清楚认识和处理高校教师在教学过程中所存在的问题，加强对高

校教师学习能力的培养。在培训教师时，要坚持教学与教研结合的理念，从教师的实际问题入手，把信息技术的培训融入教师的日常工作之中，使教师的能力得到提高，帮助教师克服在信息化教学中所遇到的困难。具备一定基础条件的学校，可以建立一个信息化技术团队，组建信息化技术教学队伍，引导和带领其他教师进行学习和运用，达到相互促进、共同学习、共同进步的目标。例如，教师可以参加学校定期举办的信息技术培训活动以及高质量的专家讲座，在短期培训中，丰富信息技术专业方面的知识。又如，教师可以加强相互交流与沟通，成立信息技术教学互助小组。当遇到问题时，如多媒体投影屏幕位置不当、多媒体软件无法安装、微课教学视频不会制作等，教师可以在小组内进行求助，由小组其他成员对这些问题进行针对性解答。这样做，可以使教师主动积累信息知识，实现信息素养和能力的提升，并在实际工作中有效规避、快速解决相关的问题。

3.4 建设信息化学习平台，营造良好的学习氛围

信息化教学作为一种新型的教育方式，在实践中必然会存在很多的问题，从而影响高校教师的热情。对此，高校必须进行科学指导和帮助，建设信息化学习平台，提供良好的信息化教学支持，营造良好的学习氛围，从而起到积极带动的作用。高校可以鼓励教师在平台上开展学习，并建立相应的奖赏制度，及时呈现优秀的教学课件和科研成果，在校园内形成一个较好的信息化环境。尽管在教学中，信息技术是一种辅助手段，但是信息技术在教育中的渗透却是一种普遍的认识。为此，在日常的课堂教学改革中，教师应加强对信息化技术的运用，加强对教学内容有关资料的搜集，奠定完善的教学资源基础，为学生提供更好的教学方案。在社会和教育领域不断革新的今天，信息化技术正逐步渗透到教学中，它不再只是一个简单的教学手段，而且是离教育目标越来越近。把信息化技术融入课堂教学，可以让学生熟练掌握信息技术，并提升教师的信息技术应用能力。

4 结语

随着中国教育信息化进程的加快，高校信息化教学也迎来了新的发展契机和新的挑战。高校教师要准确把握信息化教学的重点，深入挖掘信息化教学中存在的相关问题的根本原因，探索一条创新、可持续发展的教学途径。此外，在教学中，教师应该紧跟时代发展趋势，跳出自己的舒适圈，秉持开放、多元化的态度，采取相应的行动，主动革新思想观念，加强学习、勤于操作、不断反省，抓住信息化发展的机遇，实现个人信息素养和能力的全面提升，真正成为一名适应时代发展的优秀教师。

参考文献

[1] 刘辉，钟佩玲. 地方高校青年教师信息化教学能力提升的研究与实践[J]. 电脑知识与技术，2023，19(23)：160-162.

[2] 李莉. 信息化背景下高校教师教学能力培养路径研究[J]. 山西青年，2023(14)：112-114.

[3] 单晴晴，李静. 中职教师信息化教学能力提升策略分析[J]. 职业，2023(13)：19-21.

[4] 荣树坤，柳小花. 教育信息化背景下高校教师信息化教学能力调查与提升研究[J]. 山西青年，2023(11)：117-120.

[5] 刘甜. 智慧教育背景下高职院校教师信息化教学能力现状及提升策略研究[D]. 济南：山东师范大学，2023.
[6] 余洁林. 教育信息化 2. 0 时代教师信息化教学能力培训实践研究[J]. 安徽教育科研，2023(12)：72-74.
[7] 衣云龙，关颖，杨盛. 高校教师教育信息化能力提升的途径探索[J]. 沈阳工程学院学报(社会科学版)，2022，18(2)：102-106.
[8] 李文峰. "互联网+"背景下民族高校教师信息化能力提升研究[J]. 网络安全和信息化，2022(10)：33-36.
[9] 樊忠涛. 地方高校教师信息化教学能力提升研究[J]. 教育信息化论坛，2022(6)：18-20.
[10] 谭琳，熊斌，高春艳. 5G 时代高校教师信息化教研能力提升路径探析[J]. 广西广播电视大学学报，2022，33(2)：18-26.

教师信息化教学能力提升的有效途径研究

吕沐阳

（湖南应用技术学院经济管理学院）

摘要：推动教育工作要靠教师，推动学校的发展也要靠教师，而教师的发展需要从根本上提高自己的教学能力和专业素养。当前，在“信息化+教育”的背景下，教师的信息化教学能力已经逐步变成了发展的一个关键因素，因此，如何提高信息化教学能力，也是当前教育者所关注的一个问题。本文以行政管理专业教师为例，通过将线上平台的教学实践和线下教学活动相联系，对提升教师信息化教学能力的有效途径进行探讨。

关键词：教学能力；信息化教学能力；提升途径

1 引言

信息化教学由于自身的特点和优势，使它在我国高等院校的教学中得到了普遍的运用。信息化教学是指以计算机为主，利用多媒体技术进行教学。同时，计算机的网络技术为信息技术的发展奠定了坚实的基础，更使信息技术的课程内容得到了进一步充实。同时，信息化教学的能力也渐渐变成了对教师能力考核的基本要求。为了满足教育现代化发展的需求，怎样才能更好地提高学校的师资队伍建设水平是一个值得探讨的问题。

2 高校教师信息化教学能力内涵

当前，随着“信息技术+教育”的深度发展，国内许多学者对教师信息化教学能力内涵进行了研究，比如，一些学者将信息化教学能力的体现过程作为研究的焦点。从不同角度来看，信息技术教育能力是不同于传统教育能力的。笔者在对众多学者的研究焦点进行了综合分析后，对信息化教学能力的含义进行了重新归纳，将它界定为：高校教师在基于现代教育理念的基础上，以信息技术为支撑，以教学过程为依托，利用信息技术手段进行教学活动的能力。

2.1 以信息技术为支撑

以信息技术为支撑，就是要将信息技术运用到学科教学的每一个步骤之中，具体过程如下：收集资源、运用教学方法、设计教学过程、开展教学活动。这个过程能够让教师的信息化教学能力得到有效的体现。

2.2 以教学过程为依托

运用信息化的方法进行教育，就是在教育的过程中，教师要充分运用多种信息技术，如动画制作、图像处理、视频剪辑等；辅助教学，如系统模拟设计等。运用资讯科技，收集相关教育资源，建立教育资源库，实现教育目标。

2.3 利用信息技术手段

高校部分教师对现代信息技术的掌握程度不均衡，有些老师仍然停留在传统的计算机应用水平，缺乏对新兴技术如人工智能、大数据、云计算等的了解和运用；一些高校教师对智慧课堂设备的使用技能不足，或者对智慧课堂设备不熟悉甚至不会操作，导致无法充分发挥设备的功能和效果。

3 高校教师信息化教学存在的问题

在信息化教育快速发展的过程中，很多教师已经注意到了自己的信息化教学能力的建设和发展，在他们的不懈的尝试中，取得了一定的成果，但是也出现了很多的问题。这些也成了高校教师提高自己的信息化教学能力的一个突破口。

3.1 思想意识方面

信息化技术时代已经来临，智能化、数字化教学是教育事业发展的必然方向，而且在新时代发展的背景下，需要教师具有多元化的教学能力，这也是对大学教育的新需求。然而，因为传统教学观念的限制，许多教师没有及时地改变自己的观念，大多数的教师并没有完全理解信息化教学的含义，他们的认知还停留在单纯地运用信息技术进行教学的层次上，这就造成了信息化教学与运用信息技术的区别。一些教师在进行教学活动的过程中，对信息技术的运用也仅仅是作为一种辅助的手段，他们认为 PPT 教学就是一种信息化教学，很少有人会利用其信息技术来完成教学工作。他们还会认为，在信息技术教学中，某些内容的设计与制作其实是在浪费时间。与此同时，他们也缺少了一些发展的观念，在对教育信息化发展的认识上存在着一些偏见。在日常生活和教学中，许多教师感觉到现代化信息技术和平台给他们带来的便利，但对教育领域中的信息化技术的未来表示怀疑，在这一领域中的研究也不够深入。此外，也有一部分教师对自身发展的需求较少，对现状较为满足，而由于安于现状、缺乏强烈的发展意识，他们的职业生涯规划只在当前进行，因此他们的信息化教学水平的主动提升意识十分薄弱。这就使得教师对学生发展的引导意识受到了极大的削弱。无论是现在还是将来，社会的发展都需要大量的信息素质较高的人才，但也就是因为观念上的巨大的偏差，从而使得大学的部分教师在现代教育观念上的学习意识和钻研意识比较薄弱，很难对学生进行正确的引导和对应的指导，不能及时地跟上新时代师德师风建设中的改革创新的脚步，也会对学生的将来发展产生负面的影响。

3.2 信息化能力方面

在这个信息技术的年代里，在教育领域中，一名教师能否拥有信息化的教学能力，很大程度上取决于他能否拥有专业的信息技术知识和技能，并且能够对其进行灵活的应用。目前，许多教师已经能够利用多媒体课件来进行教学工作，但在课件制作和设计方面仍有较大的进步空间，大部分教师并不会利用软件或者工具来制作视频、处理图片、动画展示等，这与他们的知识和经历有着很大的关系。经验及应用能力的缺乏，导致了信息技术教学水平的降低，也会影响到学生的学习效果。除此之外，信息化教学主要是利用信息化手段，采取合理的方式，来突破教学重难点，从而达到教学目的。这就需要教师牢记教学内容，准确把握软件和硬件的特点，对信息技术的理论和应用有一定的了解，并具备较强的应用技能，做到信息平台和教学内容的无缝对接。然而，目前高等学校的许多教师在信息化与教学内容的结合上还存在着问题，而且有些教师的个人素质还不够，在进行教学的时候，他们不能对新设备、新平台进行充分的利用，他们的教育方式比较简单，更多地依靠多媒体来授课，将与教学内容有关的图片、文字、动画等呈现在学生面前。

3.3 信息化教学实践方面

随着信息技术的迅猛发展和大数据时代的来临，教育领域正经历着前所未有的变革。大数据背景下的高校信息化教学模式的构建，不仅是对传统教学模式的挑战，更是提升教学质量、促进学生个性化学习的重要手段。目前大部分高校已经实现了基础信息化教学的设施配备，如多媒体教室、网络教育平台等。同时，许多教师也开始尝试运用信息技术手段进行教学，如在线课程、MOOCs(大型开放式在线课程) 等，为学生提供了更多元化的学习方式。尽管高校信息化教学取得了一定的进展，但在实践中仍然存在不少问题，例如：信息化教学资源的整合和优化尚不到位。许多高校虽然投入了大量资源建设信息化教学设施，但这些资源并未得到充分利用，存在资源浪费现象；教师信息技术应用能力参差不齐，部分教师缺乏必要的信息化教学技能，难以有效运用信息技术手段进行教学；信息化教学模式下的教学评价机制尚不完善，难以准确评估学生的学习效果。

4 高校教师信息化教学能力提升的有效途径

要想切实地提升高校教师信息化教学能力，就应该充分发挥教师和学校的双主体作用，对教师的信息化教学能力进行全面研究，并探索可以全面提升教师信息化教学能力的有效途径。

4.1 教师层面

4.1.1 挖掘信息化教学需求

想让高校的教师信息化教学水平得到更好的提升，就应该充分发挥教师和学校的双主体作用，来展开教育工作，探索能够对教师信息化教学水平进行全面提升的有效方法。

4.1.2 加强信息化教学意识

在大学中，教师要想提高信息技术教学水平，必须从自身的角度出发，从根本上解决问题。如果一名教师拥有了很好的信息化教学意识，那么他就可以利用多种途径来获得新的知识和技巧，从而可以对自己的信息化教学能力进行提高，同时改变自己的教育观念，有意识地将信息技术运用到自己的教学工作中。

4.1.3 创新教学活动

教师信息化教学能力的发展意味着教师在开展课程教学活动时教学模式的转变。教师应当积极应用诸多新式教学模式于教育教学课堂中，包括微课教学、情境教学、小组合作教学法等。同时教师要充分利用多种教学平台，如 职教云平台、钉钉、QQ 群、腾讯课堂等开展网络授课或网上教学，满足信息化教学的各种需要。

4.2 学校层面

4.2.1 丰富教学资源

教师的信息化教学能力的发展离不开学校软硬件环境的支持，这也意味着学校必须加大资金投入，不断建设软硬件环境。软件环境的建设更为重要。这里所说的软件环境包括数字化教学资源、网络教学平台、信息化教学管理系统等。

4.2.2 改革评价机制

对于教师而言，本身工作负荷就较大，再加上当前信息化技术的快速发展对他们提出的高要求，具备较强信息素养已经成为对教师非常重要的衡量标准，这也在很大程度上使他们的压力越来越大。为调动教师自身信息化教学能力提升的积极性，通过改革评价机制，教学考核时可运用积分制度，得分越高，越有利于教师评职称，换言之，也就是将教师的信息化教学能力与教师的个人教学评估、职称评聘挂钩，也可以根据教师的信息化教学能力发展给予物质奖励、精神奖励等，肯定教师信息化教学能力发展的价值，从而激发教师的内在动力，引导教师在教学实践中不断发展自我。

4.2.3 优化培训模式

对于教师的能力提升方面应当在讲座形式、面授培训形式的线下培训基础上充分利用网络教学平台开展培训活动。也可以引导教师建立网络云空间上的调研小组，引导各个学校之间的教师进行专业技能的交流以及提升，从而在线上线下多元培训中提高教师的信息化教学能力。与此同时，还要构建培训跟踪以及互动平台，督促教师学习，搭建一系列相关平台，促进教师信息化教学能力的提升。

5 结语

信息技术已经成为教师专业发展中知识结构以及能力素质的重要部分。教师要想与时俱进，响应教育发展要求，就必须在教学实践中不断提升自我，实现自身信息化教学能力的提升。环境的影响虽然很重要，但教师自身的主观能动性也非常关键，要在各方面条件的积极推动下，结合教师的主观能动性，全面深化教师的信息化教学能力发展。

参考文献

[1] 叶世农，罗晓英，李伯灯. 区域推进教师信息化教学能力提升的策略研究——以福建省闽侯县为例[J]. 福建教育学院学报，2022，23(11)：124-126.

[2] 张扬，王俊峰. “金课”视域下高职混合式教学模式课堂信息化教学有效性研究[J]. 黑龙江科学，2022，13(21)：138-140.

[3] 牛俊. “互联网+”背景下信息化教学在初中信息技术课堂中的应用实践[J]. 中国新通信，2022，24(21)：128-130.

[4] 张利强. 谈中职信息化教育的原则与策略[J]. 中国新通信，2022，24(21)：161-163.

[5] 邹娜娜，徐建华，徐林. 高职院校课堂教学困境与解决路径——基于信息化教学“反向设计”研究[J]. 会计师，2022(19)：125-128.

[6] 王丹. 互联网时代大学英语课堂信息化教学探索——评《信息化教学中英语翻转课堂教学模式的建构与教学实践》[J]. 中国高校科技，2022(12)：109.

产教融合背景下应用型高校双师型教师队伍建设研究

陈　娇

摘要：为了明确产教融合背景下应用型高校双师型教师队伍建设方法，特别结合了文献研究法及自身教学经验，分析了应用型高校双师型教师队伍建设的重要性、双师型教师队伍建设现存问题包括：外聘双师型教师在应用型高校教师中占比小；应用型高校比较缺乏现代人力资源管理能力；校企合作模式老化，双师型教师难以获得深造；双师型教师的评价标准不清晰导致无效考核，并在这一基础上分析了应对策略。

关键词：产教融合；应用型高校；双师型教师；教师队伍建设

1　前言

地方高校必须要服务于地方经济，要结合地方经济特点、行业特征、学校资源情况来形成应用型人才培养方案。其中教师作为教育主体需要发挥出积极的作用。应用型人才培养需要精通理论、熟悉技能的双师型教师作为导师，如此才能保证学生实理结合，能够将知识理论转化为产能。然而高校双师型教师建设薄弱，直接影响到了应用型人才培养进度。故而在产教融合背景下讨论高校双师型教师队伍建设具有现实意义。

2　相关名词解释

2.1　产教融合

产教融合指的是职业院校围绕校内专业形成相应的产业，确保学生的专业学习可以延伸到产业之内，如此实现人才培养、产业发展，让二者彼此推动，让学校成为人才培养、科学研究、行业服务于一体的综合性机构。

2.2　应用型高校

应用型高校指的是以培养应用型人才为目标的高校。应用型人才不同于学术人才，也不同于普通技术人才。应用型人才介于理论人才和技术人才之间，属于能够将理论转化为产能的一部分特殊人才。

2.3 双师型教师

截至目前双师型教师定义并没有统一，主要有以下解释：第一，精通学术理论同时了解社会行业发展的教师。第二，精通学科教学，同时能够有效融入思政教育的教师。第三，拥有教师资格证和职业资格证书的教师。

3 应用型高校双师型教师队伍建设的重要性

3.1 双师型教师是高校发展的基本保障

应用型高校的主要业务自然是教书育人，而教师作为教育主体其水平高低直接决定了高校的发展速度。双师型教师具有多种能力，能够有效架设高效课堂，培养出应用型人才。故而，双师型教师队伍建设成为了应用型高校发展的基本人力资源保障[1]。

3.2 双师型教师是推进教改的关键力量

高校教育改革当中需要双师型教师来推进进程，这是源于双师型教师拥有良好的学科理论、专业技能、思想素质，可以结合当地经济发展状态、行业现状有效地培养学生。不仅如此，也保证了高校有关资源得到合理利用，尤其是思政资源得到了优化组合，让高校课程思政得到了推进，间接地提升了高校教改质量。

3.3 双师型教师是提升师资力量的动因

应用型高校拥有大量师资，整体师资力量的提升能够让其获得巨大的竞争优势。然而一直以来师资力量提升缓慢，除了考核薄弱，主要是缺乏内部竞争。应用型高校通过外聘双师型教师，利用他们来达成“鲶鱼效应”，可以有效提升其他普通教师的教学水平。

3.4 双师型教师可推动“1+x”证书制度

为了提高学生竞争力，教育部提出了“1+x”证书制度。双师型教师可以让职业资格证书和本专业课程设置结合起来，帮助广大学生在毕业时既能获得专业毕业证又能获得职业资格证书。最主要的是在双师型教师的引领下，改变了学生过去读死书、死读书的局面[2]。

4 应用型高校双师型教师队伍建设现存问题

4.1 外聘双师型教师在应用型高校教师中占比小

根据教育部提出的标准，高职院校、应用型高校的双师型教师要占教师总人数的50%以上，目前来看大部分应用型高校双师型教师尚未达到这一标准。其中主要原因是外聘双师型教师数量少。外聘双师型教师少，教学管理人员就势必针对目前校内教师进行开发，不断地提升教师的教学任务，使其向双师型教师转化。然而这种管理有些急功近利，会明显增加教师的工作压力[3]。结果不仅双师型教师队伍培养效果不佳，还会带来更多负面影响。如何进一步增加外聘双师型教师需要应用型高校给出更好的对策。

4.2 应用型高校比较缺乏现代人力资源管理能力

双师型教师是应用型高校的重要人力资源，必须要匹配相应的人力资源管理办法，要保证双师型教师拥有一定的工作动力。然而因为高校属于国家投资而成，一直以来缺乏具有市场经济特点的人力资源管理办法，直接导致了激励薄弱、双师型教师工作环境不佳等问题。最主要的是无法对接应用型高校发展规划来有计划有步骤地培养双师型教师队伍。这样不科学的人力资源管理往往会导致人力资源不足或者过剩[4]。

4.3 校企合作模式老化，双师型教师难以获得深造

应用型高校同样需要通过校企联合方式来培养双师型教师，然而目前应用型高校校企合作模式比较陈旧，高校和企业的利益划分不科学，难以让合作企业受到激励愿意为合作学校的教师提供顶岗实习机会。更何况应用型高校一部分教师很难与合作企业培训人员同频沟通，无法理解后者的培训话术，导致原本有限的培训质量堪忧。

4.4 双师型教师的评价标准不清晰导致无效考核

到目前为止，双师型教师的标准尚未确定，双师型教师的待遇也没有达成统一标准，在这样的情况下应用型高校无法对双师型教师形成有效的绩效考核。绩效考核失效带来的直接后果就是无法驱动双师型教师的工作积极性，前文所言的双师型教师具有的作用不得发挥，造成了严重的人力资源浪费。一部分应用型高校更是盲目信赖双证，认为拥有双证便是双师型教师，给了一部分人搭便车的便利条件，造成了双师型教师良莠不齐。

5 提高应用型高校双师型教师队伍建设水平的对策

5.1 要积极地增加外聘双师型教师比重

外聘双师型教师与应用型高校本校专职双师型教师相比，他们具有丰富的行业经验，能够深度掌握行业企业内有关岗位的胜任力标准，换言之，他们更加清楚企业需要什么样的人才，将企业用人标准直接融入教学当中，所培养出的人才具有很强的社会适应力和就业竞争力。具体可以通过以下几个途径去增加外聘双师型教师的占比。

第一，积极扩大校企合作规模。应用型高校围绕本校各专业来寻求校企合作，务必要让每个专业的学生都有校企合作平台提供的顶岗实习机会。同时，在合作企业当中积极选拔双师型教师，让其以兼职教师身份出现于学生的培养培训当中，构建出现代校企合作之下的双元制育人机制。这些兼职的双师型教师精通企业业务、了解企业所需人才标准，能够有效指导学生，提高学生的理论水平和实践水平，让学生成为理论、知识转化的高手，成为真正的应用型人才[5]。

第二，积极聘请行业专家成为双师型教师。行业专家指的是本身从事应用型高校专业有关的业务，拥有比较雄厚的理论知识，并且拥有相对强大的人脉资源。这类双师型教师往往以顾问形式进入高校，能够为应用型高校的课程改革、教学模式创新提供帮助。

5.2 建立应用型高校现代人力资源管理模式

应用型高校人力资源部门必须要重视双师型教师，要站在高校长远发展的视角下全面审视人力资源管理工作，积极地发现其中存在的问题，要认真弥补短板，保证人力资源管理工作的质量，有效地壮大双师型教师队伍规模。首先，应用型高校必须要结合地方经济情况、行业发展态势及自身资源水平制定出中长期发展规划，一般可以效仿国家或者地区发展规划，以5~10年为规划期，详细安排应用型高校各方面的发展目标，其中包括双师型教师队伍规模这一目标；其次，人力资源有效分解中长期发展规划，保证具体发展任务能够有效分配给每一位教师，保证他们以学校发展目标为参考形成自己独有的双师型教师成长计划，这样可以确保双师型教师的数量和应用型高校发展匹配，避免人力资源不足或者过剩；再次，应用型高校人力资源也有必要详细参考合作企业的绩效机制，能够形成较有竞争力的激励制度，让每一位教师获得足够的发展动力；然后，应用型高校要积极横向寻找合作高校，实现强强联合，彼此间形成双师型教师培养共享机制，所谓共享机制指的是共同建立双师型教师培养所需的资源库，共享培养经验，定期形成面对面交流。

5.3 创新校企合作模式培养双师型教师

创新校企合作模式指的是应用型高校首先要详细盘点本校的资产，包括固定资产、无形资产等，其中无形资产最为关键，它是获得合作企业青睐提高合作企业主动性的关键因素。只是一直以来，应用型高校忽视了无形资产的作用，导致本身优势得不到彰显。无形资产主要包括应用型高校的科研成果，这些科研成果往往是一部分社会企业所青睐的。应用型高校以这些科研成果为优势，争取在校企合作当中的主动地位，可以与合作企业形成公平合作。在这样的情况下，合作企业的合作意向更为强烈，愿意为应用型高校教师队伍提供顶岗培训，甚至愿意在应用型高校的课程设计当中出谋划策。另外，应用型高校也要经常性发起交流活动，邀请合作企业有关人员参加，给本校双师型教师进入企业深造创造条件。其中应用型高校也可以联合企业，选择企业当中思想先进、技术水平高、能力突出的职工成为高校的双师型教师。当然，高校要按照约定支付其薪资。这样可以明显地扩大双师型教师队伍。

5.4 建立起清晰的双师型教师评价标准

为了培养出真正的双师型教师必须要加强此类教师的评价。双师型教师评价标准应该包括信息技术水平、教学质量、学生评价结果、年度贡献等。同时，为了让双师型教师队伍获得发展，还需要考虑到双师型教师的等级，不同等级有不同的评价标准，这样才能让处在低等级的双师型教师具有更强的工作动力。为了彰显评价的公平性、公开性、公正性，应用型高校人力资源部门必须要主动与双师型教师沟通，就评价指标的科学性、系统性、合理性展开分析和讨论，力求双师型教师感觉指标公正、可靠，能够反映出他们自己的价值，这样才能让双师型教师愿意接受考核。换言之，应用型高校要在双师型教师考核评价当中遵循人本原则，这样才会让双师型教师对应用型高校形成信赖感、归属感。当然，虽然可以将双证作为双师型教师评价指标，但不能盲从，必须要对教师获得的职业资格证书进行鉴定，只有与专业有关的职业资格证书才具有效力[6]。评价标准作为绩效考核的参考，要确保绩效考核对接奖惩，以奖优罚劣形式调动双师型教师的积极性。在这个过程中也要对普通教师展开评价，但凡符合双师型标准的教师一律晋级，以这种形式来提高现有双师型教师的紧迫感，从而达成双师型教师的自主成长。

6 总结

应用型高校双师型教师队伍建设是时代发展的必然，在该类教师队伍建设过程中，应用型高校必须首先要在明晰该类教师标准及功能作用基础上，积极地增加外聘双师型教师占比，以“鲶鱼效应”来驱动本校专业教师不断地向双师型教师转化。其次要建立创新型校企合作模式，要让双师型教师有学习充电的平台。再次，对双师型教师需要加强考核，并对双师型教师的工作形成全面评价，只有如此才能保证双师型教师积极发挥其具有的专业优势、思政教学优势，为应用型高校培养应用型人才做出相应的贡献。

参考文献

[1] 许冰梅. 专业应用型高校双师型教师队伍建设的研究[J]. 教育教学论坛，2019(27)：24-25.

[2] 黄华灵. 应用型高校“双师型”教师队伍建设的问题与建议[J]. 教育现代化，2020，7(9)：65-66+71.

[3] 曾雨晴，黄德金. 应用型高校“双师双能”型教师队伍建设一体化初探[J]. 教书育人(高教论坛)，2021(18)：46-47.

[4] 冷雪艳. 应用型高校“双师双能型”教师队伍建设路径分析[J]. 中国成人教育，2018(20)：148-150.

[5] 胡戬. 应用型高校“双师型”教师队伍建设研究[J]. 创新创业理论研究与实践，2018，1(9)：47-48.

[6] 王晶. 应用型高校“双师型”教师队伍建设研究[J]. 科教导刊(下旬)，2019(3)：59-60.

04

第四篇
课程教学改革

从教学督导角度优化本科院校经济管理学院教改策略

刘良科

（湖南应用技术学院 经济管理学院 湖南 常德 415000）

摘要：教学督导在现代教育体系中扮演着不可或缺的角色，其重要性也日益凸显。本文从教学督导的角度出发，探讨如何优化本科院校经济管理学院的教育改革策略。教学督导作为一种全面、系统的教育监管和支持体系，能够有效提升教育质量，促进师生互动，推动课程发展。经济管理学院作为一个重要的教育实体，教学改革已成为当前工作的重中之重。本文聚焦于听课评课工作、青年教师培养、教学信息站管理、日常教学督导以及编辑《教学情况简报》等方面，阐述教学督导在经济管理学院教育改革中的重要作用。通过教学督导，可以全面了解教师的教学效果，及时提供指导，帮助青年教师成长；通过建立教学信息闭环，可以提高信息反馈的效率和及时性；通过日常教学督导，可以促进实践教学规范化，提升整体教学质量。教学督导的实践将有助于经济管理学院在教育质量、教学效果和师生满意度等方面得到持续的提高，从而推动整体教育水平的提升。

关键词：教学督导；优化；教学改革；策略

1 引言

随着教育领域的不断发展和进步，高等教育已成为国家发展的重要支撑和智力资源的重要来源。作为高等教育体系的基础环节，本科教育的质量和效果直接关系到国家的人才培养水平和创新能力高低。在这一背景下，教育改革已成为高校共同关注的焦点，而教学督导作为教学质量保障的重要手段，越来越受到关注。对本科院校经济管理学院来说，如何从教学督导的角度出发，优化教改策略，提升教学质量，为学生创造更优质的学习体验，成为亟待研究和解决的问题。

近年来，经济管理领域的发展变化日新月异，对人才的培养提出了更高的要求。因此，本科院校的经济管理学院在教学改革中亦需紧密关注行业需求和学生实际情况，不断调整和优化教学策略，以更好地培养适应社会发展需要的高素质应用型人才。教学督导，作为对教学全过程的跟踪监控和指导者，有着独特的优势和功能，有望为学院的教学改革提供有力的支持。

然而，目前在我国许多高校，尤其是经济管理学院，教学督导的实践仍存在一些问题。例如，教学督导与师资培养结合不够紧密，教学信息收集和利用效率不高等。因此，本文旨在探讨如何充分发挥教学督导的作用，从其独特视角出发，优化本科院校经济管理学院的教改策略，提高教学质量和学生学习体验。为实现这一目标，本文将从以下几个方面展开研究。首先，回顾和分析 2022 年至 2023 年经济管理学院的教学督导工作，总结经验和问题；

其次，探讨青年教师培养工作的常态化发展，以及创建教学信息站新模式等具体措施的可行性和效果；最后，深入挖掘教学督导的导向作用，引导教师投入更多精力和时间在教书育人上，从而促进学院整体教学质量的提升。通过以上研究，本文旨在为本科院校经济管理学院的教学改革提供有益的参考和建议。随着教育领域的不断创新和发展，通过充分发挥教学督导的作用，优化教改策略，定能为培养更多高素质的经济管理人才做出积极贡献。

2 教学督导的理论基础

2.1 教学督导的定义和功能

教学督导是一种系统性的、全面的教育过程监督与指导活动，旨在推动教师的专业发展和教学效果的提升。它不仅关注课堂教学的实际表现，还涵盖了教学设计、教材使用、学生互动、教学资源等多个方面。其核心功能包括监控和评估教学质量、提供专业指导、促进教师专业发展、推动教育改革等。

2.1.1 监控和评估教学质量

教学督导通过对教学过程的观察和分析，客观评估教师的教学效果和教学质量，从而为学校和教师提供有关教学方面的反馈信息。

2.1.2 提供专业指导

教学督导不局限于发现问题，更注重提供解决方案和改进建议。它可在课堂观察的基础上，通过与教师面对面的交流反馈，为教师提供有针对性的专业指导，帮助教师优化教学策略。

2.1.3 促进教师专业发展

通过教学督导，教师可以不断地接受专业性的反馈和建议，从而不断提高自身的教育教学水平和专业素养，实现职业生涯的可持续发展。

2.1.4 推动教育改革

教学督导可以发现教育体系中的问题和短板，为教育改革提供数据支持和改进方向，从而推动教育体制的不断完善。

2.2 教学督导的模式与方法

教学督导可以采用多种不同的模式和方法，以适应不同的教育环境和目标。教学督导模式主要包括课堂观察与评估、教学资料检查、反馈与指导等。

2.2.1 课堂观察与评估

教学督导通过实地观察教师的课堂教学，关注教学设计、教学过程、师生互动等各个方面，然后通过评估标准化的指标，对教师的表现进行客观评价。

2.2.2 教学资料检查

教学督导通过检查教师的教案、教学 PPT、学生作业等教学资料，可以了解教学的准备程度、教材使用情况和教学效果。

2.2.3 反馈与指导

教学督导工作的核心不仅仅是发现问题，更重要的是通过与教师的交流，提供针对性的建议和改进措施，帮助教师提升教学效果。

2.3 有效的教学督导的重要性

有效的教学督导，可以提升教师教学效果，促进教育质量提升，落实教育改革并积累教育经验。

2.3.1 提升教师教学效果

有效的教学督导能够发现教学中的不足之处，并及时给予教师建议和指导，使其能够及时改进，从而提升教学效果。

2.3.2 促进教育质量提升

教学督导作为一种全面的质量监控机制，可以为学校提供教学质量的数据支持，帮助学校有针对性地进行改进，从而提升整体的教育质量。

2.3.3 落实教育改革

通过发现问题并提供改进方案，教学督导可以帮助学校和教师积极参与教育改革，推动教育模式和教学方法的创新。

2.3.4 积累教育经验

每月精心编辑的《教学情况简报》，既是对教学过程的回顾，也是对教育工作的思考，可积累教育经验，为长期的教育教学改革提供有益的参考。

综上所述，教学督导在现代教育体系中具有不可替代的地位和作用。它通过监控、评估和指导教师的教学过程，不仅提升了教育质量，也为教育改革和发展提供了坚实的支持。通过多种模式和方法，教学督导有效地推动了教师的专业发展和教学效果的提升。精心编辑的20多期《教学情况简报》，为教学改进提供了有力的数据支持和经验总结。可见，教学督导为学校培养优秀人才和实现教育目标作出了重要贡献。

3 经济管理学院的教学现状分析

经济管理学院在教学督导工作中，强调了教学督导的重要性，以及在学院内各个层面的开展情况。通过对教学督导室的工作进行回顾，我们可以得到一些关于学院教学现状的线索。

首先，学院注重教学质量的提升。通过听课评课工作，学院针对青年教师和其他教师的课程进行了广泛的观察和评价。对于青年教师，学院特别重视帮带工作，通过“双导师”制度和“一帮一”培青工程，不仅促进了新进教师的成长，也为教学质量的提升奠定了基础。此外，学院还积极组织磨课活动，通过互相借鉴和交流，进一步提高教师的教学水平。

其次，学院对教学信息的管理和利用也高度关注。教学信息站的建设和运作，让教学信息的采集、整理、反馈、处理、回复形成了一个闭环，促进了信息的有效传递和利用。特别是在网课教学方面，学院迅速做出反应，加强对教学的管理，确保了线上教学质量。这表明学院在信息化教学方面有一定的准备和应对能力。

同时，学院对教师和学生的关注也是显而易见的。学院不仅强调师德师风建设，还通过听评课和督导等方式，提供了针对性的指导，帮助教师改进教学方法，提高教学效果。对学生方面，学院通过教学信息站收集了大量的师生建议和意见，进一步了解学生的需求和反馈，以便更好地调整教学策略和内容。

然而，在上述工作中，也存在一些问题需要改进。例如，教学督导的导向作用发挥不够好，可能需要通过更明确的目标和指导方针来加强。另外，帮带工作的创新不够，可能需要更多的教学方法的尝试和探索，以及制定更具体的帮带方案。

综合而言，经济管理学院的教学督导工作产生了一定的教学质量提升作用，表现了关注教师、学生的态度，然而，仍有一些方面需要改进，以便更好地满足学生和社会的需求。

4　经济管理学院教改策略优化

随着教育领域的不断发展和变化，经济管理学院正积极探索教改新路径，以提高教学质量和培养学生综合素质。在这一背景下，教学督导被赋予了更大的责任，面临着更大的挑战。本文将从个性化教学督导、课程设计与更新、创新教学方法以及教学评估与反馈机制四个方面，探讨经济管理学院教改策略的优化。

4.1　个性化教学督导

教师的教学需求和成长阶段各不相同，因此，个性化教学督导将成为推动教师专业发展的重要手段。教学督导室将针对不同阶段的教师，提供个性化的督导服务。对于青年教师，将重点关注教学方法和课堂管理等方面，通过反复听课评课，指导他们提高教学水平；对于中年教师，将更多地关注课程设计和教学内容的更新，帮助他们紧跟行业发展趋势；对于资深教师，从教研方向、学科研究等方面进行督导，促进他们更深入地参与学术研究。

4.2　课程设计与更新

经济管理领域不断发展，培养学生适应社会需求的能力是教育的核心。因此，课程的设计和更新显得尤为重要。学院加强与用友新道集团、常德共和酒店等企业合作，了解行业需求，及时更新课程内容和教材，确保课程的时效性、实用性和吸引力。此外，还倡导跨学科的课程设计，将不同学科的知识有机融合，培养学生的综合素质和跨界能力。

4.3　创新教学方法

在教学方法上，学院将不断探索创新，引入现代教学技术和教学手段，提高课堂的互动性和学生的参与度。一方面，引入案例教学，将理论与实际相结合，培养学生解决实际问题的能力；另一方面，推广团队项目教学，鼓励学生合作探讨、解决问题，培养团队协作和沟通能力。同时，充分利用信息技术手段，开设在线学习平台，提供教学资源和互动空间，满足学生个性化学习需求。

4.4　教学评估与反馈机制

建立有效的教学评估和反馈机制，是持续改进教学的关键。首先，学院采用多种手段，包括学生评价、同行评议、教学督导等，全面了解教师的教学效果。其次，学院重点关注学生的反馈意见，将其作为教学改进的重要依据，及时调整教学方法和内容。最后，教学督导室定期与教师进行面对面交流，详细反馈听课评课结果，指出优点和不足之处，并提供改进建议，帮助教师不断提升教学质量。

总之，通过不断探索和创新，学院正在积极提升教学质量，培养适应社会需要的优秀人才，为经济管理领域的发展作出贡献。

5 案例研究与实证分析

在高等教育领域，教育改革一直是一个重要的议题。随着社会的不断发展和变革，教育也需要适应新的时代要求，为学生提供更优质的教学和培养条件。经济管理学院作为本科院校的重要组成部分，在教改中扮演着重要角色。教学督导作为一种质量保障手段，对于指导教学改革、提升教学质量具有重要作用。本文以经济管理学院为背景，选取了三位有代表性的教师李娜娜、罗友付和陈雪姿作为案例，从教学督导角度分析他们在教改中所采取的策略和产生的效果，以期为类似院校的教改提供一些有益的启示。

青年教师李娜娜认真学习教育理论和专业知识，研究课程教学大纲，备好课，编写好各种教学资料，做好课堂教学、作业批改、课程考核等教学的各个环节的工作。她为人师表、以身作则的表现，以及课程思政的教育引导，慢慢地影响着学生。她的教学打破思维定式，善于培养学生的创新意识，把常规的学习和工作用创新的方式做精细、做精致、做精彩，不断让学生体验到她的创意所在。她是用心做学生创新能力培养的启迪者、挖掘者和锤炼者。

中年教师罗友付通过长期学习和实践，不断地提升自身的教学能力。他虚心向同行学习，经常听其他老师的课，吸收同行的教学经验。同时，他在教学中也注重创新，提出了“智能化”思考，用自己的方式培养学生的创新意识。他的博学和专业能力在指导学生参加各种学科竞赛中也得到了体现，荣获了多个奖项。罗老师不仅在教学中传道授业，还在实际行动中做学生的榜样。

优秀辅导员陈雪姿老师用爱心和耐心对待学生，关心学生的思想动态，为他们提供帮助和支持。她始终保持耐心、细心、责任心，用爱去感化学生，用心去关爱学生。她不仅在思想上和学习方法上指导学生，还在生活中为学生排忧解难，使学生感到了温暖和关怀，增强了学生“好好学习，天天向上”的勇气和信心。她成了学生的良师益友。

通过收集教学督导报告、学生反馈和课程评估数据，学院对上述三位教师的教改策略进行了评估。从教师的责任心、学生的反馈和课程评价等多个角度，可以看出这些教改策略取得了明显的成效。教师们在教学中的表现得到了学生和同行们的认可，也得到了学院的肯定。

6 结果与讨论

教学督导在优化经济管理学院教改中的重要作用不可忽视。通过案例研究与实证分析，可以深刻认识到教学督导在教改中的价值。首先，教学督导可以发现教学中存在的问题，及时采取针对性的策略进行调整，从而提高教学质量。李娜娜老师、罗友付老师和陈雪姿辅导员在各自岗位上通过爱岗敬业、潜心教书育人、关爱学生等方式，积极地推动了教育教学工作的发展。其次，教学督导对于师生之间的互动和沟通起到了桥梁作用。李娜娜老师的言传身教、罗友付老师的“智能化”思考、陈雪姿辅导员的耐心指导，都在教改过程中构建了师生之间的紧密联系。这种情感的纽带有助于学生更好地融入学习环境，建立自信，增强学习动力。

综上所述，教学督导在优化本科院校经济管理学院教改策略中扮演着不可或缺的角色。通过具有代表性的三位教师的案例，折射出了经济管理学院全体教师在教育教学工作中的辛勤付出和良好成效。然而，教改也面临一些挑战，需要全体教师共同努力，不断改进和创新，以提升教育质量，培养更多优秀的人才。展望未来，教学督导将在数字化、个性化的背景下持续发挥作用，为经济管理学院的教育事业带来更大的发展。

参考文献

[1] 汪彦，习胜丰.“双一流”背景下地方本科院校教学督导的能力提升路径探索[J]. 产业与科技论坛，2022，21(6)：249-250.

[2] 覃健. 教师赋权视野下广西南宁民办本科高校教学督导调查[J]. 大学教育，2020(9)：185-189.

[3] 方晨晨. 基于民办本科院校教师教学能力闭环管理模式的新探索——以沈阳城市学院为例[J]. 参花(上)，2019(4)：132.

[4] 张莹. 制度化建设下教学督导工作的研究与探索[J]. 黑龙江教师发展学院学报，2023，42(1)：9-11.

[5] 刘隽颖. 教学成为学术之道：我国大学教学改革的制度重构[D]. 厦门：厦门大学，2019.

[6] 吴爱玲. 高质量发展背景下地方高校教学督导建设对策研究[J]. 上海教育评估研究，2023，12(3)：58-62.

[7] 郑展鹏，陈少克，吴郁秋. 新文科背景下经济学类一流专业建设面临的困境及实践[J]. 中国大学教学，2022(9)：33-39.

[8] 邵信儒，孙海涛，姜瑞平，等. 转型背景下地方本科院校教学督导与评估工作探索[J]. 轻工科技，2022，38(6)：121-123.

[9] 赵倩，李雪，赵佳. 新时代民办应用型本科高校教学督导工作机制的探析[J]. 山西青年，2023(10)：72-74.

[10] 关宏，龚黎明. 多维协同视域下民办高校教学督导工作的困境及对策研究[J]. 产业与科技论坛，2022，21(18)：285-286.

传统文化教育融入旅游管理专业教学的价值与对策分析

叶飞飞

（湖南应用技术学院 经济管理学院 湖南 常德 415000）

摘要：在旅游管理专业，为让学生的视野更加开阔，需要落实好传统文化教育，在充分展示自身价值的基础上，制定科学对策，确保教学质量稳步提升。本文将探讨传统文化教育融入旅游管理专业教学的价值和对策，并根据当前的实践现状提出合理建议。

关键词：传统文化；旅游管理专业；教学价值；对策

我国拥有十分丰富的旅游资源，而旅游资源又属于传统文化的直接体现之一，因此需要在相关领域合理渗透传统文化，让传统文化的传承及发展拥有可靠的渠道。旅游管理专业旨在培养具备专业技能和知识储备的优秀人才，教师应积极利用多种渠道，开展多样化活动，促使学生准确了解传统文化的内涵，主动从传统文化中汲取营养，为自身的长远发展打下坚实基础[1]。

1 传统文化在旅游管理专业教学中的价值

1.1 树立学生的正确价值取向

传统文化对学生影响较大，能够让他们在接受内涵熏陶时更好地传承文化精神，推动国家优秀传统文化的发展。在旅游管理专业中，适当融入传统文化能够强化学生的德性修养，使他们的职业道德水平稳步提高。比如，传统文化中的“义利合一”原则，能够让当今的职业道德建设拥有参考依据。旅游管理专业学生可以在掌握这一原则的基础上扎实开展工作，自觉树立义利观，在积极谋取个人利益的基础上，也能保护他人利益，营造良好的旅游业氛围。

1.2 强化学生的礼仪修养

古代的礼仪制度能够直接影响当代社会的发展，应明确礼仪制度中的糟粕和精华，使它更好地发挥借鉴价值，推动当代社会的稳步前进。旅游属于富有价值的社会交往活动，需要从业人员展示相对理想的礼仪修养，创设完善的人际关系，给旅游服务质量的提升打下稳固的基础。在高校旅游管理专业中，积极融入传统文化教育能够培养学生的优良品行，使他们掌握各种礼仪知识和具备基本的社交能力，为后续从事旅游接待以及服务工作创造良好的条件。

1.3 提高学生的服务意识

现代社会中，旅游商家和旅游者之间虽建立了互动沟通的网络，但是因为多种因素的影响，矛盾与冲突频频显现。究其缘由，是他们缺乏换位思考的意识，以至于出现了一系列问题。在旅游管理专业中，通过适当融入传统文化教育，可以让学生在未来工作中积极践行“以游客为本”的理念，主动构建和谐的人际关系。

1.4 强化学生的服务技能

在旅游管理专业中，学生应掌握一系列技能要点，争取在后续的就业中真正地发挥技能优势，展示参与性和文化性。以导游为例。为让游客对导游讲解工作认可，导游需要展示自身储备的专业知识，如历史、天文、哲学知识等。比如，在涉及讲解古民居的时候，导游要结合当地的情况进一步解读，为游客解答疑惑，使他们更好地了解传统建筑文化。对于旅游管理专业的学生来说，学习传统文化能够加深对其内涵的理解，同时也能进一步充实自身的知识储备，确保服务技能和水平稳步提升。

2 传统文化教育融入旅游管理专业教学的问题及成因

作为旅游管理专业人才培养的重要支撑条件，传统文化教育应摆在突出位置。现阶段，传统文化教育在旅游管理专业教学中的融入效果不尽如人意，很多学校对传统文化教育的重视程度不够，加之传统文化教育的方法和途径单一，使得旅游管理专业教学的实效性较低，难以满足学生的个性化需要。

2.1 问题

2.1.1 学校重视程度不够

在高校旅游管理专业中，传统文化的融入受到多种条件的限制，其中之一就是学校的重视程度不够，缺少对传统文化教育和旅游管理专业教学融合的正确认识。加之旅游业在国际上被定义为“无烟工业”，很多人都将其视为投资少、利润高的产业，以至于在实际发展进程中减小了投入力度，使经费受到明显限制[3]。为充分展示传统文化教育在旅游管理专业中的优势，应加大校内外实训基地的建设，同时还要进一步改造课程体系并引进专业教师，使学生在掌握专业知识的同时接受传统文化的熏陶。但是，实际情况是，众多高校对于传统文化教育和旅游管理专业的结合不够支持，模拟实训室的建设资金相对匮乏，其他方面的投资更是捉襟见肘，甚至可以忽略不计。

2.1.2 方法和途径单一

目前，中国传统文化教育还处于一种被忽视的状态，多数教师将其当作一种精神传承，在课堂上采用的方式方法不当，最终影响了教学成果。教师也未能及时创新实践思维，使学生们无法主动参与传统文化课堂外的学习，即便是安排了相关的作业，学生们仍然表现出消极姿态，整体的学习实效不尽如人意。

2.1.3 教师素质有待提高

作为学生学习路上的引导者，教师要扮演好自身角色，积极关注学生的实际情况，运用科学化手段将传统文化教育融入教学中，让学生的旅游管理技能水平明显提升。就高校现阶段的情况来看，传统文化教育和旅游管理专业的融合效果不佳，原因之一是教师的素质水平不达标，无法在专业课教学中适当地融入传统文化教育，而且还会进一步阻碍后续各项活动

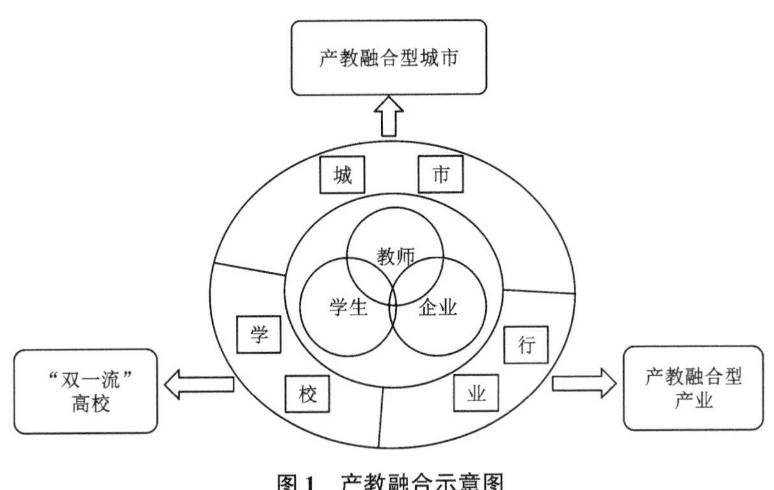

图1 产教融合示意图

的开展，不利于学生的全面发展。根据调查情况分析，旅游管理专业的教师除了承担基础文化课教学，还要掌握传统文化的教育内容，若是素质水平达不到一定的标准，教学效果也会受到影响。

2.2 成因

2.2.1 传统文化和时代发展

在全球化背景下，信息呈现瞬息万变的趋势，人们往往需要一个过程来适应这种变化[4]。相较于新的事物，传统文化呈现厚重感和沧桑感。于是，人们在逐渐接受新事物的过程中渐渐忽视了传统文化的存在意义，以至于使传统文化在高校教育中的地位受到了冲击。高校学生正处于一个相对特殊的阶段，对于新鲜事物抱有浓厚的探索兴趣和热切追求，若是单纯地融入传统文化教育，将无法保证教学效果，甚至会让他们产生一些抵触情绪。

2.2.2 崇洋媚外的思想

自从改革开放之后，中国的物质与精神大门敞开，西方的思想以及文化汹涌而来。若是未将传统文化适当地融入中国教育，将会出现一系列问题，还会冲击学生的思想。朝气蓬勃的大学生会有意识地靠近西方文化，甚至崇洋媚外。在这种情况下，要在旅游管理专业中融入传统文化教育的难度较大，除了教师选择的方式备受考验，学生的接受程度也是需要重点考虑的问题。

2.2.3 工业文明的兴起

在商品经济日益发展的背景下，中国迎来了工业文明时代，古老的农耕文明受到巨大冲击。工业文明与农耕文明属于两种类型的文明。前者主要是将工业化视作标志，在规模化的生产中推动人类社会的发展，在求新求变中寻找新的机遇；后者则相对静止稳定，在很长一段时间内占据着举足轻重的地位。工业文明与农耕文明相比更加先进，更能得到当代大学生的认可和追逐，因此成了一种新时代下的流行要素。在手机短信文化、QQ与微信文化等的影响下，传统农耕文明备受考验，要将此类文明文化融入现代教育，还要综合多个关键因素加以分析。

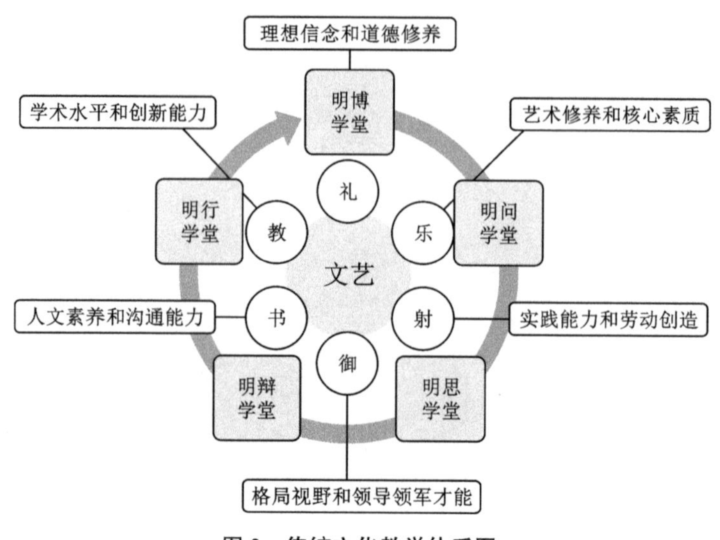

图 2　传统文化教学体系图

3　传统文化教育融入旅游管理专业教学的对策及建议

3.1　落实传统文化在专业教学中的建设工作

在旅游管理专业教学中，对传统文化教育的融入应找到合理切入点，要保证选取的内容适中适当，发挥出教育价值，带领旅游管理专业的学生有目的地前进[5]。考虑到旅游管理专业的特殊性，在传统文化渗透环节可以凸显诗词鉴赏类占据的地位，在学生学习诗词歌赋的时候强化道德感以及自信心，并做到学以致用。传统文化的融入可以增强学生的文化归属感以及民族自豪感。学生在踏上工作岗位后，便能灵活运用优秀的传统文化来践行社会主义核心价值观，引导游客热爱并推崇文化精华。高校旅游管理专业应落实传统文化教育在专业教学中的建设工作。

3.2　营造理想的传统文化教育环境

环境对学生的影响较大，高校应抓住学生的心理，积极创设优良的教育环境，让他们在其中受到熏陶，稳步强化他们的专业能力。优质的教育环境是提高学生内在素养的关键条件，在构建环境的时候应考虑物质文化、精神文化等诸多要素，确保学生的需求得以满足，并真正了解传统文化教育在旅游管理专业中发挥的重要性。在校园工程建设环节，可以运用富有传统文化色彩的元素加以构建，确保建筑风格散发文化魅力，在潜移默化中熏陶学生，使他们的综合认知有所提升。在制度文化建设环节，教师也要将传统文化的核心理念当作制度建立的宗旨及依据，保证学生在文化理念的引导下积极遵守行为管理秩序，具备健全人格。在精神文化的建设中，要抓住高校学生的个性化需求，以多元化文化活动加以熏陶，使他们在茶艺展示、书法大赛等活动中加深对传统文化的理解[6]。

3.3 开展传统文化主题课外活动

为更好地提升高校学生学习积极性，应抓住他们的兴趣特征开展富有传统文化特色的主题活动，以激发他们的参与热情和学习主动性。在设置教学结构的时候，要结合旅游管理专业的职业规划加以分析，倡导学生主动投入到课外实践中，通过明确的计划和科学的步骤完成既定任务，以便获得最优成果。比如，积极开设各种类型的社团和活动，围绕传统文化设计符合高校学生接受范围的文娱活动，确保他们的学习成效达到最佳。在具体实践的环节，可以将《中国传统文化概论》以及《导游基础知识》结合起来，在理论支撑下扎实开展多样化活动，强化学生的综合能力，提升他们的文化素养，保证传统文化的渗透效率更高。

4 结语

传统文化和旅游管理专业教学的结合应重视科学性和合理性，还要通过适宜的举措完善相应方案，以确保发挥出传统文化的教育功能，给旅游管理专业人才的培养稳固根基，为国家和社会输出一批又一批具备综合技能的高素质人才。

参考文献

[1] 刘博. 旅游管理专业课程教学中融入思政教育的相关思考——以《旅游地理》为例[J]. 湖北开放职业学院学报，2023，36(18)：107-109.

[2] 李志刚，王皓. 课程思政赋能旅游管理专业案例开发的研究——以“旅游企业人力资源管理”为例[J]. 河北旅游职业学院学报，2023，28(3)：79-83.

[3] 杨晨欣，刘彦博，陈世昌，等. 坚持就业导向 强化应用型人才培养——以河南农业职业学院旅游管理专业为例[J]. 河南农业，2023(24)：18-20.

[4] 张莹. “3+2”高本贯通旅游管理专业人才培养模式探究——以黑龙江旅游职业技术学院旅游管理专业为例[J]. 职业技术，2023，22(9)：67-72.

[5] 赵雪梅. “三步一体”传统文化课程思政教育模式与实践——以高职旅游管理专业《大学语文》课程教学为例[J]. 湖北开放职业学院学报，2023，36(13)：89-90+93.

[6] 郭璇瑄，梁春群. 高质量发展背景下应用型本科产教融合协同育人策略研究——以旅游管理类专业为例[J]. 广东技术师范大学学报，2023，44(3)：90-94+112.

酒店管理专业教学中融入中国传统文化的意义与对策研究

双　顺

（湖南应用技术学院 经济管理学院 湖南 常德 415000）

摘要：随着全球化的加速推进，酒店管理专业也在不断地发展壮大。在这个过程中，融入中国传统文化元素，提升学生的人文素养，增强学生的职业道德观念，丰富酒店管理专业知识体系，成了当前酒店管理专业教学的重要课题。本文首先介绍了中国传统文化的特点和酒店管理专业教学中融入中国传统文化的意义，然后分析了当前酒店管理专业教学中融入中国传统文化存在的问题，最后提出了相应对策。

关键词：酒店管理专业；中国传统文化；意义；对策

当前，在“互联网+”的背景下，旅游行业进入了新的发展阶段。在旅游行业中，酒店业发展迅速，已经成为我国第三产业中不可或缺的一部分。随着国内旅游业的快速发展，酒店行业需要大量高素质人才，而我国高校酒店管理专业的学生数量比较多，且每年都会有新的毕业生加入。在未来职业生涯中，酒店管理专业学生要积极参与中华优秀传统文化的传承和创新，为社会经济发展提供人才保障。

1　中国传统文化的特点

中国传统文化具有一定的开放性，这与中国长期处于世界文明之林有着密切关系。中国传统文化的开放性主要体现在三个方面：一是其传承方式具有包容性，并不是一成不变的，而是随着时代的变化而变化；二是中国传统文化本身具有包容性，不仅包含了中国古代的文化，而且还包含了近现代和当代的文化；三是中国传统文化具有兼容性，包含了中西方文化[1]。但是，中国传统文化又具有一定的封闭性。这主要体现在以下几个方面：第一，中国传统文化中所蕴含的丰富内容难以用简单的方式进行概括；第二，中国传统文化中蕴含着许多糟粕；第三，传统文化是一种综合产物，是多个因素相互作用的结果。因此，在现代酒店管理专业教学中融入中国传统文化教育时，必须充分了解和把握其特点和规律，并将其与酒店管理专业教学结合起来，进而有效提高现代酒店管理专业的教学质量。

2 中国传统文化在酒店管理专业教学中的意义

2.1 有利于提高学生的综合素质

中国传统文化所包含的丰富哲学思想和文学艺术，对现代学生综合素质的提高具有重要的作用[2]。将中国传统文化融入高校酒店管理专业教学中，有利于培养学生的综合素质。通过中国传统文化，可以将一些优秀的文学作品应用到酒店管理专业教学中，不仅可以提高学生对文学艺术的鉴赏能力，还可以提高学生对我国优秀传统文化的学习兴趣。

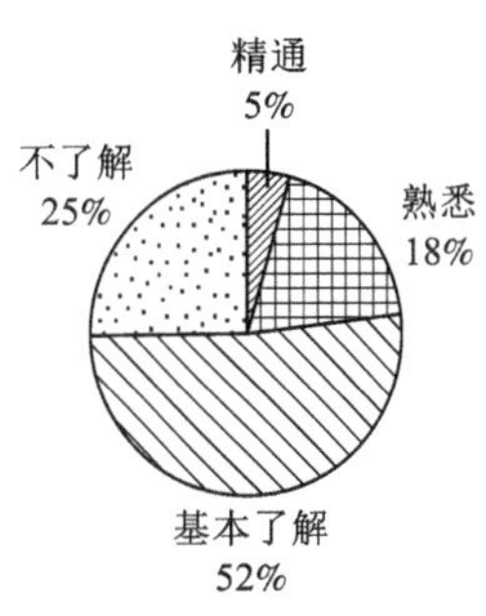

图1 学生对中国传统文化理解情况

2.2 有利于增强学生的文化自信

随着社会的不断进步和发展，我国的酒店行业也得到了快速发展。在现代社会中，酒店行业已经成为一个重要的服务行业。因此，为了更好地满足人们对酒店服务的需求，酒店管理专业也需要培养一批高素质人才。将中国传统文化融入高校酒店管理专业教学中，有利于学生更好地了解我国的优秀传统文化，并且提高他们对中国优秀传统文化的认识和理解，增强他们的文化自信。

2.3 有利于促进酒店管理专业的发展

酒店管理作为一门专业性很强的学科，需要对学生进行大量的知识传授和技能训练[3]。传统文化作为我国优秀的文化之一，具有很强的育人功能，能够在一定程度上提升学生的人文素养和综合素质。在高校酒店管理专业教学过程中融入中国传统文化，可以帮助学生树立正确的价值观，使其能够将个人发展与国家发展相结合，形成正确的人生观。同时，在中国传统文化中所蕴含的优秀传统美德也能够帮助学生树立正确的价值观、人生观和世界观。通过这样的方式，可以有效地提升学生的综合素质，从而促进酒店管理专业教学效果的提升。

3 酒店管理专业教学中融入中国传统文化存在的问题

当前，虽然学校已经将中国传统文化元素融入了酒店管理专业的教学内容中，但在具体实施过程中还存在一些问题。首先，酒店管理专业教学内容与社会实际需求脱节。传统文化在现代酒店管理专业教学中的融入主要体现在专业技能和服务技巧上，其内容并不能完全满足社会的需求。其次，教师专业能力有待提高。中国传统文化博大精深，酒店管理专业教师要想更好地将中国传统文化融入教学中，就必须提高自身的专业能力，不断学习新知识、新技能。最后，学生学习兴趣不足。学生在学习过程中往往对传统文化不感兴趣，主要原因是对中国传统文化了解得不多、不深。因此，酒店管理专业教师要不断丰富教学内容和教学手段，创新教学模式和教学方法，激发学生学习的积极性和主动性。在教学过程中，要将中国传统文化与现代酒店管理专业知识结合起来，真正培养学生的综合素质[4]。

4 酒店管理专业教学中融入中国传统文化的对策

4.1 优化课程体系

在酒店管理专业教学中融入中国传统文化是培养学生专业技能的重要方式，不仅能够提高学生的专业素养，还能提升学生的人文素养，使学生形成良好的职业道德和职业素养。笔者认为应从以下几个方面优化酒店管理专业课程体系：首先，相关院校可以针对酒店管理专业课程体系进行改革和创新。当前我国很多院校在进行课程体系改革工作，但是很多院校仅仅对课程结构进行了调整，而没有对教学内容和教学方法进行优化。其次，相关院校应根据酒店管理专业培养目标制订合适的教学计划。在酒店管理专业教学中融入中国传统文化是培养学生职业能力和素养的重要方式，相关院校必须将培养学生职业能力和素养作为教学工作的重点。在这一过程中，相关院校需要根据人才培养目标制订相应的教学计划，并对教学内容进行合理调整。最后，相关院校应在酒店管理专业课程体系中增加中国传统文化的相关内容。基于此点要求，相关院校必须优化课程体系中融入的中国传统文化的内容，从而切实提高中国传统文化在酒店管理专业教学中的作用。例如，在“中国文化概论”这一课程中，可以增加中国历史、地理、民俗等内容；在“旅行社经营与管理”这一课程中，可以增加中华礼仪、国粹艺术等内容；在“餐饮服务与管理”这一课程中，可以增加中国饮食文化等内容。通过这些课程内容的加入，能够切实提高学生对中国传统文化的认识和理解。

4.2 提升教师专业素养

在酒店管理专业教学中融入中国传统文化是一个系统性的工程，而这一工程的成功与否直接影响到学生对中国传统文化的认知和理解。因此，首先，要对教师的专业素养进行提高。酒店管理专业教师作为该专业教学过程中的重要参与者，要不断提升自身的专业素养，在日常教学工作中充分发挥自身的作用。其次，在酒店管理专业教学过程中，学校要定期开展教师培训活动，以便使他们能够在理论知识和实践能力方面都得到提高，进而使他们能够更好地将中国传统文化融入教学过程中。再次，要提高教师的积极性。在酒店管理专业教学过程中，教师是学生学习的榜样，因此在平时的教学过程中要充分发挥榜样作用，积极主动地对学生进行引导和教育，更好地将中国传统文化融入课堂教学中。最后，还要鼓励教师参加各类培训活动。例如，参加酒店管理专业相关知识培训等。只有不断提升教师的专业素养，才能更好地将中国传统文化融入酒店管理专业教学中，进而更好地促进学生对中国传统文化的理解和认同。

4.3 将酒店管理专业知识与中国传统文化相结合

酒店管理专业是一个实践性较强的专业，教师在教学过程中要重视对学生实践能力和创新能力等综合素质的培养。教师在教学过程中要将酒店管理专业知识与中国传统文化相结合，将中国传统文化知识融入酒店管理专业知识中。例如，酒店管理专业中涉及的礼仪、服务、餐饮等方面的知识，都是可以在我国传统文化中学习借鉴和参考的。教师要积极引导学生对中国传统文化进行深入了解和学习，在实践中将中国传统文化与酒店管理专业知识相结合。

4.4 利用校园活动促进中国传统文化的学习与传承

高校是开展传统文化教育活动的主要场所之一，在酒店管理专业教学过程中可以通过多种方式开展中国传统文化教育活动。学校可以组织学生参观博物馆、展览馆等场所，让学生了解我国优秀文化知识和优秀传统文化知识；可以开展主题班会、演讲比赛等形式多样的活动，提高学生对中国传统文化知识和中华优秀文化知识的学习兴趣；也可以开展各种主题班会、运动会、文艺汇演等形式多样的活动，展示中国优秀传统文化。高校要充分利用校园活动平台，促进学生对中国优秀文化知识和中华优秀传统文化知识的学习兴趣。

4.5 借助互联网技术促进中国优秀传统文化融入高校教学

随着信息技术和网络技术发展的速度越来越快，互联网在高校教育教学中逐渐成为一种重要的教学工具和手段。高校可以充分利用互联网，开展丰富多彩的在线教育活动，让学生在学习过程中利用手机、电脑、平板等多种设备进行学习，让学生在线上学习过程中获取更多的中国优秀传统文化知识。教师在开展在线教学活动时，要充分发挥互联网优势，结合各种形式多样的在线教育活动来丰富酒店管理专业教学内容。教师要通过在线教学平台、网络直播平台等形式，进行中国优秀传统文化知识内容的授课和讲解，让学生在线上学习过程中可以与教师进行互动交流，从而促进学生对中国优秀文化知识和中华优秀传统文化知识产生学习兴趣。

5 结语

总之，随着我国经济社会的不断发展，人们的生活水平得到了极大提高，这为酒店行业的发展提供了有利条件。酒店行业快速发展，对酒店管理专业人才提出了更高要求，这就需要酒店管理专业在教学中积极融入中国传统文化，以满足社会对高素质人才的需求。在酒店管理专业教学中融入中国传统文化，可以增强学生对中华优秀传统文化的认同感和自豪感，提高学生的人文素养，提升学生的综合素质，提升酒店管理专业的教学质量。

参考文献

[1] 叶飞飞，双顺，罗舒丹. 中国传统文化融入酒店管理专业实践教学研究[J]. 漫旅，2022(11)：68-70.
[2] 贾芸. 浅谈现代酒店服务质量中存在问题及对策[J]. 城市地理，2015(8)：274-275.
[3] 赵占良. 关于中华优秀传统文化融入中学生物学课程的思考[J]. 天津师范大学学报(基础教育版)，2022，23(1)：41-46.
[4] 田素美. 新媒体时代中华优秀传统文化传承视野下课程教学模式改革研究——以“文化产业概论”为例[J]. 中华文化与传播研究，2019(2)：122-135.
[5] 郑磊. 中国优秀传统文化融入现代高校思政教育对策研究[J]. 黑河学刊，2019(1)：163-164.

色彩在高校酒店装饰设计专业教学改革中的应用研究

余　融

（湖南应用技术学院 经济管理学院 湖南 常德 415000）

摘要：色彩在装饰设计中向来有着非凡意义，可以说，色彩就是艺术设计本身。为推动高校酒店装饰设计专业的教学改革，本文简要分析了色彩于设计、空间以及人的情绪情感的意义，并基于环境与人的关系分析了色彩对酒店装饰设计的重要性，提出了在高校酒店装饰设计专业中应用色彩进行教学的策略建议，以期为酒店行业发展、改善现代人居空间环境贡献一份绵薄的力量。

关键词：高校酒店装饰设计；教学改革；色彩运用

酒店装饰是室内设计的一部分，由空间、色彩、光影、建筑结构、陈设、绿化六大要素一并构成，而色彩与其他几项元素几乎不可分割。当代人们物质生活改善，精神需求日渐增加，酒店空间环境作为美好出行的一部分，理应受到重视。如何从色彩出发，为人短暂而须臾的度假时光抑或是办公行程带来良好的栖居体验，这一问题值得高校酒店专业深入思考。

1　色彩与酒店装饰

1.1　色彩概述

从严格的物理学意义上讲，色彩是物体经光线投射进人的视网膜而产生的一种感觉和现象。亚里士多德认为“色彩是一种视觉现象，物体与光的相互作用在呈现色彩上的意义”[1]。日本小林秀雄说“色彩是破碎的光”。由此可见，光影于色彩的意义。光线本身就构成了一种色彩。

色彩分门别类，可以用明暗、软硬、轻重、比例、位置、面积、冷暖、浓淡等词语加以区分和表示。这些词语反映了人脑为进行区分所建立的对色彩的认知和观察，也是进行色彩认识的工具。这些词语和概念皆是主观的定义，却在一定程度上客观反映了色彩的特点，反映了色彩在人视觉当中呈现的感觉。如温度便是对色彩的主观与客观的感受认知，浓淡、深浅则是色彩的层次性体现。色彩由人感觉，由人定义，也由人设计和发现规律。色彩直指人的情绪和精神意境，与人的心理、生理反应联系在一起，具有一定的感召力和抽象意义。

1.2 色彩与酒店装饰

色彩于艺术设计，在于呈现一种感觉性，是基于色彩与光的物理特性在人视觉中的呈现而追求的一种效果。因此，从哲学和美学角度来说，色彩设计的关键在于追寻一种舒适惬意的视觉体验，通过不同色彩的配比达到视觉上的协调性和美感。周围的万千世界，小到一片树叶，大到星体运转，都显示出一种令人惊讶的秩序感，而色彩美学正是追寻那一份秩序感。似乎人天生就有一种倾向，因本能地渴望秩序而要把所有的色彩进行调和，以达到最佳的视觉感受。

色彩能够成就酒店装饰设计。色彩元素的合理运用，可以为酒店营造舒适的视觉效果与居住感受，实现酒店空间环境的美感与协调。因此，色彩可以对酒店进行再创造，是酒店装饰设计的重要实现元素。从中国文化来看，色彩不单单是光影、客观实在的呈现效果，也被赋予了很多人文色彩和情感因素，使之具备了浓厚的情感及象征意义。古人甚至将色彩以“五色”与五行之说联系在一起。因此酒店装饰也不得不考虑哲学、伦理、宗教和民俗等文化因素，从传统文化、地方特色出发，进行色彩配比设计。如儒家学说最为强调规矩、尊卑，《礼记》中规定“楹，天子丹，诸侯黝，大夫苍”，不同官职、地位的人不能混用颜色，官式建筑多用黄、红、绿、蓝诸色，皇家服饰最喜用黄色表尊贵[2]。

基于人的生理结构、心理特点，加之地域文化、历史积淀的影响作用，不同色彩具有不同的象征意义，给人以不同的心理及情绪暗示。利用色彩，能够给予酒店特殊的形象意义。考虑地方文化、习俗以及出行人士性格和出行目的的不同，色彩美学于酒店装饰设计更是一门学问。

2 高校酒店装饰设计专业教学改革中的色彩运用原则及策略

2.1 酒店装饰设计教学的色彩应用原则——基于酒店装饰设计逻辑和色彩逻辑

色彩搭配是一门学问，酒店装饰设计中的色彩运用更是一门人与空间进行交互的学问。色彩环境能够直接影响人的感受，舒适的空间及色彩能够让人感到宁静、松弛，而糟糕的酒店设计和色彩体验则会让人头晕，产生逼仄、局促不安的情绪[3]。因此酒店装饰设计应用色彩教学，也应遵循环境设计和色彩艺术本身的逻辑。正确的装饰设计知识和色彩搭配使用逻辑应该是酒店设计的出发点。

好的教学方法似乎有千万种，但总结起来无非是“因材施教”四个字。教学方式没有定论，应根据课程、学生情况、学校环境等因素综合考虑比较，选择适合的方法。而不论任何知识学习甚至实践教学，核心都离不开学习内容本身的规律。“因材施教”也是基于学生情况和学习规律而来的，它遵循的是教学方式的规律以及学生个体的学习方式规律。良好的教学方法无非是规律，规律是世界的本原，也是人加以掌握认识世界的工具，是实践的基本逻辑。因此好的教学方式，总结起来就是正确的规律，就是“正确的知识本身”加上“适合的方法”。

至于酒店的色彩装饰设计教学，则需要考虑背景色、前景色和装饰色等基本概念，学习色彩情感、色彩心理、色彩的象征及其政治文化寓意，学习色彩搭配的基本逻辑——“对比中实现统一，整体基调和谐又不能失去变化性”“色彩间过渡的连续性”“色彩的平衡圆融与互相衬托”“色彩使用的层次性”等。这些色彩间的运用逻辑可以总结并基本概括为和谐圆融、相互成就的同时，追求变化性、层次性、趣味性和丰富性，即“大调和、小对比”的设计原则。其中，背景色作为主色烘托整体基调；前景色易于观察，作为颜色对比，丰富基调颜色的层次性；装饰色作为点睛之笔，对室内空间加以修饰和点缀。

2.2 酒店装饰设计教学的色彩应用策略

2.2.1 沉浸式教学

由于设计体现审美，审美须由感官感知，这一体验过程传递给学生，便是设计教学，即设计—审美—感知(体验)—传导(教学)—设计(实验/创作)的教学实现路径[4]。色彩是感知，空间也是感知，酒店装饰设计与色彩运用最有效的方式便是带学生直接体验，通过感官的直接接触进行教学。因此沉浸式教学可以有效省略“传导”这一环，让学生直接感受和学习。

酒店装饰设计采用沉浸式教学，可以通过与酒店进行合作，或带学生去酒店实习、组织学生去酒店旅游等多种方式实现。沉浸式教学需要为学生充分保留体验和感受的空间，然后加以适合的引导。如贵州等地区存有苗绣传统文化，一般幼年使用的苗绣色彩极为艳丽活泼，视觉上喜欢营造色块，具有装饰趣味浓厚的色彩氛围，体现一种艳丽稚拙的原始感受。湘西吊脚楼酒店将苗绣作为色彩灵感，进行酒店装饰设计，用斑斓的色彩体现了苗族人热爱色彩、使用色彩的独特审美(见图1)。湘西吊脚楼的酒店房间整体以木色、褐色、黄色为色彩基调；青色、暗红色缠绕的窗帘既和整体色调融合，也为整个环境添上丰富的一点点缀；蓝色床罩与青色窗帘有所呼应，减少了突兀感；橙色则在黄色的基调上加以延伸，活跃了整个房间的氛围；最后大面积的白色布帘装饰墙面，既符合室内装饰设计“上轻下重”的色彩关系，也对原本整个房间较重的色彩基调进行提亮、调和，使得房间色彩不那么沉闷、厚重。

图1　湘西吊脚楼酒店房间

学生入住酒店或在酒店实习期间，可以通过观察、体验、调查等方式，不仅透过视觉，也透过听觉、呼吸甚至皮肤感受酒店设计的色彩氛围，将其内化为自己的一部分。同时，教师加以设计感受的引导和说明，让学生思考自己对于酒店的独特感受，并分享这些感觉。这样做有助于学生对色彩的深入认识和体悟。

2.2.2 对比式教学

不同于沉浸式教学更加强调感觉感知感受，对比式教学虽然也利用了身体“六识”，即眼耳鼻舌身意，但更重视比较，即利用不同的酒店装饰设计风格、实例让学生进行比较，感受不同色彩环境的差异。对比式教学同样利用了感受，但更具有复盘、总结和归纳的属性。对比式教学应侧重于在课堂等某一特定地点进行，通过将实际接触、实习甚至入住的酒店进行比较，感受不同酒店的色彩设计灵感及其带给人的感受和差异性，思考差异的原因、特点及规律，并力图让学生总结、发现和形成属于自己的“酒店色彩设计哲学”。以下是不同地域和风格的酒店装饰色彩设计实例(见图2至图7)。

通过不同酒店的对比，可以让学生直观感受和了解不同酒店的设计风格和视觉效果，进而让学生体会甚至理解这些不同风格酒店的美学特点及魅力。如图1与图6、图7的成都青城山酒店具有某种相似性，均以绿色为基底，并用木色和绿色进行调和，两种色彩都是自然中常见的颜色，但二者不同的色彩比例又营造出全然不同的视觉感受："六善"更热闹，富于生活气息；而"书香 Aroma"意境更幽远、淡雅。再如图3"花间堂"，用大面积的漆光黑色与白色对比，再用一点红色衬托出"花"的"闹"和"浓重艳丽"。图4和图5为典型现代化的酒店色彩设计，但悦榕庄酒店因使用红、金黄两色而更显富丽堂皇。

对比和感受都是认识色彩的工具，对比式教学让感觉更强烈更有对比性，正如酒店室内与建筑空间的色彩设计需要对比一般[5]。感受式的沉浸体验将色彩设计深入融合进学生体内，而对比则将诸多感受进行融合、创新、生成，通过不断认识、清晰地感受，将固定的色彩感受不断推翻、融合，可以启动学生的色彩性灵，从而激发学生的酒店设计灵感，实现感受设计到创作设计的突破。

图2　成都青城山六善酒店

图3　苏州探花府花间堂酒店

图4　重庆北碚悦榕庄酒店

图5　深圳中洲万豪酒店

图6　成都青城山书香 Aroma 酒店

图7　成都青城山书香 Aroma 酒店

3 结语

酒店装饰设计是人内心秩序感的体现，色彩运用是营造酒店“小世界”环境，为遁出日常生活的人士创造美好体验的基本实现方式。高校酒店装饰设计教学应遵循色彩、设计的种种原则，尊重人的内心秩序与情感需求，通过体验、沉浸、感受和比较等要素，实现教学目的。

参考文献

[1] 吴静. 色彩在高校酒店装饰设计教学改革中的应用研究[J]. 流行色，2021(10)：86-87.

[2] 危学敏. 基于人文情怀的民宿酒店色彩设计分析[J]. 中国建筑装饰装修，2022(8)：146-148.

[3] 李梦迪. 新中式度假酒店客房空间色彩配色的应用研究[D]. 长沙：中南林业科技大学，2021.

[4] 刘欣. “色彩设计与人文情怀”——民宿酒店设计[J]. 艺术家，2020(3)：83.

[5] 杨淘，姚山. 基于本土化理念的室内设计手法研究——以西安君悦酒店设计为例[J]. 家具与室内装饰，2021(2)：107-109.

宏观经济学课程线上线下混合式教学探究

肖　静

（湖南应用技术学院 经济管理学院 湖南 常德 415000）

摘要：信息技术的进步使教育界重新思考知识的传递路径问题，在近几年的高校教学探索中，线上线下混合式教学成为宏观经济学课程教学的重要教改方向。本研究通过文献分析与教学实践研究，发现宏观经济学的混合式教学模式具有广泛应用的必要性，认为通过建设平衡的线上线下教学体系、拆解教学内容、加强教学设计、构建混合式教学配套评价机制等措施可以很好地解决线上线下混合式教学过程中存在的问题，对于促进民办本科院校宏观经济学课程线上线下混合式教学的发展具有重要的指导意义。

关键词：民办本科；宏观经济学；线上线下；混合式教学

1　引言

近年来，随着信息技术的快速发展和互联网的普及，线上线下混合式教学成为一种备受关注的教学模式。特别是在宏观经济学课程中，线上线下混合式教学为学生提供了更加灵活、个性化的学习方式。然而，目前对于宏观经济学课程线上线下混合式教学的研究还相对较少。本文旨在探究宏观经济学课程线上线下混合式教学的应用和问题，提出相应的解决对策，并通过对相关文献分析综述和实践研究，发现线上线下混合式教学在宏观经济学课程中的应用价值与改进方向。

2　线上线下混合式教学概述

线上线下混合式教学是一种综合了线上授课和线下授课的教学模式。学生可以通过线上平台碎片化地学习基础的概念与理论，同时在线下课堂查漏补缺，对重点、难点进行深入学习。它结合了面对面授课和网络教学的优势，具有灵活性和便利性、个性化学习和自主学习、教学资源的多样性和丰富性、互动性和合作学习等特点。随着信息技术的进步，学习者对于个性化学习和实践性学习的需求不断增加，而混合式教学线下部分具有较强互动性和实践性，线上部分则提供了灵活性和个性化学习的机会。此外，线上线下混合式教学也是对于教育改革和创新的一种尝试，可以通过技术手段提升教学效果，适应现代学生学习的需求[1]。

3　线上线下混合式教学应用的必要性

宏观经济学课程涉及的内容多、知识点抽象，传统的线下教学和单纯的线上教学都无法很好地满足宏观经济学的教学需求。首先，线上线下混合式教学作为一种新型的教学模式，可以提供更加多样化和丰富的学习资源。在线上平台，教师可以上传教学视频、教学文档、网络课程等多种学习资源；学生可以根据自己的需要，自主选择学习内容和学习节奏，丰富了学习的形式和内容，促进了学科知识的全面掌握。其次，线上线下混合式教学可以打破时间和空间的限制。学生可以根据自己的时间和地点选择学习，不再受固定的学习时间和地点的束缚。在线下教学活动中，教师可以根据学生的实际情况进行面对面互动和实践教学，提供更好的学习体验[2]。再次，线上线下混合式教学可以提高学习效率。通过线上平台的自主学习，学生可以根据自己的学习进度和能力水平进行学习，避免了传统教学中的个别学生进度过快或过慢的问题。同时，线下教学可以进行更加具有实践性和互动性的教学活动，提供更好的学习体验。此外，线上线下混合式教学可以提供个性化的学习方案。在线上平台，教师可以根据学生的学习情况和兴趣爱好，提供个性化的学习内容和学习路径。学生可以根据自己的学习需求和兴趣进行学习，提高学习的质量和效率。最后，线上线下混合式教学可以激发学生的学习主动性和创造性。通过线上线下混合式教学，学生可以更加主动地参与到学习中，自主选择学习内容，并根据自己的需求进行学习。同时，通过线下教学的互动和实践活动，学生可以参与到学习过程中，发挥自己的创造力和提高思维能力。

4 宏观经济学课程线上线下混合式教学现状

目前很多高校在宏观经济学课程上采用了线上线下混合的方式进行教学。在线上线下混合式教学中，高校通常会将教学内容和资源整合到在线平台上，学生可以在平台上获取课件、教学视频、仿真模拟等学习资源，进行自主学习；同时可以通过在线讨论、互动答疑等方式与教师和同学进行交流和互动。而在线下教学中，教师会组织面对面的授课和讨论，进行实践操作和案例分析等活动，以提供更加具有互动性和实践性的教学体验。线上线下混合式教学的开展情况有以下几个方面：首先，高校普遍建立了在线学习平台，提供丰富的学习资源和教学工具，以支持学生的自主学习和课程实践。其次，教师在教学设计和教学策略上加大了对线上教学的整合和应用，通过在线平台布置作业、测验和进行论坛讨论等，并提供多样化的评估和互动方式。再次，教师通过线下教学活动加强了与学生的互动和实践，例如组织案例分析、模拟实验、小组讨论等，以培养学生分析和解决问题的能力。最后，高校还加强了对教师和学生的培训和支持，以提高他们在线上线下混合式教学中的教学和学习效率[3]。

5 宏观经济学课程线上线下混合式教学问题分析

5.1 重视线下教学，轻视线上教学

在宏观经济学课程的线上线下混合式教学中，出现重视线下教学、轻视线上教学的问题，具体表现为资源分配不均、线上学习指导不足、互动和合作受限以及实践感知欠缺。教师可能倾向于将更多的资源投入到线下教学中，将线上教育视为次要的辅助手段，导致线下

教学资源丰富、线上学习资源不足。学生也无法充分利用线上平台提供的丰富学习资源，限制了他们的学习效果和学习体验。同时，学生在线上学习时，可能面临学习方向不明确、学习计划混乱的问题。教师对线上学习缺乏指导和支持，导致学生缺乏对自主学习能力的培养，无法有效利用线上学习平台进行深入学习。此外，线下教学往往强调面对面的互动与合作，而线上教育更注重学生之间的在线互动和合作。然而，教师往往出于传统教学惯性，只重视线下教学，而忽视线上互动和合作的重要性，限制了学生在线上平台进行交流和合作的机会[4]。

5.2 重视教学形式，轻视教学内容

线上线下混合式教学的各个阶段相互关联，以线上为基础、线下为延伸，两者相辅相成，形成了完整的学习链。在这个过程中，学生既要掌握知识，还要学会运用知识。混合学习的内容以多种途径进行传授，这对学习工具的使用、学习方式的适应都具有很高的要求。学生不仅要获取碎片化学习内容，而且要构建学科知识体系。因此在混合式教学过程中，教师的重要教学任务不仅是将分散的知识点传授给学生，也要将知识点连接成一条线，形成一个完整的学科知识框架，用以解决实际问题。但是混合式教学包括线上和线下两部分，教师们在使用过程中往往只机械地把各部分教学内容通过线上线下的形式呈现，对于教学内容的内化、教学环节的设计不够，从而导致学习效果大打折扣。此外，宏观经济学课程教学内容多、任务重，如何在较少的线下课时中实实在在地完成教学任务也是教师面临的重大考验。

5.3 重视教学进度，轻视教学评价

首先，在线上线下混合式教学中，教师通常按照既定的教学计划和时间表进行授课，以确保按时完成课程内容。因此，教学进度成为重中之重，而教学评价的角度和时间往往被忽视。其次，评价方式单一且缺乏个性化。在线上课程中，教师通常会采用书面作业、在线测验等形式进行评价，这些评价方式往往单一且不能全面反映学生的学习效果和理解水平。此外，由于无法面对面地进行互动和讨论，教师也难以全面了解每个学生的学习情况和特点，无法针对个体学生的差异性进行个性化的评价和指导。此外，评价重点偏向知识记忆而非能力培养。线上课程的评价往往侧重于学生对知识点的记忆和理解，缺乏对学生实际能力的评价。宏观经济学是一门应用性较强的学科，仅仅依靠书面作业和在线测验来评价学生的掌握程度和应用能力是不够全面和恰当的。

6 宏观经济学课程线上线下混合式教学优化对策

6.1 建设平衡的线上线下教学体系

首先，教师可以根据课程进度和内容要求，在线下课堂上进行重点知识的讲解和探讨，鼓励学生提问和参与，而将一些可自主学习的知识点，如宏观经济学的基础概念的介绍和案例分析等，放在线上平台上进行教学。通过线上线下教学相结合，教师可以确保学生对知识的全面掌握和理解。其次，教师可以整合线上线下教学资源，为学生提供多样化的学习资源和渠道。例如，在线上平台上提供教材电子版和教学课件的下载、学习视频的观看等。通过

这些资源的整合，学生可以更方便地进行学习，丰富自己的知识来源和学习方式。此外，教师还须提供线上线下相互支持的学习环境，以促进学生之间的合作和互动。教师可以设置在线讨论模块，鼓励学生分享和交流学习心得，提出问题和解答疑惑。同时，在线下课堂中也可以组织小组讨论和合作学习活动，让学生互相交流和学习。通过这种相互支持的学习环境，学生可以更好地理解和应用宏观经济学的知识[5]。

6.2 拆解教学内容，加强教学设计

为了达到预期的学习效果，在宏观经济学混合式教学中，教师应该拆解教学内容、加强教学设计。如果不充实授课内容、提高所授内容的理论思想魅力，那么所有花样翻新的教学形式改革都达不到培养学生的创造性思维、引发学生的学习兴趣、提高课堂教学质量这一目标[6]。在宏观经济学教学中，教师必须分析课程中知识点的特征，研究知识点之间的内在联系，形成完整的知识链。根据知识点的重要性和难易程度，将线上部分教学内容、线下部分教学内容、教师讲授内容和学生自学内容精心梳理，合理分布，融合成环环相扣的双线教学环节。同时，教学设计还体现在教学方法的选择上，教师应该根据每章节知识点的特征灵活地选取合适的教学方法；并且通过课前、课中、课后学生的反馈意见实时调整教学安排，既有推进也有反思，真正做到课堂教学的闭环。

6.3 构建混合式教学配套评价机制

构建混合式教学配套评价机制是为了全面、准确地评价学生在混合式教学环境下的学习表现和课程效果。教师可以开发多元化的评价工具，通过在线问卷调查、在线测验、作业、小组项目和论文等方式，综合考查学生的学习成果、分析和解决问题的能力以及对教学内容和资源的利用情况。同时，要考虑线上线下教学的差异，根据具体的课程设计和学习目标，制定适当的评价标准和指标，对学生的学习表现进行评估。跟踪学生的学习过程，通过在线学习平台的学习记录和互动数据，了解学生的学习活动和参与度，以及他们的学习习惯和进展情况。此外，及时反馈和改进教学是构建混合式教学评价机制的重要环节。教师可以通过在线答疑和辅导课程，回答学生的问题和解决他们的困惑。同时，通过定期的学习反馈和讨论活动，可以了解学生对教学内容和教学方法的看法，为教学改进提供依据，提高混合式教学的教学质量和效果[7]。

7 结语

综上所述，宏观经济学课程线上线下混合式教学是一种全新的教学模式，具有广阔的发展前景。该模式可以提高学生的学习效果和教学质量，让学生更好地掌握知识点，培养实践能力，同时也能提高教师的教学水平。教师要坚持以学生为本，增加师生交流，通过积极构建混合式教学配套评价机制等措施，不断提高学生的学习效果；同时，在实践中不断探索、总结经验和教训，完善线上线下混合式教学体系，以便更好地服务于教学和学习。

参考文献

[1] 裘莹.《宏观经济学》线上线下混合式"金课"的课程建设理论与路径研究[J].课程教育研究，2019(50)：26-27.

[2] 许敏兰.基于超星学习通平台的混合式教学实践——以宏观经济学为例[J].产业与科技论坛，2021，20(23)：181-183.

[3] 吕凤琴，唐宋元.宏观经济学线上线下混合教学模式探讨[J].科技创业月刊，2022，35(4)：126-129.

[4] 郑伟，张超龙，姚均阳，等.宏观经济学线上线下教学对比分析[J].科教导刊，2021(29)：106-108.

[5] 孙秀华，陈元清.线上线下教学融合体系的构建——以天津师范大学为例[J].山西青年，2023(6)：8-10.

[6] 石晶莹."理论经济学"教学方法改革之深层分析[J].教学与研究，2016(9)：96-103.

[7] 周瑛，张玉冰，王家兴.基于"三破三立"的线上线下混合教学模式探究——以"宏观经济学"课程为例[J].教育教学论坛，2023(21)：168-171.

应用型民办高校网络化教学的变革与探索

方玉萍

（湖南应用技术学院 经济管理学院 湖南 常德 415000）

摘要：本文主要探讨了应用型民办高校网络化教学的变革与探索。随着互联网、物联网、大数据等信息技术的快速发展，网络已经成为现代教育的重要工具，“互联网+教育”的深度融合也在教育领域得到了广泛应用。应用型民办高校作为我国高等教育体系中的重要组成部分，为促进学校高质量发展，也在积极探索网络化教学的模式与方法。本文通过对应用型民办高校网络化教学的现状进行分析，提出了推动教学改革的关键因素，包括教学内容的优化、教学方法的创新以及教师的专业发展等。最后，本文总结了应用型民办高校网络化教学的变革与探索面临的挑战，并提出了相应的应对策略。

关键词：应用型民办高校；网络化教学；教学改革

1 引言

随着互联网、物联网、大数据等信息技术的快速发展，网络已经成为现代教育的重要工具，“互联网+教育”的深度融合在教育领域也得到了广泛应用。应用型民办高校作为我国高等教育体系中的重要组成部分，也在积极探索网络化教学的模式与方法，以提高教学质量，培养适应社会需求的高素质人才。根据凯瑟琳·海尔斯的研究，当代青少年的注意力发生了“由深度注意力向超级注意力转变的跨代际变局”，而“超级注意力具有四个特征：迅速转移焦点，喜好多重信息，追求强刺激，对单调耐性极低”。在这种情况下，针对应用型民办高校自身的特点以及当代青年学生的学习方式和习惯，如何利用网络化技术优化应用型民办高校的教学效果成为亟须解决的问题。

2 应用型民办高校网络化教学的现状分析

2.1 网络化教学的优势

网络化教学可以提供更加灵活的学习方式，可以突破地域限制。网络化教学可以突破时间与空间限制。学习者利用碎片化时间，通过便携式电子设备进行自主学习，既拓展了教育教学的空间，又有效整合了碎片化时间，实现了时间利用的效益最大化[1]。学生可以根据自己的时间和地点安排自主学习，提高学习的自主性和主动性[2]。此外，网络化教学还能够提供更加丰富的教学资源和多样化的学习方式，增强学生的学习效果，因而更加契合了当代大学生的学习需求。

2.2 网络化教学在应用型民办高校中的推广情况

目前，应用型民办高校已经开始推广网络化教学。信息技术充分推动了教育的发展和改革，教育数字化、网络化、智能化、多媒体化的发展趋势向好[3]。一些学校搭建了在线教学平台，如学习通、翻转课堂、智慧树等，提供在线教学资源和学习支持，学生则可以通过互联网学习。此外，一些学校为了更好地进行课程教学，实现“互联网+教育”的充分融合，开设了网络课程。

3 推动应用型民办高校网络化教学改革的关键因素

要推动应用型民办高校网络化教学改革，需从思想重视、政策支持、教师培训、教学改革等方面入手。第一，思想重视。学校领导应从思想上重视网络化教学，充分认识到网络化教学对于提高教学质量、促进教育公平的重要作用，并积极推动网络化教学的改革。第二，政策支持。学校应制定相应的政策，为网络化教学的改革提供支持，如提供资金、技术支持、教师培训等。第三，教师培训。学校应加强对教师的培训，提高教师的网络化教学能力[4]，使其能够更好地运用网络化教学工具和方法，让他们能够更好地适应网络化教学环境，提高教学质量。第四，资源建设。应用型民办高校需要优化教学内容，开发多样化的学习资源，提供个性化的学习体验。学校应加强教学资源建设，包括网络课程、教学平台、教学资源库等，为网络化教学提供必要的支持[5]。第五，教学改革。学校应积极推动网络化教学改革，探索适合本校的教学模式和教学方法，如翻转课堂、MOOC、SPOC 等，以提高教学质量。教学方法也需要进行创新，引入案例教学、互动式教学等方法，以增加学生的参与度和实践能力。第六，评价机制。学校应建立相应的评价机制，对网络化教学的效果进行评估，及时发现问题并加以改进。以上几点是推动应用型民办高校网络化教学改革的关键因素，只有全面推进这些方面的改革，才能更好地实现网络化教学的目标。

4 应用型民办高校网络化教学的变革与探索面临的挑战与采取的对策

4.1 面临的挑战

4.1.1 技术支持不足

网络化教学需要良好的技术支持，包括教学平台的建设和维护、网络教学资源的开发和管理等。然而，应用型民办高校在技术支持方面存在不足，导致网络化教学的推广和实施受到限制。此外，技术支持不足还导致了教学资源受限。教学资源的建设还不够完善，缺乏多样化的学习资源，限制了学生的学习体验。同时，教学资源的建设需要大量的投入和支持，尤其需要加大资金和技术的投入[6]。专用资金短缺也成为技术支持的一大重要影响因素。

4.1.2 师资队伍建设不足

网络化教学需要相应的师资队伍来进行教学设计和指导。然而，应用型民办高校在师资队伍建设方面存在不足。

(1)缺乏专业教师

网络化教学改革的实施需要专业的教师团队来推动。然而，一些学校可能缺乏具备网络化教学知识和技能的专业教师，导致网络化教学改革的推进受到限制。

(2)教师技术能力不足

网络化教学需要教师具备一定的技术能力，例如如何使用网络教学平台、如何制作网络课程等。如果教师缺乏这些技能，他们就可能无法有效地实施网络化教学改革。

(3)教师角色转变

网络化教学改革要求教师从传统的知识传授者转变为学习环境的构建者和支持者。这意味着教师需要具备更广泛的能力，包括课程设计、学习支持、问题解决等能力。如果教师没有完成这种角色转变，就无法有效地实施网络化教学改革。

4.1.3 学生个性鲜明

建构主义理论的核心理念是“以学生为中心”，这种理念颠覆了传统的教学模式，将学习的主动权从教师手中转移到了学生手中，结合学生自身的学习情况和知识的掌握程度给学生进行个性化的设计，从而让学生更好地学习[7]。网络化教学给这种模式带来了一条新的“生存之道”，但也受限于学生的实际情况。作为互联网原住民，新青年和过去的年轻人相比，有了翻天覆地的变化。互联网的快速发展为高校学生提供了更多的学习资源和途径，使学生可以通过网络获取各种学习资料，并根据自己的需求和兴趣进行选择。同时，学生的学习习惯和学习方式也需要适应网络化教学的特点。

4.2 采取的对策

4.2.1 加强技术支持

应用型民办高校应加强对教学平台的建设和维护，提供稳定可靠的网络教学环境。同时，需要加大对技术支持人员的培训和引进，提高技术支持能力。学校可以设立专门的网络化教学改革工作组或团队，负责提供教师培训和技术支持，包括在线课程、教学资源、教学策略等。此外，学校还可以通过与教育技术公司合作，获取更专业的技术支持和培训资源。

4.2.2 加强师资队伍建设

应用型民办高校应加大对教师的培训力度，提高教师的网络教学能力。可以通过引进专业的网络教学人才、开展培训课程等方式来加强师资队伍建设。首先，招聘和培养专业教师。学校可以招聘具备网络化教学知识和技能的专业教师，或者为现有教师提供培训和支持，帮助他们掌握这些技能。其次，提高教师的技术能力。学校可以提供在线课程、研讨会、工作坊等培训资源，帮助教师掌握网络化教学的技术和方法。最后，推动教师的角色转变。学校可以组织教学研讨会、培训课程等，帮助教师理解新的教学理念和角色转变的重要性，并提供相关的支持。

4.2.3 促进个性化教学

进行线上线下混合式教学，推广个性化教学。线上线下混合式教学，可以让学生在线选择自己喜欢的课程。学生进行线上的自主学习与学生的主观能动性也有着密切的关系。线上线下相结合的方式能够将学生的主体地位充分地体现出来，使教师评价学生的方式也变得多样。教师可以给学生做出评价，学生也可以进行自评，这样做能够让学生全面地了解自己的学习情况。此外，线上线下混合式教学可以通过在线平台收集学生的学习数据，根据数据分析和评论的结果实现个性化教学。

5 结论

应用型民办高校网络化教学的变革与探索是适应时代发展的需要，也是提高教学质量的重要途径。在推动网络化教学改革的过程中，应用型民办高校需要加强技术支持和师资队伍建设，采用线上线下混合式教学模式，促进个性化教学。

参考文献

[1] 王月华，鞠晓红，王瑶，等. 网络化教学模式应用于高校教学的 SWOT 分析[J]. 吉林医药学院学报，2021，42(6)：458-459.

[2] 张智勇. 大学生网络学习效能的评价指标体系构建研究[D]. 宁波：宁波大学，2015.

[3] 傅旭，朱长新. 基于智能管理理念下高校教育路径的数字化、网络化、智能化、多元化[J]. 黑龙江教师发展学院学报，2023，42(7)：8-11.

[4] 王明志. 新时代高职教育协同治理的内涵、重点及策略[J]. 成人教育，2023，43(9)：89-93.

[5] 巴思淳，张群. 我国数字化教育资源研究现状及发展对策研究[J]. 软件导刊，2023，22(10)：225-236.

[6] 郭德华. 流媒体技术在现代远程教育中的应用探讨[J]. 青海大学学报(自然科学版)，2004(5)：85-86.

[7] 赵金蕊. "智能互动"教学模式对高校教育的影响及反思[J]. 高教学刊，2021，7(27)：103-106.

“基础会计”理论课程教育教学方法探讨

唐颖文

（湖南应用技术学院 经济管理学院 湖南 常德 415000）

摘要：随着时代的发展，社会对会计人员提出了更高的要求，本科会计教学是培养会计人才中尤为关键的一环，教学方法在很大程度上会影响教学效果。本文探讨了六个教学方法：展现亲和力；关注学科前沿；使用案例教学法，理论与实践相结合；灵活使用多种教学方法；优化表达方式；增加学习渠道。旨在有效激发学生的学习兴趣、提升教学效率、优化教学效果、增强学生能力。

关键词：基础会计；教育；教学方法

1 引言

近年来，我国经济迈入高质量发展阶段，“大智移云”等新兴技术的发展风起云涌，各行各业的变化越来越快，会计知识的更新也越来越快，会计人员面临的工作越来越多样化、复杂化，社会对会计人员也提出了更高的要求。本科会计专业作为我国财务人员培养的重要土壤，肩负着为国家培养高素质、能满足社会需求的会计人才的责任。培养会计人才是一个长时间、多环节、系统性的过程，其中会计专业课堂是尤为基础性、关键性的一环，教学方法会很大程度上影响教学效果。在如今的社会背景下，如果仍然延续传统的教学模式，即以教师讲解、学生练习为主，那么学生走上工作岗位后处理具体问题的能力就会欠缺，很难在当前时代拥有核心竞争力。因此，学习、探究优秀教学方法并使本科会计课堂的教学效率更高、教学效果更优、学生素质更高，是教师必须做的事。

2 教学方法探讨

基础会计学是财会专业的必修课，也是学习中级财务会计、高级会计、财务管理等课程的基础，授课对象往往是刚开始接触专业课的低年级大学生。基础会计学本身学习难度并不大，但是由于涉及许多专业术语、概念、理论，容易让初学者感到抽象、枯燥，如果不注意教学方法的话很容易让学生产生厌学情绪。因此，激发学生的学习热情、让学生对会计专业产生兴趣尤为重要，以下便是一些关于基础会计理论教学方法的探讨。

2.1 展现亲和力

一个有亲和力的教师更受学生欢迎和喜爱，其课堂更能吸引学生，学生也会更配合其课堂教学。因此，教师应该首先发自内心地关爱自己的学生，向他们付出自己真挚的爱与温暖，这份爱与温暖会自然而然地传达给学生，从而拉近教师和学生的距离，促进师生间的情感交流。其次，教师要注意平时的教姿教态，在教室里面带微笑，讲课时不要只顾刻板传授知识，不要用说教的语气和学生沟通交流，要注意倾听和感受学生的反馈，不要一味灌输，要在课堂上根据学生的眼神或表情反馈灵活调整自己的讲课节奏和讲课方式，以免出现学生跟不上的情况。除此之外，教师对学生的关怀也不应该仅仅限于课堂之上。在课间或者课后，教师也可以多多与学生沟通交流，了解他们对于课堂的感受、有没有什么建议和想法，或者和他们聊聊业余生活、兴趣爱好等，让教师与学生的关系不仅仅只是知识的传授者与被传授者的关系。学生在感受到教师的尊重、关怀和温暖之后更容易对教师产生敬重、信任和喜爱之情。这能大大增强学生对课堂学习的兴趣和内驱动力。如果教师与学生之间没有任何情感交流，就会大大降低课堂对学生的吸引力和学生对教师的信任感，这样是不利于教学效果的。

2.2 关注学科前沿

要提高本科会计专业课堂教学质量，教师应当高度关注会计学科与会计业界所发生的各种热点问题，使之具有时代感和现实感。会计准则会不断更新，会计知识也在不断变化，会计学教师必须紧跟会计学前沿知识，及时更新自己的知识体系，而不应该对着教材照本宣科。因为教材以及一些资料上的内容都具有一定滞后性，不见得是会计领域的最新知识，过去的方法放到现在甚至可能是完全错误的。因此，教师应该对教材上过时的内容向学生做出说明，补充新的理念、新的观点、新的会计处理方式。如果教师一直故步自封，不去了解会计学科的最新发展、会计准则的最新变化，对真正体现和反映新时代会计精神的新理论、新观点、新成果老是采取视而不见、充耳不闻、闭口不讲的回避态度，就会导致自己的专业水平得不到提升，向学生教授的知识是过时的，甚至可能会误导学生，对学生的学习效果产生极其不利的影响，久而久之，便会逐渐失去学生的信任。

2.3 使用案例教学法，理论与实践相结合

在教学实践的过程中，教师在课堂中引入学生有所耳闻的热点事件，不仅能提升学生的课堂兴趣、课堂专注度，还能让学生更直观地理解教学内容，也有利于师生紧跟时事热点和学科前沿，这是一种非常好的教学方法。案例教学法可以用在教学的多个环节。比如，将它用于课程导入环节，可以让学生更直观地体会到我们所学的知识能在什么情况下发挥作用和能解决什么样的问题，能激发学生的好奇心和学习的热情；用于知识讲授环节，可以让学生进一步掌握所学内容，增强对知识的运用能力；用于作业环节，能启发学生思考、巩固所学知识，提升学生的综合分析能力。在进行案例教学时，可按照以下步骤进行：首先，教师提前准备好案例、相关问题以及相关资料供学生阅读、思考，应尽可能选取最新的、与课程内容贴近的、有思考深度和讨论空间的案例。接着，引导学生进行自主思考并查阅相关资料，形成自己对现象的见解，提升他们的思维能力、信息搜集能力。再组织学生在课堂上进行小组讨论，各抒己见，在不同思维和观点的碰撞中进一步思考，相互沟通交流、取长补短，最终以小组为单位形成相对完善的结论，提升学生的沟通能力、合作能力、分析能力。然后，让各小组上台进行成果展示，可以以 PPT、视频、案例报告等形式展示讨论结果，提升学生的表达能力。最后，进行进一步的讲解和总结，切实增强学生对知识的掌握程度和应用能力。

2.4 灵活使用多种教学方法，提升学习效率，优化学习效果

单一的教学方法容易使课堂显得单调，教师灵活使用多种教学方法不仅可以提升课堂吸引力，还能帮助学生更好地学习、掌握知识，有利于对学生综合素质的培养。教师在教学过程中，可以在不同情况下灵活采用以下教学方法：①比较分析法。比较分析法是把客观事物加以比较，以达到认识事物的本质和规律并做出正确的评价的一种认知或研究方法。这种方法对会计学科尤其适用。教师可以通过横向对比不同的会计处理加深学生对知识点的理解，比如短期借款和长期借款的区别与联系、固定资产和在建工程的区别与联系、材料采购和在途物资的区别与联系、成本与费用之间的区别与联系等，有效防止学生对知识点混淆不清。②资料查询法。资料查询法是强调教师在教学环节中针对某个知识点引导学生自己去查阅资料形成观点的教学方法。会计信息处于不断发展和变化之中，教师要做的不仅仅是教授学生如何进行会计处理，更重要的是要让学生具备自己查阅资料、长久学习、不断更新自己知识体系的能力。同时，让学生学会资料查询也有利于他们对知识的掌握、学习视野的开拓。比如，学生可以自行查找阅读上市公司财务报表、看看真实的会计凭证，拓宽课堂的外延。

2.5 优化表达方式

教师可以优化自己的表达方式。①尽量采用风趣幽默、深入浅出的语言和表达。会计知识相对来说比较枯燥，如果只是按照教材照本宣科，很容易使学生丧失学习的兴趣。教师不妨使用幽默风趣、生动形象的语言，使一个个枯燥的账目处理形象化、场景化，使复杂的业务简单化。这样既能增强课堂的吸引力，使课堂氛围更加活泼；又能让学生更好地理解知识，防止产生畏难情绪。②采用引导式教学。引导式教学可以激发学生的好奇心和学习兴趣，有利于学生的思维跟紧教师的思路，培养学生的逻辑思维能力，也有利于学生对知识的理解和在脑海中建立知识体系。引导式教学可用于教学的各个环节，在教学引入阶段，教师可以通过提出问题引发学生的思考，进而通过解决问题的方式自然地引出本堂课的新授内容，让学生直观地感受到所学的知识能解决什么样的问题，增强学习的价值感、成就感、责任感；在知识讲授阶段，不同于传统的知识平铺直叙，教师可以通过引导带动学生的思维，不仅让学生理解，也让学生认可为什么要这样进行会计处理；在课后巩固阶段，教师可以通过课程论文的形式引导学生发现问题、解决问题，并通过查阅文献数据等，加深对某一领域知识的了解。③利用图表辅助表达。在基础会计学教学中，教师可以在多个环节中利用图表进行讲授。比如，讲授会计凭证、账簿和会计报表等相关章节时，可以给学生展示真实的或者学生在日常生活中接触过的会计凭证和账簿，以及学生比较熟悉且感兴趣的企业的财务报表，而不是只讲解教材中的模板，让学生有更真实的感知；在讲解企业账务处理流程时，可以通过画示意图，使学生直观地看到各步骤间的关系，建立整体观念，形成知识链条；对于账务处理比较复杂的经济业务，比如制造费用的归集和分配、本年利润的核算等，可以用“T”字形账户和箭头进行演示，明确其核算内容及与对应账户之间的关系。

2.6 增加学习渠道

大学阶段的学习不同于高中阶段，要给学生进行自主学习的空间和资源，帮助学生拓宽视野、与时俱进。对于一些无须教师分析讲授的阅读性内容，比如热点事件、企业案例、知

名会计人物、会计历史等，教师可以直接通过微信公众号、微博等方式上传学习资源供学生自行阅览。对于会计准则、财税政策等处于不断变化中的内容，教师要给学生提供或者推荐相应的动态学习平台，使学生掌握的知识不断更新。对于迫于课时压力无法为学生一一讲授的内容，教师可以将相关课程的视频资源放在线上平台供学生自主学习，使线上线下齐发力，给学生提供优质、丰富的学习渠道和资源。

3 结语

时代和社会对高校教师的自身素质以及高校课堂的教学质量提出了越来越高的要求。作为教师，我们要保持学习、保持进步、与时俱进，不断提升自己的专业水平、表达能力、教学知识，让课堂更加生动形象，让学生学有所成，给社会输注高质量人才。当然，高校教学仍有许多改进空间，还有很多问题和矛盾需要高校教育工作者进行思考、讨论、改进，我们仍需努力。

参考文献

[1] 杨燃. 会计专业课堂教学方法改革理论思考[J]. 财会通讯，2014(27)：14-16.

[2] 张春颖，张兴东. 高校会计学专业教学方法的设计[J]. 教育与职业，2014(2)：151-152.

[3] 许燕. 基于职业能力培养的基础会计教学方法的改进[J]. 山西财经大学学报，2013，35(S3)：71-75+85.

[4] 肖丽. 学习方式对会计教学方法选择影响[J]. 财会通讯，2011(31)：43-44.

[5] 梁飞媛. 教学方法的思变[J]. 教育学术月刊，2011(9)：105-107.

数智化发展背景下国际物流学课程教学模式创新研究

关　文

（湖南应用技术学院 经济管理学院 湖南 常德 415000）

摘要：本研究针对数智化发展背景下国际物流学课程的教学模式进行了深入研究，旨在探索如何创新教学模式以适应数字化发展的需求。首先，通过分析数智化发展对物流教育的影响和挑战，以及当前教学模式的优势和不足，提出了对课程目标、教学内容、教学方法以及教学资源和环境进行创新的建议。其次，提出了针对数智化发展的“国际物流”课程教学模式创新实践方法，包括实践设计与准备、实践过程和方法、实践效果和评估。最后，对未来的研究方向和展望进行了探讨。本研究可为物流教育的持续发展提供理论指导和实践经验。

关键词：数智化发展；国际物流学；教学模式；创新

1　引言

1.1　研究背景

随着数智化的快速发展，物流行业正面临前所未有的变革和挑战。作为涉及物流管理、国际贸易、供应链等多个领域的跨学科科目，国际物流学的教学也需要适应这一转变，培养具备数智化背景的专业人才。然而，现有的国际物流学课程教学模式存在一些问题和不足，不能满足新时代的需求。因此，本研究旨在探索如何在数智化发展背景下创新国际物流学课程教学模式，以提高学生的学习效果和应用能力。

1.2　研究目标

本研究的主要目标是探索如何在数智化发展背景下创新“国际物流”课程的教学模式。具体而言，本研究将通过对现有教学模式的分析和评估，提出一个适应数智化发展的教学模式，以满足学生对国际物流知识的需求，并提高他们的学习效果和应用能力。同时，本研究还将探索如何利用人工智能和大数据分析等数智化技术和工具来支持和推动“国际物流”课程的教学。通过实现研究目标，本研究可为“国际物流”课程教学模式的创新提供理论和实践指导，为教育部门和实践领域提供借鉴。

1.3　研究意义

国际物流研究作为一个重要的学科，对于培养具备数智化背景的物流行业专业人才具有重要意义。然而，当前国际物流学课程的教学模式仍存在一些问题和不足，需要进行创新。本研究旨在探索在数智化发展的背景下创新国际物流学课程的教学模式，以增加学生的学习成果和应对物流行业的挑战。通过对国际物流学课程教学模式的研究，可以为物流专业人才的发展提供理论指导和实践经验，促进物流行业的可持续发展。

2 数智化发展对物流教育的影响

2.1 数智化发展概述

随着科技的快速发展，数智化技术逐渐渗透到包括物流行业在内的各个领域。数智化给物流行业带来了前所未有的变化，也对物流教育产生了极大的影响。在这个过程中，物流教学的教学模式、内容和资源的变化为物流教育带来了新的挑战和机遇。为了更好地应对这些挑战和机遇，本研究旨在探索数智化发展对物流教育的影响，并提出相应的策略。

2.2 数智化对物流教育的影响

数智化技术的广泛应用对物流教育产生了深远的影响。首先，数智化技术的应用使得物流教育更加具有实践性。学生可以通过仿真软件、虚拟实验等方式进行实践，提高实际操作能力和问题解决能力。这种教学方法更符合当前社会对人才的需求，可以更好地培养学生的实践能力和创新精神。

其次，数智化技术的应用使物流教育更加灵活和个性化。学生可以根据自己的学习进度和兴趣选择不同的学习路径和资源，提高学习效果和兴趣。这种个性化的教学方法更能满足学生的需求，增强学习动力和主动性。

此外，数智化技术的应用可以提供丰富的实时数据和案例，帮助学生更好地理解和应用物流知识。这种教学方法更符合当前社会的需求，有利于培养学生的应用和实际能力。

在物流学科教学模式创新方面，数智化发展也给传统面对面教学模式带来了改变。可以采用在线教学和远程学习的方式，打破时间和空间的限制，增强教学的灵活性和效率。同时，数智化技术的应用还可以通过在线讨论、团队项目等促进师生之间的互动和合作，培养学生的团队协作和创新能力。

总之，数智化发展对物流教育的影响是多方面的。它不仅增强了教学的实践性和个性化，还促进了教学模式的创新和教学效果的提高。然而，数智化也给物流教育带来了挑战。

2.3 数智化对物流教育的挑战

随着数智化技术的不断发展，物流行业正在经历前所未有的变化。在这个过程中，物流行业的快速发展和技术的不断进步对物流教育提出了新的挑战。首先，教师需要不断更新教学内容和方法，以满足数智化发展的需求。这要求教师具备较高的专业素养和敏锐的行业洞察力，能够及时把握最新的数智化技术和行业动态，并将其纳入教学中。其次，学生需要具备一定的数智化技术应用能力，以更好地参与物流教育。这就要求学生具备计算机技能、互联网思维、数据分析能力等。此外，数智化技术应用还需要解决技术和安全问题，以确保教学的顺利进行，如在线平台的稳定性和安全性、学生在线学习的有效性等。

3 国际物流学课程教学模式现状分析

对当前国际物流学课程的教学模式进行分析，旨在了解其优势和弱点，并为创新教学模式提供参考。下面将从课程目标和内容、教学方法和工具、教学资源和环境三个方面进行详细分析。

3.1 课程目标和内容

“国际物流”课程的目标是培养学生掌握国际物流理论和实践知识的基础，使他们能够从事国际物流领域的相关工作。课程内容主要包括国际物流的基本概念和原理、国际物流的组织和管理、国际物流的运输和仓储以及信息技术在国际物流中的应用。通过这门课程，学生可以全面理解国际物流的基本理论和实践，并将自己的知识应用于解决实际问题。同时，课程还注重培养学生的实践能力和创新思维。通过案例分析和实际操作等方法，学生可以熟练运用自己的知识解决实际问题并提出创新解决方案。

3.2 教学方法和工具

在数智化背景下，“国际物流”课程的教学方法和工具也需要创新和调整。传统的教学方法已经无法满足学生对实践能力和创新思维的需求。因此，本文将着重分析当前“国际物流”课程的教学方法和工具。

首先，在教学方法方面，传统的课堂讲授已经难以满足学生的学习需求。因此，可以引入案例教学、问题导向教学和团队学习等方法。通过案例教学，学生可以将理论知识与实际问题相结合，提高解决问题的能力。问题导向教学可以激发学生的思考和创新能力，培养他们解决问题的能力。团队学习可以培养学生的协作和团队合作能力，提高他们的综合能力。

其次，在教学工具方面，可以利用现代技术进行教学辅助。例如，可以利用多媒体教学、在线学习和虚拟模拟实验等方式。多媒体教学可以用生动形象的方式呈现知识，有利于学生理解和掌握。在线学习可以提供更多的学习资源和交流平台，方便学生学习和讨论。虚拟模拟实验可以模拟真实的物流环境和操作，让学生在虚拟环境中实践，提高他们的实践能力。

综上所述，我们需要对“国际物流”课程的教学方法和工具进行创新和调整。通过引入案例教学、问题导向教学和团队学习等方法，以及利用多媒体教学、在线学习和虚拟模拟实验等工具，可以提升学生的实践能力和创新思维，并满足数智化发展的需求。

3.3 教学资源和环境

在数智化背景下，国际物流学课程的教学模式需要充分利用现有的教学资源和环境，提高学生的学习成果和实践能力。首先，在教学资源方面，可以利用现代教学设备和技术，如多媒体教室、电子白板和在线学习平台，提供更直观和吸引人的教学内容和案例分析。此外，也可以充分利用图书馆、实验室和实习基地，为学生提供更多的学习材料和实践机会。其次，在教学环境方面，可以组织实地考察和参观企业等活动，让学生亲身体验国际物流的实际操作流程，提升其实践和应用能力。此外，可以与企业和行业协会建立合作关系，邀请该领域的专业人员举办讲座和进行交流，为学生提供更多的实践经验和行业动态。通过充分利用教学资源和打造适宜的教学环境，国际物流学课程的教学模式可以更贴近现实，增强学生的学习兴趣和参与度，并培养他们的实践能力和创新思维，为他们未来的职业发展奠定坚实的基础。

4 数智化发展背景下国际物流学课程教学模式创新

随着数智化的快速发展，国际物流学课程的教学模式也需要适应时代的变化，进行创新和改进。下面将探讨如何调整教学目标、更新教学内容、创新教学方法，并利用新的教学技术和工具来整合和优化教学资源，以提高"国际物流"课程的教学效果，培养学生的综合素质和创新能力。

4.1 教学目标的调整

在数智化推动下，物流行业发生了巨大变化。因此，"国际物流"课程的教学目标应该具体明确，以培养学生所需的数字物流技能和知识。首先，教学目标应着重于学生对数字物流技术的理解和应用能力，如掌握物流信息系统的基本原理和应用方法。其次，应培养学生的创新思维和问题解决能力，使他们能够利用数字技术应对物流运营中的挑战。此外，还应将团队合作和沟通技巧的培养纳入教学目标，以提高学生的综合素质。

4.2 教学内容的更新

在教学内容方面，应根据数智化的趋势和需求，及时更新。首先，可以引入最新的研究成果和案例，使学生了解国际物流行业的最新发展和趋势。其次，应增加与数智化相关的内容，如物联网、大数据分析、人工智能等，以培养学生的数字思维和能力。此外，还可以引入供应链管理和电子商务等跨学科内容，拓宽学生的知识和视野。

4.3 教学方法的创新

在教学方法方面，应注重多样性和实用性的结合并进行创新。首先，可以引入以案例为基础的教学、以问题为基础的教学和团队学习等方法，以提高学生的实践能力和创新思维。例如，通过以案例为基础的教学，学生可以将理论知识与实际问题相结合，提高解决问题的能力。以问题为基础的教学可以激发学生的思维和创新能力。团队学习可以培养学生的协作和团队合作能力。其次，可以利用现代信息技术和虚拟仿真实验辅助教学。例如，多媒体教学可以帮助学生以更直观的方式理解和掌握知识；在线学习可以提供更多的学习资源和交流平台；虚拟仿真实验可以模拟真实的物流环境和操作，使学生在虚拟环境中进行实践，提高实际操作能力。

4.4 教学资源的整合和优化

在教学资源方面，应进行整合和优化。首先，可以利用图书馆、实验室和实习基地等资源，为学生提供更多的学习材料和实践机会。其次，可以与企业和行业协会合作，邀请该领域的专业人士举办讲座和进行交流，为学生提供更多的实践经验和行业动态信息。此外，还可以建立在线学习平台和虚拟实验室，增加学生的学习渠道和资源获取途径。

5 数智化发展背景下国际物流学课程教学模式创新实践

在数智化发展的背景下，创新和实践“国际物流”课程的教学模式是必不可少的。下面将重点介绍如何通过实践设计与准备、实践过程和方法以及实践效果和评估，将数字技术融入课程，提高教学质量，增强学生的综合能力。

5.1 实践设计与准备

在数智化发展的背景下，创新和实践国际物流学课程的教学模式需要进行细致的设计和准备。首先，明确实践活动的目标和原则。通过实践活动，可以培养学生的实际操作能力、问题解决能力和创新思维，为他们未来的职业发展做好准备。其次，确定实践的内容和方法。要将课程内容与行业需求结合起来，制订具体的实践计划，包括实践场景的选择、实践资源的整合以及实践任务的设定等。此外，充分的准备是必要的。教师需要接受相关培训，掌握数字技术的应用方法，并指导和培训学生，帮助他们理解实践的目的、任务和方法。

5.2 实践过程和方法

在实践过程中，需要采取一系列创新的方法和手段，以提高实践的效果。首先，可以利用物联网、云计算和大数据分析等先进信息技术和数据分析工具，让学生深入了解国际物流的实际运作。实时数据分析和决策支持能够提高学生的实际操作能力和问题解决能力。其次，可以采用案例教学方法，引导学生分析实际物流案例，提出解决方案并实施。这有助于培养学生的实际操作能力和创新思维。同时，组织学生参观物流公司或进行团队项目实践，可以使他们体验和了解物流行业的实际运作。在团队合作中，学生可以培养沟通、协调和团队合作能力。此外，邀请行业专家举办讲座或分享经验，可以帮助学生了解最新的行业趋势和发展。

5.3 实践效果和评估

评估国际物流学课程教学模式创新实践的效果至关重要。通过评估实践效果，可以了解学生对课程内容的掌握情况，以及他们综合素质和能力的提高情况。评估可以从多个角度进行，包括学生的考试成绩、学习动机和兴趣，以及实际应用能力的提高等。此外，通过问卷调查、面试和小组讨论等方法收集学生的反馈和建议，可以进一步改进和优化教学模式。教师可以通过学生的项目报告、案例分析和团队讨论等来评估他们的学习效果和实际能力。此外，结合行业专家的评估和建议，可以实现对实践教学体系的持续完善，提高教学质量。

通过在数智化发展的背景下创新实践国际物流学课程的教学模式，可以培养学生的实际操作能力和创新思维，提高教学的质量和效果。同时，还有助于提升学生的综合素质和职业发展能力，为未来的物流行业培养更多优秀的人才。

6 结论与展望

6.1 结论

本研究对于数智化发展背景下国际物流学课程的创新教学模式进行了深入研究，通过文献综述和实地调研相结合，得出如下结论：

首先，数字科技的发展对于国际物流学课程教学模式的创新有着重要影响。传统的教学模式已经无法满足当今社会的需求，而数字科技为教学模式的创新提供了新的机遇和挑战。

其次，引入先进的信息技术和数据分析方法可以有效提升国际物流学课程的教学效果，增强学生的学习体验。例如，利用物联网技术进行实时监测和数据收集，以及利用云计算和大数据技术进行数据分析和决策支持，可以让学生更深入地了解国际物流的实际运作情况，从而增加他们对学习的兴趣和投入。

再次，创新的教学模式也可以促进学生创新思维和实践能力的培养，增强他们未来实际工作的竞争力。通过案例教学和团队项目实践等方法，可以培养学生的问题解决能力和团队合作精神，从而提高他们的综合素质。

最后，实现国际物流学课程教学模式创新的关键因素包括教师角色的转变和教学资源的优化分配。教师需要具备数字思维和技能，积极转变自己在学生学习过程中的角色，并优化教学资源的分配，包括硬件资源、软件资源和人力资源，以支持教学模式的创新。

6.2 未来展望

随着数字科技的不断发展，未来国际物流学课程教学模式的创新还有很大的潜力和空间。具体来说，未来的研究可以从以下几个方面展开：

首先，进一步探索如何充分利用数字技术和工具，提升国际物流学课程的教学效果，改善学生的学习体验。例如，利用人工智能技术进行智能辅助教学和利用虚拟现实技术进行模拟实验等。

其次，研究如何培养学生的创新思维和实践能力，以适应日益复杂和多变的国际物流环境。未来的物流行业将面临更多的挑战和机遇，学生需要具备创新思维和实践能力来应对各种复杂情况。

最后，研究如何优化教师角色和教学资源的分配，以支持国际物流学课程教学模式的创新。教师需要不断更新自己的知识和技能，提高自己的数字素养，并优化教学资源的分配，包括硬件资源、软件资源和人力资源，以支持教学模式的创新。通过进一步的研究和实践，我们相信，国际物流学课程的教学质量会不断提高，并为数智化发展背景下的物流行业培养更多的人才。

参考文献

[1] 冯佳，张雪，戴昀弟. 数智化趋势下民办高校物流类人才培养模式路径优化对策[J]. 物流科技，2023，46(22)：181-184.

[2] 潘鹏. 数智化物流背景下人才培养模式创新[J]. 中国商论，2021(2)：174-175+177.
[3] 李翠，赵紫茹，杨蕾. 数智化背景下应用创新型物流人才培养模式研究[J]. 物流工程与管理，2023，45(7)：183-185.
[4] 薛璟. 数智化背景下现代物流管理专业育人模式探索研究[J]. 云南开放大学学报，2023，25(2)：70-76.
[5] 田爱玄. 面向“数智化”驱动的物流管理专业人才培养模式探究[J]. 成才，2022(S1)：54-56.

信息化教学背景下物流信息系统课程教学模式研究

印梦怡

（湖南应用技术学院 经济管理学院 湖南 常德 415000）

摘要：本研究旨在探讨在信息化教学背景下物流信息系统课程的教学模式问题，并通过分析信息化教学的基本概念与特点，对物流信息系统课程的不同教学模式进行了研究和比较，提出了基于信息化教学的教学模式设计思路。同时，结合实践与评价，评估了该教学模式的有效性和影响。首先，分析了信息化教学的理念、特点和优势，强调了灵活性、互动性和个性化的重要性。其次，对物流信息系统课程的传统教学模式、项目驱动教学模式、案例教学模式和创新技术教学模式进行了深入研究和分析，总结了它们各自的优缺点；并在此基础上，提出了基于信息化教学的物流信息系统课程教学模式设计思路。接着，通过实践活动的实施和评价，对教学模式的有效性进行了综合评估。结果表明，基于信息化教学的物流信息系统课程教学模式能够显著提高学生的学习兴趣和参与度，有效培养学生的实践技能和解决问题的能力。最后，进行总结并对未来的研究方向进行了展望，强调了进一步优化和改进教学模式的必要性，以及要更好地利用信息技术提高教学效果和学生的学习满意度。本研究为物流信息系统课程的信息化教学提供了理论和实践支持，具有重要的指导意义和实践价值。

关键词：信息化教学；物流信息系统；教学模式

1 引言

随着信息化的推进，教育教学不断向信息化发展，这对提高教学效果、培养学生的学习兴趣和主动性具有重要意义。信息化教学已成为教育发展的必然趋势。通过引入先进的信息技术，教学过程可以更加灵活多样，教学资源可以更加丰富，学生可以通过互联网获得更多的学习资源。他们还可以根据自己的学习进度进行个性化学习。这种教学模式可以激发学生的学习兴趣和积极性，提高教学效果。

物流信息系统作为一门重要课程，在现代社会中发挥着重要作用。它涵盖了物流管理的核心内容，包括物流信息系统的建设和应用、物流流程的优化和管理等。在现代物流运营中，有效应用物流信息系统可以大大提高物流运营的效率和准确性，减少成本和资源浪费，提高企业竞争力。因此，开设物流信息系统课程，培养学生的物流管理能力和信息技术应用能力，对物流行业人才培养具有重要意义。

然而，目前物流信息系统课程教学还存在一些问题。首先，该课程的教学内容和方法需要进一步改进，以适应信息时代的发展需要。其次，教师的教育教学水平和应用信息技术的能力需要提高，以更好地指导学生的学习。此外，相关教材和学习资源的缺乏也制约了课程的发展和教学效果的提高。本文通过对物流信息系统课程的研究，提出了改进措施和建议，以提高该课程的教学质量和效果，并为物流教育的发展和教学改革提供宝贵的参考。

2　信息化教学的基本概念与特点

2.1　信息化教学理念

信息化教学是指利用信息技术和网络技术促进教育教学模式的转变和创新，提高教学质量和效果。

2.2　信息化教学的特点

2.2.1　灵活性和个性化

信息化教学倡导基于学生个性和需求的个性化教学，并充分利用信息技术在教学中的灵活性。通过有针对性的教学设计，可以更好地满足学生的学习需求，提高学习效果。

2.2.2　互动与协作

信息化教学强调培养学生之间的互动与协作能力。通过在线平台和多媒体技术，学生可以轻松地与教师和同学交流和协作，增强师生之间的互动，提高学习效率。

2.2.3　资源共享和多样性

信息化教学通过在线平台实现资源共享，使学生能够获得多样化的学习资源，提高学习的多样性和质量。学生可以根据自己的学习需求选择合适的学习资源，以提高学习效果。

2.2.4　反馈和评估

信息化教学可以通过在线平台实时收集学生的学习情况和反馈。教师可以根据学生的学习情况提供个性化的指导和评估，并及时调整教学策略，提高教学效果。

2.2.5　跨时间、跨空间

信息技术打破了教学中时间和空间限制。学生可以随时随地学习，不再受传统课堂时间和地点的限制。与此同时，教学中的信息技术也促进了教师和学生之间的交流与合作，拓宽了学习的视野。

总之，以信息技术为基础的教学，借助信息技术和网络技术的力量，打破了传统教学的局限，提供了一种更加多样化和高效的教学方法，具有灵活性、交互性、个性化和全球化的特点。它为学生提供了更广阔的学习空间和更丰富的学习资源，有助于提高教育教学的质量和效果。

3　物流信息系统课程教学模式研究

目前，物流信息系统课程主要有四种教学模式。

3.1　传统教学模式

传统教学模式更为常见，人们对它更加熟悉。在这种模式下，教师可以通过解释和演示来传授知识，使学生更容易理解，以随时了解班级的进展和学生的学习情况。然而，传统教学模式过于依赖教师，导致学生的参与度和主动性较低；学生被动地接受知识，难以培养实践技能和解决问题的能力。

3.2 项目驱动教学模式

项目驱动教学模式为学生提供了实践项目的机会，可以使他们更深入地了解理论知识的实际应用。通过实施项目，学生可以培养实践技能、解决问题的能力和团队合作能力。项目驱动教学模式需要更长的实施时间和更多的资源投入，教师需要在指导和监督方面投入更多的精力。同时，项目的实施过程可能面临困难和挑战，因此也要求学生必须具备一定的能力和经验。

3.3 案例教学模式

案例教学模式以真实的物流案例为教材，将理论知识与实际应用结合，使其更贴近现实情况。学生可以通过分析案例和解决问题来提高他们的思维能力、分析能力和决策能力。案例教学模式的案例选择和设计需要一定的专业知识和经验，教师需要花费较多时间和精力进行准备。同时，学生在分析案例和解决问题的过程中可能会遇到困难，需要一定的指导和支持。

3.4 创新技术教学模式

创新技术教学模式利用虚拟模拟和在线学习平台等现代技术手段，提供更丰富的教学资源和学习方法，使学生能够积极参与和学习。学生可以根据自己的学习节奏和需求进行学习，从而提高学习效果。创新技术教学模式需要良好的技术支持和设备条件，教师和学生都需要具备一定的技术操作能力。然而，一些学生可能不熟悉创新技术的使用，导致教学效果不佳。

在物流信息系统课程教学中，不同的教学模式各有优缺点。传统教学模式简单可行，但缺乏学生的参与度。项目驱动教学和案例教学模式可以提高学生的实践能力和解决问题的能力，但需要更长的时间和资源投入。创新技术教学模式可以提供更多的学习资源和方法，但需要良好的技术支持和操作能力。考虑到教学目标、学生需求和教学资源，教师可以自主选择合适的教学模式或将多种教学模式结合起来进行教学。

4 基于信息化教学的物流信息系统课程教学模式设计

通过理解和应用信息化教学的核心原则和理念，利用信息技术和互联网资源支持教学，可以提高学生的学习兴趣和参与度，促进他们的发展和学业成绩的提高。教师应根据学生的需求和教学目标，合理设计教学活动和评价方法，与学生保持积极的互动和反馈，以取得更好的教学效果。基于信息化教学的物流信息系统课程教学模式设计的核心内容主要围绕如何在信息化教学的背景下设计和实施物流信息体系课程的教学模式展开。信息化教学的核心原则和理念是开放性、交互性和个性化。首先，开放性要求课程设计充分考虑学生的个体差异，尽可能提供多样化的学习资源和途径。其次，交互性要求强调师生之间以及学生之间的互动和交流，以促进思想碰撞和知识共享。最后，个性化要求根据学生的兴趣和需求提供个性化的学习支持和指导。对于物流信息系统课程的信息化教学设计，可以利用在线学习平台和虚拟实验室提供学习资源和创造互动环境。在线学习平台可以提供课程材料、教学视频、锻炼练习和其他学习资源，让学生根据自己的学习进度和需求灵活学习。虚拟实验室可以为实际操作提供模拟环境，让学生练习和体验物流信息系统的相关功能和应用。为了激发学生的学习兴趣和参与度，可以设计有趣的案例研究和团队合作项目。案例分析可以结合现实生活中的案例，使学生分析和解决问题，从而提高他们解决问题和实践的能力。团队协作项目可以让学生通过协作完成实际任务，培养他们的团队合作精神和实际操作能力。在信息技术教学环境中，可以使用多种方法来评估学生的学习成果和技能发展情况。在线测验可以测试学生对知识的理解和掌握程度。实践练习可以评估学生在物流信息系统应用方面的实践能力。此外，学生的学习进度和技能发展可以通过他们的学习记录和作品进行评估。要实施这种教学模式，可以采取以下步骤：首先，明确课程目标和教学内容，并根据课程特点和学生需求设计合适的教学活动；其次，选择合适的信息技术工具和互联网资源，提供学习支持和创造互动环境；再次，组织和指导学生的学习活动，强调互动和参与；最后，定期评估学习成果和技能发展情况，及时调整教学方法和策略，以提高教学效果。在实施这种教学模式时，首先，应充分利用信息技术和互联网资源，提供多样化的学习资源和方法，以满足学生的个体差异，这一点很重要；其次，应重视教师指导和学生参与，营造良好的教学氛围和互动环境；再次，应注意教学活动的设计和组织，确保学生通过实践提高相关能力；最后，有必要及时评估学生的学习成果和技能发展情况，为教学调整和改进提供参考。

总之，基于信息技术的物流信息系统课程教学模式的设计涉及多个方面，包括核心概念和原理的引入、信息技术和互联网资源的利用、激发学生学习兴趣和参与度的设计、评估学生的学习成果和技能发展，以及实施步骤和注意事项。这些内容旨在帮助教师更好地设计和实施物流信息系统课程的教学活动，提高教师的教学效果和学生的学习质量。

5　信息技术教学背景下物流信息系统课程教学模式的实践与评价

通过实践，我们将研究和探索如何将信息技术教学方法与物流信息系统课程的教学内容相结合、如何提高学生的学习兴趣和参与度以培养他们的信息技术应用能力和创新思维。同时，我们将从学生的学习成绩、学习动机和满意度等方面评估该教学模式的有效性，并探讨这种教学模式对学生学习成果和技能发展的影响。

在课堂上，引入多媒体教学，使用各种图片、动画和视频来演示物流信息系统的原理和应用。这种教学方法可以让学生有更直观的理解和记忆，激发他们的学习兴趣。同时，组织小组讨论和案例分析，让学生积极参与课程，通过团队合作解决实际问题，可以提高学生的学习效果和实践能力。

为了评价教学模式的有效性，我们对教学效果进行了综合评价，并对学生的学习成绩进行了统计分析和比较。成绩是学生学习效果的最直接体现。学生平均成绩的显著提高表明他们非常喜欢和欣赏这种教学方法，这种方法提高了他们的学习兴趣和效果。此外，通过积极参与课堂讨论和实践活动，可以观察到他们学习动机和参与度的提高。这进一步证明了信息化教学模式在激发学生学习兴趣和促进学生参与方面的有效性。此外，还可以设置一份调查问卷，了解学生对课程的满意度以及他们对信息化教学模式的看法。通过评估物流信息系统课程在信息化教学背景下的教学模式的有效性，可以看出教育部门在信息时代的不断进步和转型。为了适应这种变化，物流信息系统课程教学进行了实践探索，旨在将信息化教学方法与课程内容相结合，增强学生的学习兴趣和参与度，培养他们的信息技术应用技能和创新思维。

6 结论与展望

总之，在信息化教学背景下，研究物流信息系统课程的教学模式具有重要意义。通过对不同教学模式的比较和分析，可以确定最适合该课程的教学模式，以提高教学效果和学生满意度。现代信息技术的飞速发展为物流信息系统课程教学模式的改进提供了丰富的资源和支撑。充分利用信息技术，可以创造一个更互动、更愉快的教学环境，激发学生的学习兴趣和提高他们的学习参与度。此外，在教学过程中，重点培养学生的实践技能和解决问题的能力，提高他们的综合素质和在就业市场上的竞争力至关重要。未来的研究方向包括进一步深化对不同教学模式的研究，探索更多适合物流信息系统课程的教学模式，并根据实际情况进行改进和优化。同时，也有必要研究如何更好地利用信息技术提高教师的教学效果和学生的学习满意度。

参考文献

[1] 易经. 教育信息化背景下高校英语翻译课程信息化教学模式研究[J]. 教育信息化论坛，2023(6)：9-11.

[2] 王艳，万廉. “信息化教学背景下”荷兰航运体系对教学模式的影响[J]. 科幻画报，2023(1)：237-238.

[3] 王超. 信息化教学背景下大学思政课智慧课堂教学模式的探索[J]. 科教文汇，2023(10)：36-39.

[4] 刘路遥. 高校音乐专业信息化教学体系的构建研究——评《“互联网+”背景下高校声乐教学模式探索》[J]. 中国科技论文，2023，18(5)：593-594.

[5] 王静，李会平，于乐，等. 信息化教学背景下无机化学元素性质实验教学模式的重构与实践[J]. 化学教育(中英文)，2023，44(6)：41-46.

数字化教学资源在高校教学中的利用问题探讨

李　面

（湖南应用技术学院 经济管理学院 湖南 常德 415000）

摘要：在信息化时代，数字化教学资源的有效应用对于调动学生学习兴趣、培养学生专业素养、提升学生学习能力至关重要。本文着重探讨了数字化教学资源在高校教学中应用的必要性，指出数字化教学资源对现代高校人才培养具有重大意义，并提出了合理有效地利用数字化教学资源的路径。

关键词：数字化；教学资源；高校教学；人才培养

教学的信息化、数字化是现代高等教育发展的必然趋势，是高等教育改革的一个基本方向。而数字化教学资源在信息化教学中具有举足轻重的作用。

1　数字化教学资源对现代高校人才培养的意义

数字化教学资源在高校教学中的应用有助于调动学生学习兴趣、发展学生思维能力、丰富学生知识储备，如图 1 所示。

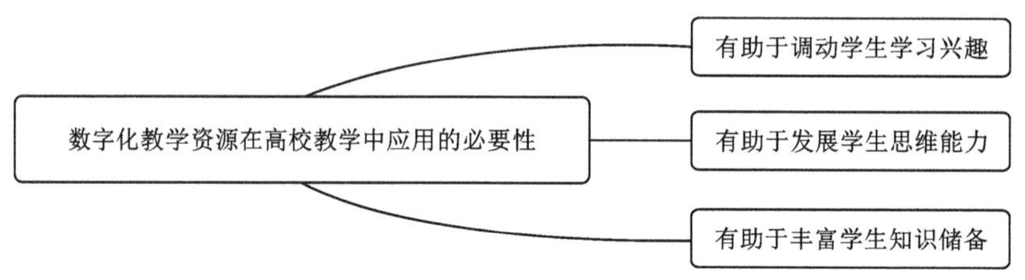

图 1　数字化教学资源在高校教学中应用的必要性

首先，在高校教学中，有效应用数字化教学资源，有助于调动学生学习兴趣。兴趣开发问题是现阶段教育研究的重点问题与核心问题，只有调动了学生的学习兴趣，学生在学习的过程中才会由被动转为主动，在不断探索、思考中深化对知识的理解，并发展思维能力。在数字化教学资源支持下，教师可供借鉴和选择的教学方法越来越多，例如微课教学视频、慕课教学资源以及情境化教学、游戏化教学等。这些数字化教学资源的应用，既可以让课堂教学变得更加生动，转变传统单一、枯燥乏味的教学方式，让教师教学变得更加灵活；又可以让学生的学习不再枯燥乏味，为学生的专业学习提供源源不断的内驱动力。

其次，在高校教学中应用数字化教学资源，有助于发展学生思维能力。相较于以教师为主导、教师讲学生听的教学方法，在数字化教学资源支持下，教师可以采用更加多样的方式和更加丰富的资源，构建教学情境、设计教学问题，从而让学生在不断探索思考的过程中发展思维能力。此外，由于学习兴趣增加，学生在学习过程中的注意力会更加集中，也会更主动积极地进行思考，在不断思考探究的过程中发展思维能力，提升专业素养。

最后，数字化教学资源的应用也有助于丰富学生知识储备。高校作为为社会培育专业型人才的重要教育基地，在其教育工作落实的过程中必须紧跟时代和社会发展，并且根据时代和社会的需求不断调整教育内容。但是，高校教育周期相对较长，学生在校内学到的内容毕业以后很有可能无法应用于实践工作。而引入数字化教学手段，则可以收集更多实时数据、前沿信息等，还可以帮助学生了解掌握更多先进技术，甚至可以通过教师的适当分析引导帮助学生更好地了解相关领域和行业未来的发展趋势，让学生更好地应对未来工作中的各类挑战。此外，教师也可以在互联网搜索与学生未来就业相关的资料并与学生分享，让学生就业时有更多选择，解决学生就业率偏低的问题，同时也可以丰富学生知识储备、打开学生视野。

2 合理有效地使用数字化教学资源

2.1 应用微课教学资源突破重难点知识

微课教学资源是现阶段极具代表性的数字化教学资源。微课教学可以通过5~10分钟简短视频教学资源深入剖析某一个或某几个知识点，在强化学生对于重难点知识的理解和认识的同时更好地突出重难点知识，为学生的学习提供更多的助力。教师可以通过对微课教学资源的选择与应用打造高效课堂。但是教师在应用微课教学资源时应当关注以下几个问题。

首先，微课教学资源相较于其他教学资源偏重于知识讲解和知识分析，可以作为教师传授知识的手段，但是这并不意味着它可以取代教师的教学。因此教师在微课教学资源播放结束后，还要对学生进行适当引导，以便更好地解决学生的学习问题。教师可以在微课教学资源播放结束之后留出5~10分钟的时间，与学生进行沟通和交流，了解学生在观看微课教学资源中遇到的问题和困境，对学生进行有效引导，而且在此之后还要对微课教学的情况进行总结。

其次，教师需要科学选择微课教学资源。现阶段可供教师选择和应用的微课教学资源相对较多，教师需要结合教学内容和学生的学习兴趣对微课教学资源进行调整优化，既保证微课教学资源可以更好地激发学生的学习兴趣和学习欲望，又保证微课教学资源可以更好地解决学生的学习问题。必要时，教师还可以自己设计、制作微课教学资源，更好地保障微课教学资源应用的科学性、有效性和针对性。

最后，教师需要控制微课教学资源的应用频次。微课教学资源虽然可以更好地突出重难点和完成知识讲解，但是并不意味着在课堂中引入得越多越好，而且如果引入过多还可能使学生产生审美疲劳，导致重难点知识无法有效凸显。一般情况下，教师一节课引入2~3个微课教学资源可以更好地发挥微课教学资源的优势，为打造高效课堂奠定良好的基础。

2.2 构建情境深化知识理解

情境化教学也是在高校教学中应用数字化教学资源的常用手段，教师在构建教学情境时需要关注以下几个问题。

首先，教师要丰富情境化教学的构建形式，充分利用互联网平台优势，搜集大量的视频资源、图片资源、音频资源和文字资源，为构建具象化情境提供更多的助力和保障。此外，教师也可以配合使用情境演绎等多种方式，让情境化教学更好地调动学生的学习兴趣。

其次，教师在展开情境化教学的过程中要注意调节情境构建的方向。一般情况下，在高校教学中，教师的情境构建主要集中在三个方向：第一，立足生活实际构建教学情境，让学生结合已有的生活经验来加深对知识的理解和认知，提高教学质量和教学水平。第二，立足学生未来职业发展构建教学情景，通过数字化教学资源的应用让学生更好地了解在未来实践工作中应当如何应用所学知识来解决实际问题。这样做既可以深化学生对知识的理解，也可以让学生在情境问题解决中对未来的就业岗位有较为全面的认知和了解。第三，立足教学内容对情境做出优化和调整，发挥其辅助教学的功能。教师需要明确教学中的重难点知识，在此基础上搜集对应的数字化教学资源并构建教学情境，以达到良好的教学效果。

2.3　利用翻转课堂打破教学时空局限

翻转课堂是现阶段教师们十分关注的一种教学方法，对于培养学生的思维能力、丰富学生的知识储备至关重要。在利用翻转课堂进行教学的过程中，教师可以从以下几个方面做出调整和完善。

首先，教师要充分利用课前预习环节，让学生在自主预习的过程中加深对即将学习的知识的理解和认识，而且在这个过程中也可以应用数字化教学资源为学生提供指导。例如，可以引入微课教学资源帮助学生深化对即将学习的知识的理解和认识。再如，可以引入电子导学案例并将其发送给学生，让学生更加明确在预习过程中需要注意和解决哪些问题，帮助学生更好地抓住预习重点。

其次，教师在课堂教学过程中应当秉承以学代教的原则，给学生更多探索空间、思考时间和探究平台，让学生以小组为单位，就遇到的各种问题进行讨论。学生在这个过程中也可以通过互联网搜索相应的数字资源来为问题的解决提供更多的助力。这种方式可以培养学生的信息整合能力、分析能力、合作探究能力，让他们学会从不同角度、不同维度来解决问题，掌握更多的知识。在此之后，教师可以通过互联网平台给学生发送小组合作探究任务，以任务推动教学，并让学生完成任务后将结论交给教师。教师可以借助大数据等现代化技术做好结果统计，更好地明确学生在预习和探究中存在的问题并进行指导，从小组探究和教师指导两个维度全面解决学生的学习问题。

最后，教师可以根据学生的课堂表现了解不同学生的学习问题，并在此基础之上针对性地发送数字化教学资源，为学生的课后复习提供更多的参考与指导，以此为中心打破教学时空的局限，从课前、课中和课后三个维度解决学生的学习问题。

2.4　应用错题资源提高教学针对性

错题资源是高校教学中的重要资源，可以更好地反映学生在知识理解、问题分析上存在的问题和不足。合理利用错题资源是十分必要的，教师可以从以下几个方面着手，发挥错题资源的优势和效能。

首先，教师在教学展开之前要通过互联网平台搜集大量的错题资源，了解大多数学生在知识学习过程中遇到的问题和困境，更好地抓住重难点，并在此基础之上有针对性地搜集相应的微课教学资源、情境构建资源等。

其次，教师要整合学生的学习信息，尤其是学生的课堂表现情况和学生的问题解决情况。在这个过程中，教师可以利用互联网平台和大数据技术建立电子档案，明确不同学生的情况，为接下来的教学调整提供更多的助力和保障，并针对学生的实际问题调整教学内容、教学方法和教学目标，因材施教，提高教育的针对性与有效性。

3 结语

数字化资源在高校教学中的有效应用对于激发学生学习兴趣、培养学生学科素养、丰富学生知识储备到至关重要，教师要积极关注并高度重视，结合学生的实际情况和教学需求，通过微课教学资源、教学情境构建、翻转课堂和错题资源应用等多种方法对教学进行优化和调整，更好地开发数字化教学资源的价值，以高品质的教育教学促进人才培养。

参考文献

[1] 张雄，洪贵华. 高校数字化教学资源的建设与应用分析[J]. 数字通信世界，2022(2)：79-81.

[2] 张海英. 高校数字化教学资源的建设与应用分析[J]. 遵义师范学院学报，2019，21(6)：128-132.

[3] 蒙焕念. 基于应用驱动的高校数字化教学资源库建设研究[J]. 大学教育，2019(6)：188-190.

[4] 高民. 数字化教学资源对高校教学的作用分析[J]. 计算机产品与流通，2018(6)：210.

[5] 杨玉宝，唐连章. 整合 共享 应用——广州市属高校数字化教学资源共建共享的实践与探索[J]. 教育信息技术，2016(6)：40-45.

[6] 程罗德，孙涛，包琳，等. 高校数字化网络教学资源平台建设研究与应用[J]. 电脑与信息技术，2015，23(5)：30-33.

05

第五篇
课程思政探索

核心素养视域下政治经济学课程思政教学案例设计与实践

符　敏

（湖南应用技术学院 经济管理学院 湖南 常德 415000）

摘要：高等教育应紧跟时代的要求。课程思政建设是落实立德树人根本任务的必然要求，是全面提高人才培养质量的重要任务。基于基层教学实践，本研究以高校经济管理类学生必修的专业基础课政治经济学为例，进行课程思政的教学案例设计与实践，在达成知识目标的同时较好地实现融入的思政目标，为课程思政在相关专业或课程中的实施提供借鉴。

关键词：核心素养；政治经济学；课程思政

1　课程简介及教学理念

1.1　课程简介

政治经济学课程是为经济管理类学生开设的一门专业基础课。本课程通过教学，使学生全面系统地掌握马克思主义政治经济学的基本理论和观点，深刻认识资本主义生产关系的实质，把握反映社会化大生产客观要求的经济运行的一般规律，全面认识资本运行的基本问题，从而科学认识资本主义发展的历史进程。

首先，本课程在学生掌握基本的政治经济学理论的基础上，让学生树立正确的世界观和方法论，为毕业后较好地开展工作，奠定正确的思想、立场、观点和理论基础。

其次，本课程让学生通过学会运用马克思主义的立场、观点、方法来分析和研究问题，通过理论与实践相结合来提升对中国特色社会主义的认同感和参与度，以培养合格的社会主义建设者和接班人。

1.2　教学理念

政治经济学课程在教材上选用马工程重点教材《政治经济学概论》，授课对象为行政管理本科大三年级学生。该课程为本专业的专业基础课。在课程教学上，首先，培养学生掌握政治经济学的基本立场和分析方法，让他们能够运用所学理论解决实际经济问题；其次，将理论联系中国特色社会主义实践，通过案例教学进一步推进学科理论教育入脑入心，使学生坚定社会主义信仰，深刻领悟习近平新时代中国特色社会主义思想理论精髓，成长为为祖国繁荣、民族复兴大业添砖加瓦的建设者。

2 教学目标及内容

2.1 教学目标

本文选取马工程教材《政治经济学概论》第十八章第一节的共建“一带一路”内容进行课程思政设计。

知识目标：本章主要阐述构建人类命运共同体的时代背景，描述当前国际形势基本特点，让学生全面掌握人类命运共同体的科学内涵，并了解我国提出的构建人类命运共同体方案和新时代意义。

能力目标：通过案例分析，提高学生运用所学知识进行判断和分析的能力，优化学生的思维品质。

素质目标：以“命运共同体”为新视角，寻求人类共同利益和共同价值的新内涵，极大地提高学生的民族自尊心和自信心，提升学生的爱国主义情怀。

2.2 教学内容

2.2.1 课堂内容

“一带一路”建设的起源与发展；共建“一带一路”的意义；共建“一带一路”的主要内容；共建“一带一路”的进展成效；推动共建“一带一路”高质量发展。

2.2.2 教学重点

共建“一带一路”的意义；共建“一带一路”的主要内容；共建“一带一路”的进展成效。

2.2.3 教学难点

推动共建“一带一路”高质量发展。

3 课程思政设计方案及实施

3.1 课程思政设计方案

课程思政设计方案见表1。

表1 课程思政设计方案

课堂组织与实施		
课程思路	授课内容	思政元素设计
视频导入	一条联结心愿的铁路	通过视频案例导入分享“一带一路”故事。这条联结心愿的中老铁路2021年12月3日迎来通车。这条友谊、科技、绿色、开放的铁路必将承载着中老两国人民的梦想，穿山越岭，创造辉煌

续表1

课堂组织与实施		
课程思路	授课内容	思政元素设计
“一带一路”建设的缘起与发展	1. 什么是“一带一路” 2. 源起与发展	以时间轴的形式呈现“一带一路”的缘起，并且引用《习近平谈治国理政》第二卷中的原话：“把‘一带一路’建设成为和平之路、繁荣之路、开放之路、创新之路、文明之路、绿色之路、廉洁之路。”重点理解这句话的含义，为下一个知识点做铺垫，并且启示学生要多读名著典籍。明确建立完善的信用体系的重要性
共建“一带一路”的意义	关键词：对外开放、发展、国际合作、全球互联互通	进行历史回顾，通过图片的视觉冲击让学生明白封闭就是落后，落后就要挨打。通过图片鲜明的对比，让学生互动，再次引出共建“一带一路”的意义
共建“一带一路”的主要内容	关键词：共同繁荣、世界经济再平衡、共商共建共享、惠民生、可持续	这部分设计的专题比较多，热点词汇也比较多，主要以文献的形式推荐给学生，在课堂上分享重要观点，让学生具备独立阅读文献的能力和良好的总结能力
共建“一带一路”的进展成效	关键词：记住几组关键数据	主要以视频和图片的形式进行展示，并且用数据告诉学生“一带一路”的进展。比如，中国先后与140个国家和31个国际组织签署了205份共建“一带一路”合作文件等，展示大国风范
推动共建“一带一路”高质量发展	关键词：互联互通、开放共赢、创新驱动、多元互动	分享慕课资源，进行推动“一带一路”发展的总结和讨论，希望学生能够承载着建设重担，努力学习，为我国的建设添砖加瓦
知识总结与思考内化及启发	1. 本节重难点总结归纳 2. 课后习题及推荐阅读资料	CCTV“一带一路”纪录片

3.2 课程思政方案实施

3.2.1 视频导入

《一条联结心愿的铁路》：通过让学生观看短视频“一带一路”故事——《一条联结心愿的铁路》，让他们了解和直观感受“一带一路”的意义并且进行讨论和观点分享。设计思路在于通过视频案例作导入分享“一带一路”故事。这条联结心愿的中老铁路于2021年12月3日迎来通车。这条友谊、科技、绿色、开放的铁路必将承载着中老两国人民的梦想，穿山越岭，创造辉煌。

3.2.2 知识点

知识点1：“一带一路”建设的缘起与发展。设计思路在于以时间轴的形式呈现“一带一路”的缘起，并且引用《习近平谈治国理政》第二卷中的原话：“把‘一带一路’建设成为和平之路、繁荣之路、开放之路、创新之路、文明之路、绿色之路、廉洁之路。”让学生重点理解这句话的含义并为下一个知识点做铺垫，鼓励学生课后多花时间读名著典籍。

知识点2：共建“一带一路”的意义，开放带来进步，封闭必然落后。用这句话的同时在课件上附上图片进行对比(英国画家所绘《南京条约》签订场景；2019年，习近平总书记与出席2019年“读懂中国”国际会议的外方嘉宾代表合影)，让学生回顾历史。设计思路在于“开放带来进步，封闭导致落后。对一个国家而言，开放如同破茧成蝶，虽会经历一时阵痛，但将换来新生。”引用2017年习近平总书记在“一带一路”国际合作高峰论坛开幕式上的演讲中的一段话，通过历史回顾，用图片的视觉冲击让学生明白封闭就是落后，落后就要挨打。让学生互动，再次引出共建“一带一路”的意义。

知识点3：共建“一带一路”的主要内容。设计思路在于以文献的形式推荐给学生，在课堂上分享重要观点，让学生具备独立阅读文献的能力和良好的总结能力。关键词为有效供给、共商共建共享、绿色投资、绿色金融、廉洁、可持续发展。

知识点4：共建“一带一路”的进展成效。设计思路在于主要以视频和图片的形式进行展示，并且用数据告诉学生“一带一路”的进展。比如，中国先后与140个国家和31个国际组织签署了205份共建“一带一路”合作文件等，展示大国风范。

知识点5：推动共建“一带一路”高质量发展。“一带一路”各方要致力于把“一带一路”打造成团结应对挑战的合作之路、维护人民健康安全的健康之路、促进经济社会恢复的复苏之路、释放发展潜力的增长之路。通过高质量共建“一带一路”，携手推动共建人类命运共同体。设计思路在于分享慕课资源，进行推动“一带一路”发展的总结和讨论，引导学生承载着建设重担，努力学习，为我国的建设添砖加瓦。

3.2.3 案例讨论

案例名称为《“一带一路”建设》。将该案例分析作为本次课的总结，在学完本次课内容后进行小组讨论和总结能够让学生更好地消化本次课的内容。另外，进一步挖掘新兴国家关系的内涵，让学生明白共同发展才是发展的根本途径，合作才能共赢，国际关系如此，个人亦是如此。另外，设计讨论问题为“你是如何评价‘一带一路’建设的?”通过讨论，教师引出党的二十大报告中关于人类命运共同体的论述“构建人类命运共同体是世界各国人民前途所在”，并将“推动构建人类命运共同体”列为中国式现代化的本质要求之一，使学生认识到，中国所倡导的“一带一路”建设，是中国实施合作共赢战略的重要体现，是中国推动建立以合作共赢为核心的新型国际关系的重要举措。在讨论部分，要注意收集学生观点中的关键词作为本堂课思政目标达成度的分析依据。

3.2.4 课后作业

每个小组在线上平台上分享一个“一带一路”的小故事。

4 教学反思

4.1 教学设计反思

教学设计是根据教学内容及重难点进行教学内容的导入、安排和教学环节的衔接。本次课重点在于引导学生了解“一带一路”的起源，并在此基础上掌握“一带一路”的意义和共建“一带一路”的主要内容。所以设计上以引导案例的穿插和视频观看分享为主，变传统的灌输和讲授为主动的思考和总结。选例思政元素丰富并且能够恰当地体现所要引导的内容。从讲授过程来看，学生的配合度不错，对案例的兴趣较高，课堂气氛不错，接受能力比较强。

4.2 教学过程反思

本次课教学的第一个环节是观看“一带一路”视频，这个视频的选用非常贴近主题，比较适合作为思政教育的素材，既能够激发学生的爱国热情，也能够让学生对“一带一路”有非常直观的感受和判断。同时，互动比较充分，但用时较长。讲授过程中，使用了案例教学、启发式、情景模拟、自主学习等教学方法，课堂气氛比较活跃。思政点的融入也比较自然，内容讲解过程中引用了一些文献对话题进行了小范围的拓展，整体效果较好。

4.3 存在问题反思

首先，教学设计上对共建“一带一路”的进展成效问题的讲解时间处理得不够科学。其次，内容讲述过程中的语言表达还不够精准，欠缺一些艺术感。最后，互动中接收到的学生反馈不够及时。

4.4 改进措施反思

首先，教学设计安排上逻辑要更严密一些，时间安排要更科学一些，材料要更丰富一些。其次，要更好地结合线上教学资源，加强引导问题的设计，引导学生由浅入深，学会独立思考和总结。最后，需要进一步提高自身的教学素养，多积累相关课题的最新素材，以提高课堂教学效果。经过这次课堂教学的反思，笔者在教学设计及启发学生方面有所受益，在今后的教学工作中，会将教学反思常态化，进一步提高自身的教学水平。

5 结语

该研究的课程教学设计与实践，有效地促进了学生思政目标、知识目标的达成，这为课程思政在相关专业或课程中的实施提供了有益的参考和借鉴，也为培养具有科学素养和社会责任感的高素质应用型人才探索了新的途径。此外，在教学中采用线上线下混合式教学模式和问题驱动学习的方式，能够有效地激发学生的学习兴趣和积极性，有助于培养学生的科学精神、团队合作能力等。因此，在今后的教学中，可以继续推广和应用这些教学方法，来进一步提升教学效果，更好地实现课程育人。

参考文献

[1] 纪建悦，赵娜娜. 经济类专业课程思政体系的构建研究[J]. 黑龙江教育（高教研究与评估），2023(9)：62-66.

[2] 郭元祥. 让课堂向现实世界敞开——指向核心素养的课堂实践感[J]. 教育研究，2023，44(7)：43-56.

[3] 孟飞，郑勇良. 人类命运共同体理念的马克思政治哲学意蕴[J]. 北京航空航天大学学报（社会科学版），2022，35(3)：24-32.

[4] 周珊珊. 人类命运共同体思想对马克思世界历史理论的创新发展[J]. 产业与科技论坛，2022，21(1)：5-8.
[5] 佚名.《高等学校课程思政建设指导纲要》发布[J]. 中国电力教育，2020(6)：6.
[6] 习近平. 思政课是落实立德树人根本任务的关键课程[J]. 实践(党的教育版)，2020(9)：4-11.
[7] 许涛. 构建课程思政的育人大格局[N]. 光明日报，2019-10-18.
[8] 杜江. 思政元素融入《政治经济学》教学探索——基于应用型人才培养模式的视角[J]. 中小企业管理与科技(上旬刊)，2018(12)：101-102.

酒店安全管理实务课程思政元素挖掘与运用

黄普查

(湖南应用技术学院 经济管理学院 湖南 常德 415000)

摘要：课程思政建设是新时代高校教育教学改革重点课题。专业课教师要承担课程思政责任，努力提升课程思政意识、课程思政素养和课程思政能力，引导学生在学习专业知识的同时提高思政意识和思政涵养。酒店安全管理实务作为酒店管理专业类专业核心课程之一，应突出理论和实践教育思政内容，提高学生思政觉悟。本文提出了酒店安全管理实务课程思政及育人主线，分析了课程思政元素融合策略，最后总结了酒店安全管理实务课程思政共性方法。

关键词：酒店安全管理实务；课程思政元素；立德树人

引言

"我国高等教育肩负着培养德智体美全面发展的社会主义事业建设者和接班人的重大任务，必须坚持正确政治方向。""其他各门课都要守好一段渠、种好责任田，使各类课程与思想政治理论课同向同行，形成协同效应。"这是习近平总书记在2016年召开的全国高校思想政治工作会议中对高校教学工作中的思想政治教育提出的具体要求。2020年教育部印发了《高等学校课程思政建设指导纲要》，提出了"要把思想政治教育贯穿人才培养体系，全面推进高校课程思政建设，发挥好每门课程的育人作用，提高高校人才培养质量"的具体要求。本文在结合酒店管理专业特点的基础上，总结归纳酒店安全管理实务课程思政元素，并提出该课程思政元素融合策略，旨在将理论知识和思政内容充分融合，做到有效立德树人。

1 分析酒店安全管理实务课程思政现有不足

1.1 酒店安全管理实务课程思政主线欠清晰

目前《酒店安全管理实务》课程思政主线欠清晰，虽然各模块有一定的思政要素，但思政要素主旨不突出、分布欠集中，未按各模块内容将思政育人主线及元素实施串联融合。因此，建议结合该课程思政教学目标和讲授的主要内容，将各模块思政主线和元素挖掘并进行有效有机融合，提炼课程主要思政要点，进行课程思政顶层设计。

1.2 酒店安全管理实务课程思政内容欠丰富

虽然酒店安全管理实务课程从理论上详细阐述了酒店安全预防和消灭措施及安全法律知

识，内容全面详尽，但是各模块及主要知识点体现的思政内容较少、较浅。该课程常用法律条款、现实案例作为对安全管理理论知识的补充和佐证，但很少用思政元素和相关内容对安全管理理论知识要点进行支撑和引导，出现了理论、思政两者占比不协调的现象。

2 制定酒店安全管理实务课程思政教学目标

要通过酒店安全管理实务课程理论学习与案例讨论，将正确的人生观、价值观、人才观渗透到课堂教学全过程；要结合理论实践教学，积极融入生命至上、家国情怀、责任担当、文化自信、团队意识、法律保护、知行合一、爱岗敬业、乐于奉献的价值取向，培养学生社会责任和职业道德，真正达到立德树人的目的。在各章节思政元素挖掘方面，具体设计如表 1 所示。

表 1 酒店安全管理实务课程中蕴含的思政元素

章节	知识点	案例	思政元素
模块 1 酒店安全管理概述	酒店安全管理的概念和特征、酒店安全部岗位职责、酒店安全管理操作流程	国家要求企业安全和经营两手抓文件精神和典型案例； 酒店安全全员预防、酒店安全事故全员消灭案例	安全第一 生命至上 合作精神 团队意识
模块 2 酒店安全设施设备	消防设施设备、治安设施设备、酒店防暴设备	中联重科有限公司所产消防云梯车，其大举升高度可达 60 米；上海申龙旋转式消防云梯车、抚顺曲臂登高作业车、锦州举高平台消防车高空消防云梯达到世界领先水平	安全文化自信
模块 3 酒店主要部门 安全防控	酒店前厅部安全防控、酒店客房部安全防控、酒店餐饮部安全防控、酒店康养部安全防控、酒店工程部安全防控	一旅馆不按规定登记住宿旅客信息，重罚 10 万； 福建泉州欣佳酒店倒塌消防救援伤者案例； 全国三星级旅游饭店前三十强一酒店宴会发生食品中毒事件	法律意识 家国情怀 危机意识
模块 4 酒店常见安全 突发事件应对	酒店火灾、食物中毒、客人伤亡、客人丢失财物、暴力犯罪、客人醉酒打架斗殴、酒店电梯故障、自然灾害、员工工伤等事件应对	江西星级酒店餐饮部员工垃圾堆里找遗失婚戒案例； 汶川地震发生人民解放军抢救人民生命和财物案例； 酒店为员工购买工伤保险和意外伤害保险案例	爱岗敬业 家国情怀 责任担当
模块 5 酒店主要法律 纠纷案例分析	酒店前厅、客房、餐饮、营销、康养、劳动、停车法律纠纷案例	酒店营业区域易摔伤和滑倒位置立防滑提示牌； 酒店和员工学习法律知识保护酒店和自己利益，做到学法用法案例	法律意识 知行合一

3 挖掘酒店安全管理实务课程思政主线元素

3.1 生命至上

酒店安全管理实务课程应主要宣传习近平总书记提出的“人民生命至上”理念，倡导经营酒店以保障客人生命安全为首任的经营原则，促使学生形成热爱生命、对客人负责的工作态度。

3.2 家国情怀

酒店安全管理实务课程应宣传当客人受到自然灾害、社会伤害等时，酒店员工和社会力量抢救人员、尽最大努力减少损失的家国情怀，激发学生爱国爱民、舍小家救大家的自我奉献精神。

3.3 责任担当

安全管理是酒店应当承担的管理责任和社会责任，从保护客人安全、员工安全、酒店安全三个角度讲都应从责任意识、担当意识出发严格安全管理。出现酒店安全事故时，要积极抢救伤者和财产；出现违纪犯罪行为，应主动担责。因此该课程可以从责任担当角度让学生学会负责，培养学生敢于担当的思想品质。

3.4 风险意识

酒店安全管理以预防为主、防消结合的原则开展工作，管理安全要在思想上重视、行动上落实。安全工作无小事，日常细致检查、防范、整改尤为重要。树立学生安全风险意识和忧患意识是该课程育人思政内容之一。

3.5 文化自信

我国对酒店安全管理高度重视，从消防、治安、食品、交通四大安全设备研发，到安全法律制定和实施及安全急救救援，形成了较为成熟的安全生产技术和安全管理体系。树立学生安全文化自信，有助于学生学习酒店安全管理实务课程和开展安全实践工作。

3.6 团队意识

酒店安全管理具有全员性和广泛性，要求酒店全体人员参与安全管理和时时防范，尤其在发生应急救援时，更要发挥全员作用。安全管理对酒店全体人员提出了团队合作要求。倡导团队合作精神对学生尤为重要，团队合作精神也是思政教育的重要内容。

3.7 法律保护

酒店安全管理具有明显的依法性，即要用法律管理酒店安全，用法律途径处理安全纠纷。该课程涉及法律种类和知识众多，提高学生法律意识，提升学生用法能力，对促进日后实践工作大有裨益。同时学生也应提高自身法治意识，自觉守法，杜绝触及法律红线。

3.8 知行合一

酒店安全管理实务课程是一门实践性较强的课程，只有理论联系实践，多实践、多实习，在工作中常运用、常总结工作经验才能提升学生安全管理能力。倡导知行合一的育人理念，提高学生实践能力是该课程思政内容所在。

4 做好酒店安全管理实务课程思政元素融合

4.1 做好教师思政能力提升

首先，应提升授课教师思政能力水平，即思政涵养。授课教师要通过党性教育、思政学习，提升自身的思政意识和思政觉悟；同时，参加公益活动、名人报告会、专家讲座等活动，提高思政实践能力；并在宏观思政涵养提升前提下，强化酒店安全管理实务思政认识，总结并提炼该课程主要思政及育人主线，练好课程思政素质能力基本功。

4.2 做好教学思政融入设计

教学思政设计是具体工作，其中重中之重是教学过程的思政设计。导入、新授、小结、反思、作业都可设计课程思政内容，但新授、小结融入思政内容是重点，导入、作业、反思融入思政内容是补充。在新授课程内容中，可采用党和国家对安全管理提出的纲领性精神、制定的制度、发生的经典案例进行阐述；结合讲授章节内容时，可使用能体现思政精神的教学方法，让学生对酒店安全管理形成良好的思政认识；课程小结中，应结合教学内容提炼对应的思政精髓。值得注意的是，教学过程中，教师应做到显性教授理论知识和隐性融入思政内容相结合，并做好理论知识和思政内容比例分配，使思政融入恰到好处。

4.3 选好教学思政融入方法

教学过程中的思政融入可利用以下三种教学方法：一是使用案例教学法，把体现酒店安全管理家国情怀、团队精神、法律意识、风险意识等经典案例融入课堂教学中，潜移默化地引导学生提高思政认识水平。比如，在讲授酒店安全管理内容章节时，引出党和国家关于安全管理保护人民生产和财产两个安全的重要观念，阐明经营酒店应以维护这两个安全为首责的思政内容，引导学生树立生命至上、财产维护的正确思想观；在讲授酒店工程部安全防控章节内容时，引出福建泉州欣佳酒店倒塌消防救援伤者的案例，突出消防救援人员的家国情怀和以人民生命至上理念及争分夺秒抢救伤员的细节，引导学生树立热爱人民群众的思政理念。二是使用角色教学法。酒店安全管理实务课程实践性较强，通过采用角色教学法，可以使学生扮演酒店不同工作角色进行演练学习，提高学生对理论知识和思政内涵的认识。比如，在讲授前厅登记入住安全务必要求客人出示相关合法证件入住规定时，可让学生扮演前厅接待员和客人这两种不同的角色完成接待登记入住程序，同时在演练中阐述登记合法证件入住目的在于保护酒店所有客人安全，在提升学生技能的同时提高安全经营思政认知。三是使用参观教学法。酒店管理专业学习需要多看、多练，多看是前提，多练是保障。酒店安全管理实务课程教师可与合作实习酒店进行协商，提前做好消防设施设备、治安设施设备、火灾事件应对、地震事件应对的实践教学进度安排，并在实习合作酒店进行消防灭火演练、火灾逃生演练、地震逃生演练、反恐应急演练、防暴应急演练等相关演练时，组织学生进行参观，让学生身临其境地感受应急救援现场。通过演练目的和过程知识讲解，让现场应急氛围和知识讲授感染学生，引出酒店安全管理首责是保护客人及员工生命财产安全，突出应急救援应急团队合作的思政育人内容。

4.4 穿好教学思政融入全线

酒店安全管理实务课程思政元素融合应该注重在课堂教学、考试考核、实习实践、社会活动等全环节展开，实现教学环节思政融入全线贯穿。在教学环节，教师应通过典型案例将思政元素隐含在酒店安全管理理论知识讲授中，做到不同章节体现不同思政内容，不同教学内容侧重不同思政内容，让思政元素与理论知识无缝结合。在考试考核环节，教师应通过案例分析题、论述题等题型做好思政元素摄入，在思政宏观元素下做好微观出题，并做好考前思政答题引导。在实习实践环节，教师应鼓励学生践行课程思政理念，与实习酒店等用人单位共同强化安全思政教育观念，设计安全检查、安全应急、安全救援、安全观摩实践活动，发掘实践环节中富含思政元素的现实场景，营造浓厚的践行思政理念的氛围。在社会活动环节，教师应鼓励学生在参加维护人民生命财产安全氛围下的重要节假日酒店安全生产实践检查见习活动，并从中发现问题、整改问题；同时，参加地方旅游安全生产相关应急演练等社会活动，提高安全管理宏观思政认识。

5 结语

综上所述，酒店安全管理实务课程的思政内容可归纳为八条思政主线和四种思政融入策略。要有效做好教学思政融入，首先应确定课程思政育人主线，关键要提高教师思政认知能力，重点是找出融入思政元素策略，通过将教学讲理论实践知识和育人思政内容进行有效结合，做到两者分配比例得当，有效升华教学内容，提升学生思政觉悟。

参考文献

[1] 林銮珠. “薪酬管理”课程思政教学改革的探索与实践[J]. 黑龙江教育(理论与实践)，2022(10)：71-74.

[2] 王丹，张贝尔. 高校酒店管理专业课程思政元素挖掘及融合[J]. 吉林工商学院学报，2022，38(1)：120-122.

[3] 赵剑林，张立华. 工商管理专业《运营管理》课程思政教学的问题与对策[J]. 洛阳理工学院学报(社会科学版)，2022，37(5)：91-96.

[4] 高一兰，黄晓野. 应用型本科院校“管理学”课程思政元素挖掘研究[J]. 老字号品牌营销，2021(12)：155-157.

[5] 张丽珍，李子彬. “三全育人”视域下《安全管理》课程思政教学模式构建[J]. 现代职业安全，2023(1)：34-37.

[6] 高淑春，于蕾. “课程思政”在《物流企业管理》课程中的应用与研究[J]. 现代商贸工业，2021，42(21)：134-136.

电子商务专业网页设计与制作课程思政教学方法探讨

杨明红

（湖南应用技术学院 经济管理学院 湖南 常德 415000）

摘要：网页设计与制作课程在电子商务专业中起着至关重要的作用。然而，单一地强调技术知识的传授已不能满足现代教育的需求。为了培养具有社会责任感和综合素质的电子商务专业人才，必须将思想政治教育融入课程中。本文探讨了网页设计与制作课程思政教学方法，旨在为该课程教学提供新的视角和方法，促使学生在学习技术的同时，增强社会责任感，具备全面发展的专业素养。

关键词：网页设计与制作；电子商务；课程思政；综合素养

思政教育在高校课程中的融入一直都是一个重要话题，尤其是在培养学生全面发展、积极的价值观和社会责任感方面。电子商务专业的网页设计与制作课程是一门实践性较强的课程。如何将思政教育融入电子商务专业的网页设计与制作课程中，并采用多种方法来培养学生正确的价值观、社会责任感和创新能力，是学校和教师都应当思考和探索的课题。

1 电子商务专业网页设计与制作课程思政的意义

网页设计与制作课程思政的意义在于将马克思主义思想贯穿于该专业课程中，使学生在学习专业知识的同时，能够更好地理解和把握社会主义核心价值观，培养正确的世界观、人生观和价值观，以及社会责任感。具体而言，体现在以下几个方面。

1.1 价值观引领

通过将社会主义核心价值观融入课程教学，能够引导学生形成正确的价值观，培养他们积极向上的人生态度，促使他们在网页设计与制作过程中注重社会效益，关注用户体验，体现人文关怀。

1.2 创新能力培养

在课程中强调创新和创造力的重要性，鼓励学生通过网页设计表达自己的独特想法和创意，培养他们的创新思维和创业精神，为社会发展做出积极贡献。

1.3 传播正能量

通过设计的方式传达积极向上、正能量的信息，宣传健康、向上的文化。学生在设计网页时可以选择合适的主题，通过文字、图片等元素传达积极的价值观，促进社会和谐与进步。

1.4 社会责任感培养

在网页设计与制作过程中，注重信息的真实性、准确性和合法性，培养学生对于信息传播的社会责任感和道德观念，让他们懂得在数字化时代正确把握言论自由，不传播虚假信息、负能量等。

1.5 多元文化理解

网页设计与制作是一个涉及多样文化的领域，学生需要理解和尊重不同文化、民族的特点，通过设计呈现多元文化的美和价值，促进文化多样性的交流和共融。

1.6 社会创新推动

网页设计与制作领域不仅是技术的应用，也可以在社会服务、公益慈善等方面发挥作用。通过培养学生关注社会问题、提出解决方案的能力，将创新成果应用于社会实践，可推动社会的进步与创新。

因此，将思政教育融入网页设计与制作课程，有助于培养全面发展的社会主义建设者和接班人，使学生在专业领域不仅具备技术能力，更具备正确的价值观和社会责任感，也有助于构建积极向上、和谐有序的社会环境。

2 将思政教育融入网页设计与制作课程的教学设计框架参考

将思想政治教育融入网页设计与制作课程的教学设计需要综合考虑专业知识传授、价值观培养和实践能力提升等问题。本人从学生专业技能和素质素养的培养需求出发，拟定了如下教学设计框架。

2.1 课程目标设定

课程既要传授网页设计与制作的专业知识与技能，也要培养学生正确的价值观和社会责任感。

2.2 课程内容安排

一是专业知识与技能传授，即设计合适的课程模块，包括网页设计基础、HTML、CSS、JavaScript 等技术，以及用户体验设计、响应式设计等实际应用内容。二是价值观融入，即在每个知识点或技能讲解后，加入相应的案例分析、讨论或小组活动，引导学生思考该知识/技能在社会、文化、伦理等层面的影响，鼓励他们对自己的设计承担一定的社会责任。

2.3 教学方法选择

一是案例分析与讨论。选择与社会价值观相关的案例，引导学生分析案例中的价值冲突、道德选择等，促进他们对价值观的思考和讨论。二是小组活动。安排小组讨论或合作项目，让学生在合作中学会尊重不同意见、多元文化融合，培养团队合作和社会交往能力。三是实践项目。设计社会公益性的网页项目，让学生将专业知识应用于实际项目中，通过自己的设计传达正能量和积极价值观。四是主题演讲或报告。鼓励学生选择一个与网页设计相关的社会议题，进行深入研究并撰写演讲稿或报告，培养他们深入思考社会问题的能力。

2.4 评估方式设计

一是综合性项目评估。设计一个综合性项目，要求学生结合专业知识和价值观，设计一个网页项目，同时附带一份关于项目背后思想和价值观的说明文档。二是小组讨论评估。对小组讨论的质量和深度进行评估，看学生是否能够在讨论中充分表达自己的观点、倾听他人的意见，并形成合理的结论。

2.5 课程反馈与改进

定期收集学生对课程思政设计的反馈，根据反馈不断调整教学方法、案例选择和项目设计，确保课程能够更好地达到思政教育的目标。

总之，将思想政治教育融入电子商务专业的网页设计与制作课程，旨在培养学生综合素质，使他们既能满足专业技术要求，又能在设计过程中传递积极价值观，为社会发展做出积极贡献。教学设计应紧密结合专业特点，既不削弱专业技术的传授，又不忽视思政教育的重要性。

3 电子商务专业网页设计与制作课程思政教学方法研讨建议

将思想政治教育融入电子商务专业的网页设计与制作课程需要选择适合的方法，以确保学生在学习专业知识的同时能够培养正确的价值观和社会责任感。好的教学方法可以确保思政教育在课程中得到有效实施。本人针对电子商务专业网页设计与制作课程思政的教学方法研讨提出以下建议。

3.1 方法的适应性

在进行教学方法研讨时，教师和教学团队应该根据课程的性质和学生的特点，选择最适合的教学方法。这样，思政教育的内容才能够更好地融入课程，并且引发学生的兴趣和思考。

3.2 方法的多样性

在进行教学方法研讨时应该探讨多种不同的教学方法，以便在课程中有多元化的思政教育实践。多样的教学方法可以更好地满足不同类型的学生，使他们从不同角度了解和体验思政内容。

3.3 方法的结合

在课程思政的教学设计中，可以结合多种教学方法，创造更丰富的教学场景。例如，在案例分析中引导学生进行小组讨论，然后将讨论结果与实际项目结合起来，培养学生的综合能力。

3.4 方法的引导

教学方法研讨应该关注如何引导学生在课程中积极参与思政教育。教师可以讨论如何提问、如何激发讨论、如何引导学生深入思考等方面的方法。

3.5 方法的实际应用

教学方法研讨还应该考虑如何将思政教育方法真正应用到课程中。这包括如何选择适当的案例、如何设计有价值观内涵的项目、如何指导学生进行创新性思考等。

3.6 方法的评估

教学方法的研讨还需要关注如何评估方法的效果。通过教学评估，可以了解学生是否真正领会了思政教育的社会主义核心价值观，以及他们是否能够在实践中运用这些价值观。

综上所述，教学方法研讨是课程思政教学设计的保障之一。通过深入研究和探讨教学方法，教师和教学团队能够更好地将思政内容融入课程中，确保学生在学习专业知识的同时，也能够培养学生正确的价值观和社会责任感。

参考文献

[1] Zhang Y, Meng S. A Comparative Study on the Integration of Ideological and Political Education into Higher Vocational Courses in China and America[J]. International Conference on Higher Education, 2020: 151-156.

[2] Liting Xiong. The exploration and practice of ideological and political education in the curriculum in college englishteaching[J]. Adult and Higher Education, 2024, 6(3).

[3] Zhang H. Exploring the Integration of Ideological and Political Education in Computer ScienceCurriculum[J]. International Conference on E-Society, E-Education and E-Technology, 2020(2): 180-184.

[4] 周楠. 高职高专网页设计与制作课程思想政治教育策略研究[J]. 现代教育技术, 2020 (2): 170-171.

[5] 程燕, 陈龙. 高职网页设计与制作课程中思想政治教育策略研究[J]. 信息安全与通信保密, 2019(9): 197-198.

市场调查与预测课程思政建设实践与反思

彭 丽

（湖南应用技术学院 经济管理学院 湖南 常德 415000）

摘要：“立德树人”作为思想教育课程的重要环节和基本任务，始终贯穿于课堂建设过程和思想教育实施的全过程。市场调查与预测是电子商务专业的核心必修课。由于课程思政教育元素比较丰富，本文以社会主义核心价值观、爱国主义、职业素养等思想内涵为主线归纳了该课程的思政元素，着重介绍了课程思政元素设计和教学实施，同时分析了在课程思政建设的过程中还存在专业课教师思政理论水平偏弱、课程思政建设方法与路径不明确等问题，提出了创新教学方法、讲好鲜活故事等策略。

关键词：课程思政；市场调查与预测；实践；反思

大学生应该具备正确的社会主义核心价值观、人生观和世界观，并坚持思想价值观时时同国家发展和社会前进方向保持高度一致，努力成为合格的社会主义建设者和接班人[1]，这也是当前我国高等学校培养优秀人才的关键。在近期，教育部又出台了一系列的指导性文件，要求高校全力推进高等学校课程思政建设工程，以更好地引导我国高校的健康成长。目前而言，我国国内各学校都开始在专业课教育工作中加入了“大思政”的理念，深入挖掘各类专业课程的思政元素，并把价值观的培育和塑造有机融入整个教育体系，坚持把“立德树人”当作学校教育教学工作的基本工作内容和基本任务[2]，把“大思政”教学工作放在教育第一位，并贯穿于学校教育的全过程，覆盖了整个教学过程中的各个环节。

1 市场调查与预测课程思政元素设计

1.1 教学分析

市场调查与预测是电子商务专业的主要必修课，本专业的基本特色是学生们通过开展网络研究进行市场探索与市场预测，从而建立理论联系实际、分析市场问题与解决社会问题的初步意识，并具备就业创新、终身学习的基本能力。根据教学大纲，该课程理论框架可以分为市场调查、市场预测两部分的内容。首先是市场调查部分，主要包括调查方案的设计、调查方法的选择、调查问卷的设计与发放、抽样方法的选择与应用、数据的录入与处理、数据分析、市场调查报告的撰写等内容；其次是市场预测部分，主要包括定性和定量的预测方法等。教学对象是大三学生，他们独立获取信息的能力较强，思维活跃，有充沛的精力和较强的求知欲，喜欢新鲜事物，但是缺少调查的经验，学习的主动性、深入性、系统性也不足。在教学方法上，以激发学生兴趣、营造求知氛围、分层引导教学为主。教材是由西北工业大学出版的全国普通高等院校“十三五”规划教材。该教材在内容上能引导学生知行合一，以实际情况为前提、以市场经济为客体，所反映的企业管理教育特色比较明显。

市场调查与预测课程的培养任务主要是使大学生能正确地区分并掌握市场调查与市场预测的基本原理与方法、市场研究方案与问卷的设计流程、各种市场研究方法的基本概念与程序、市场研究数据处理与分析的基本流程和方法、市场预测的定性和定量预测方式、市场研究报告的主要结构等；掌握根据具体问题提出市场研究方法并编制市场研究问卷、选用市场研究方式并进行实际调查、运用计算机软件整理统计调查资料并加以分析、根据市场研究方法编写市场研究报告，以及运用市场预测的方法进行最基本的市场预测的能力；初步具备创新意识和对市场调研的综合素质。

1.2 课程思政元素设计

该课程根据教学内容和教学目标，以社会主义核心价值观、爱国主义、职业素养等为主线，每一个章节都会结合相应的知识点融入思政元素，具体如表 1 所示。

表 1 市场调查与预测思政元素设计

知识点	思政元素	课程思政元素融入点
市场调查的重要性	理想信念、人民至上、守正创新	从毛泽东的寻乌调查、习近平的调研之路等出发，强调调研的重要性。没有调查就没有发言权，更没有决策权。理论源于实践，要树立正确的理想信念与科学发展观。要传承，更要具有创新意识
市场调查的内容（环境调查、消费者调查等）	社会主义核心价值观、制度自信	回顾中国历史，从新中国成立时的百废待兴到现在的繁荣昌盛，离不开中国共产党带领下各族人民的艰苦奋斗和自力更生。通过现在的政治经济环境、市场状况、消费水平、消费观念等发生极大的变化，让学生了解我们现在取得的各项成就来之不易，激发学生的爱国热情，塑造学生的社会主义核心价值观，提升学生的文化自信和制度自信
市场调研的程序	实事求是、商业道德	引入案例——安徽安特食品股份有限公司网络营销调研，并通过提问引导学生总结完成网络调研的步骤，以及在实施过程中的注意事项，强调尊重客观事实、实事求是，注意保护信息隐私，杜绝信息买卖，具备良好的商业道德
市场调查问卷的设计	文化自信、价值塑造	首先，让学生完成“新冠肺炎疫情期间大学生生活方式调查”的问卷设计，帮助学生树立与祖国同命运、与社会同发展的家国情怀，强化爱国情、强国志、报国行，号召学生为实现中华民族伟大复兴的中国梦不懈奋斗。 其次，要求学生对调查问卷中问题的措辞要符合中国人的文化习惯和思维，帮助他们树立文化自信，塑造社会主义核心价值观

续表1

知识点	思政元素	课程思政元素融入点
市场调查的实施	团队精神和责任意识	在实施市场调查时，既要有分工，也要有合作；既要树立团队协作意识，也要有责任意识。通过实训任务培养深入基层一线、吃苦耐劳精神和勤于实践品格；培养实事求是、不捏造数据、追求真理的科学精神；遵守职业道德，为企业和社会创造价值，严禁虚假调查；培养法治意识，依法实施市场调查
文案调查法	制度自信、民族自豪感和忧患意识	学生通过国家统计局、统计年鉴等收集近十年来我国GDP、国民经济收入及支出结构等经济情况的数据。引导学生增加对中国经济发展状况的认识，增强学生对我国社会主义制度的自信，激发他们的民族自豪感与忧患意识
资料的收集整理，数据的录入	职业道德、诚实、责任意识	数据资料要真实，不能弄虚作假，培养遵纪守法的法纪意识，正当获取与合理使用数据资源，要具备良好的职业道德和责任意识。培养细致认真的工作作风；保守商业秘密，不向外泄露调研数据信息，保障企业和被调研者权益
数据的处理	文化自信、爱国情怀	引入案例：大数据时代市场调查的革命。讨论中国在信息技术发展中的优势与不足，引导学生增加对中国科技发展的关注
数据的分析	“四个自信”	培养严谨规范的工作态度；培养数据分析中的宏观格局观；培养数据分析中的辩证思维观；培养数据分析中的人生智慧；引导调研前后、中外发展对比，增强爱国意识、民族自豪感，牢固“四个自信”
市场调查报告的撰写	职业伦理、文化自信、价值塑造	撰写的调查报告内容要实事求是，内容、格式等各方面要符合中国人的用词、用语习惯和阅读习惯，树立中华文化自信，塑造社会主义核心价值观
市场预测的作用、定性预测、定量预测	中国特色学术思想和学术贡献、文化自信、价值塑造	不仅要学习西方先进的市场预测理论、方法，还要将所学理论和方法与中国实际情况相结合，发展具有中国特色的市场预测理论和方法，彰显中华文化自信，塑造社会主义核心价值观

2 市场调查与预测课程思政教学实施

课程主要按照三大流程、六个环节、线上线下双循环方法实施。“三大流程”是指课前、课中、课后，“六个环节”则主要指线上预习、情景导入、合作研究、展示质疑、总结与提高、牛刀小试等。

比如，在“市场调查概述”环节，首先，上课前先利用智慧树平台提前一周布置好教学任务，让学生通过查阅市场寻乌调查和习近平总书记的研究之路等有关资料，了解市场研究的过程、内容、效果和价值，并通过设置讨论题，让学生谈自己的感受和想法，从而培养他们自主学习的积极性和能力，使他们认识到没有研究就没有发言权，更没有决策权，因为理论来源于实际。然后，上传教学参考资料，让他们了解需要教授的知识点，为深入浅出的理论表达打好基础。课中，以事例进行情境引导，由教师分享调查十八洞村的事迹，由此引入学习新知，并指导学生共同讨论调查的重要性、意义和过程，之后再由教师加以巩固。随后，通过教师设计练习题加深学生对本章知识的掌握，将调查对企业的生产管理活动有很大影响，是企业实施网络营销决策与战略决策的重要基础和依据，拓展到调查能够有效运用到国家政策、企业决策、学术研究之中，并告知学生应当运用所学专业知识为家乡的乡村振兴发展建言献策。最后，通过线上布置任务，要求学生预习课本网络调研方案的内容，结合家乡发展现状，选择相关主题设计一份调研方案，并提交至智慧树平台。

通过上述三个步骤六个环节的线上线下大循环模式的教学实施，对在这门教学中预期可以取得的教学效果，可以从这几方面来加以评估，即知识、行为与情感层面[3]。知识层面主要包括对知识点的概念、在智慧课堂中的应用方法和技巧，以及怎样开阔学习者的视野，以便丰富课外知识储备进行评估。行为层面则主要对学习者的出勤、提交作业的质量、综合表现等行为变化作出评估。情感层面主要通过观察学习者是不是对自身方面更加信任，或者对所学专业知识方面更为自信，以及能否表现出更加严肃的治学态度与更理性的价值观，从而拥有一定的家国情感等进行评估，同时还要着重注意与教学中思政的契合效果。

3 市场调查与预测课程思政教学反思

3.1 课程思政建设存在的问题

3.1.1 专业课教师思政理论水平偏弱

专业课教师因长期专注于专业理论与实践教学，缺乏对课程所蕴含的思政要素的敏感度，企业实践经验少，不能准确建立职业工作与思政素质间的关联性；对挖掘的思政要素缺乏精确解读，容易泛泛而谈，语言描述较模糊；难以对思政内容、专业理论和技能任务之间的融合进行契合度评价，在教学中缺乏对学生的思政素质考评。

3.1.2 课程思政建设方法与路径不明确

第一，思政培养目标片面地要求由广而全，缺少对目标的准确性和适当性分析，未能把目标的细化贯彻到情境任务中，流于表层；第二，由于缺少课程思政教学内容选择工具和方式，所选择教学内容与课程思政目标符合程度不高，教学内容表现形式也缺少多样性，制约着课程思政目标的实现率；第三，课程思政教育个案缺少典型性和针对性，无法在同一个案中实现知识目标、技术目标和素养目标；第四，由于缺少情景工具与任务设计方式，课程思政教学内容和课程内涵都比较单一，融合效应也较差。

3.2 课程思政建设改进对策

3.2.1 创新教学方法

不同的高校、不同的学科、不同的学生、不同的知识背景，接受能力、接受习惯不尽相同，不仅考验着教师的教学水平，而且会影响到教学效果。这就要求教师在课堂教学工作中必须注重“以生为本”，通过合理调整常规课堂教学方式和纯语文类的简单知识灌输方法，并充分运用探究式、沉浸式、体验式教育，调动学生的学习积极性，增强课堂的亲和力。比如，在“文案调查认知与模拟训练”任务中，学生须完成角色转变，即以采购专员的身份完成市场调查，其中就蕴含了两个思政点：一是职业责任，即采购专员在市场调查过程中所应承担的个体责任和团队责任；二是职业理想，即通过认识岗位和模拟调查，领略工作乐趣，初步树立从事采购工作的理想。

3.2.2 讲好鲜活故事

要通过课程思政讲述民族的故事、中国共产党的故事、中华人民共和国的故事、社会主义的故事、改革开放的故事、新时代的故事等，增强课堂上的情感共鸣。特别是新时代的故事，有的见证过、亲历过，有的正在发生，有生动形象的影像资料、可知可感的现实场景，学生容易接受，能够切身感受到思政是有“温度的”。

3.2.3 突出价值引领

价值属性是教学的本质属性，每一节课中都包含着大量的价值观元素。大学阶段是学生世界观、人生观、价值观形成的关键时期，利用课堂教育引导学生形成正确的社会主义核心价值观，是大学教育课程思政的重要任务。但如果只教理论，不谈社会价值，将很难教出真正富有爱国心、富国意、报国行的社会主义建设者和接班人。此外，规律意识、团队精神、意志品质、社会责任意识等，也都是非常鲜活的大学教育课程思政元素。

参考文献

[1] 蔡昌艳，阿一鲁体，沙马呷莫. 高校经管类专业实践课课程思政教学改革路径研究——以市场调查与预测课程为例[J]. 西昌学院学报(社会科学版)，2022，34(1)：118-123.

[2] 陈洁玲.“大思政”视域下专业课的课程思政建设研究——以“市场调查”课程为例[J]. 广东职业技术教育与研究，2022(1)：162-164.

[3] 张潴，陈艳庆. 高职院校市场营销专业课程思政教学实施路径研究——以市场调查与预测课程为例[J]. 湖南邮电职业技术学院学报，2020，19(2)：75-77.

[4] 王喜满，丁锐，廖阔，等. 新时代高校思政课程与课程思政建设(笔谈)[J]. 沈阳师范大学学报(社会科学版)，2023，47(1)：21-46.

[5] 谷苗苗，叶万余. 市场营销专业课开展课程思政的教学探索[J]. 高教论坛，2020(8)：45-48+77.

[6] 张议. 市场调查实务课程思政建设实践与反思[J]. 现代职业教育，2020(21)：156-157.

[7] 马智萍.“课程思政”理念下市场营销教学改革探讨[J]. 国际公关，2019(11)：86-87.

国际贸易理论与实务课程思政教学形式改革探讨

王家慧

（湖南应用技术学院 经济管理学院 湖南 常德 415000）

摘要：作为国际贸易专业的核心课程，国际贸易理论与实务的教学质量直接关系到今后学生对本专业的学习兴趣和学习效果，而在经济全球化大背景下，全球经贸发展趋势对国际贸易人才培养提出了新的要求。因此，当前《国际贸易学》国际贸易理论与实务课程的教学内容及教学设计需要适应时代要求做出相应的调整。

关键词：国际贸易实；教学方式；课程教学

1　国际贸易理论与实务课程思政建设的必要性和可行性

首先，教师讲授思想政治内容的水平往往难以适应"教学过程思想政治"的需求。而承担本学科课程任务的教师，往往对学生政治思想素质要求较高，这就具有一定的自然异质性。其次，国际贸易理论与实务课程内容和教学理念内涵之间的整合程度相对较低。然后，"国际贸易课程思维"的教学方法仍然依赖于教师的"单球相声"。最后，在构建保障体系逐步完善专业课的同时，对国际贸易专业课的课程正在进行优化和巩固，改革后的教育质量，是否能够达到教学目标，也一直是教学队伍最关心的问题。

例如，针对"进口关税和非关税壁垒"，应根据新形势下中国社会主要矛盾的转变，指导学生将中国进口关税问题与解决中国民众日益增长的美好生活需求紧密结合。同样，根据当前不断提升的中美贸易摩擦系数，把"地区经济全球化"和习近平总书记提出的"一带一路"规划融入进来，不但能够突出中国在全球经济发展的推动作用，也反映了中国着眼于共建中国民众命运共同体的战略思想等。教师在教授国际贸易理论与实务这门课程时要注重传递正能量，引领学生对中国经济发展开放中的民生服务有一个整体的理解，将立德树人的各项任务落到实处。因此，开展思政建设的国际贸易理论与实务教学的可行性很强。

因为国际贸易的原始形式是跨国界的，环节很多风险很大，所以教育中既要让学生掌握大量的国际贸易知识，又要有助于学生解决在实际生活工作中可能遇到的问题。国际贸易教师要以培养学生实践技能为重点，同时注重学生的理论知识学习。贸易体系在跨境电子商务发展的同时，也发生了翻天覆地的变化。外部环境和制度的变化也改变了对外贸易和电子商务人员的需求。对外贸易不仅需要掌握贸易理论，了解对外贸易的发展趋势，更需要有丰富的实践经验。为了使国际贸易理论与实务的教学内容从枯燥变得生动，更具有方向性和前瞻性，就需要开展注重国际贸易实用性与时效性的教学改革。改变现有的教学模式，提高国际贸易专业学生的整体技能，结合相关专业人员的要求，对研究国际贸易专业学生实践课程改革具有十分重要的现实意义。

2 基于同向性进行课程思政建设的国际贸易理论与实务课程教学目标和内容

一是将课程思政教学重点设计于国际贸易理论与实务课程教学中。落实以习近平为中心的有关我国特色政治思想的指示。落实社会主义核心价值理念所提出的价值理想，是当前高校思政教育理论教学的基本指导思想，是立德树人的灵魂和本质目标，是高等教育培养人才的基本出发点和落脚点，是我国社会主义理论和当前高等教育本科生的共同的必修课，思政教育理论教学要始终坚定正确的政治方向，以社会主义核心价值理念为教学轴线，以信念教学为引导，带领本科生建立健全世界观、人生观。其中的每一环，都涉及东方和西方政治经济体系的不同、经贸政策与文化思潮的冲突等。所以在深刻认识国际贸易基础理论和实际教学特征的基础上，在合理挖掘其课堂思政教学外延的同时，全面贯彻本课程的培养目标特点，抓住时代脉动，注重无缝融合我国的传统文化内涵与社会主义核心价值观，研究设计专业化教学目标和课堂思政教学的双重任务，达成专业班“理论知识传递”与“社会价值引导”功能的完整统一，形成协调教书育人的实效。同时促进课堂“专业知识传递”与“社会价值引导”功能的完整统一。

二是将思政教育具体内容运用于国际贸易理论与实践教学中。课堂思政教育具体内容在该课程教学中的有效运用，对加强专业教育中的思政教学与管理工作必不可少。国民经济类学科有着强烈的时代感，教师即使学习了国际贸易理论，其应用性要求也会随着时期的不同而发生变化，因此在设置国际贸易理论与实务专业课的每一章节内容都要注意传递正能量，引导学员走上真正全面地认识国家经济发展开放中的主旋律，履行立德树人的基本任务，当然，在进行专业课教学内容设计时，要将教学重点转移，紧密结合当前经贸发展中的热门话题，如中美贸易冲突、“一带一路”等，实际考查学生的真实希望和需求，真正了解学生的兴趣偏好，力求在专业课教育中正确选择与思想政治教学的最佳结合点，尽量不能盲目传授、单纯讲授，而是要创设全新的教学情况，与时俱进地革新教学模式与实验形式，有效推动专业理论与思政教育的有机融合，真正做到使学生学有所获。

3 国际贸易理论与实务课程思政教学存在的问题

3.1 传统教学方式已无法适应实务性的教学特点

传统的国际贸易理论与实务教学，主要是靠教师的授课和学生的听课来完成的。学生不能在课堂上对操作性习题进行有效的理解，对实践知识的学习和掌握也不能完全消化，使得学生的学习积极性不高，往往具体性操作习题就无从下手。正因为对国际贸易实务的实操知识掌握不牢，使得很多学生严重缺乏操作技巧的能力。

3.2 实践操作环节较为薄弱

目前国际贸易理论与实务课程是较为单向干扰的教学方式，主要是教师授课为主导形式，而学生实际参与的人数较少。这使得学生们在往后的任务中应该加强提升专业技能水平及运用自身所学的知识去服务于实践。然而如今外贸行业的公司，对员工的实际操作能力要求比较高，所以我们专业的学生在将来的教育教学过程中，一定能提高自己的实际技能让其成为自身核心价值。

3.3 双语教学浮于表面

英语学习对于国际贸易专业的学生来说尤为重要。英语本身是国际公认的语言，对学生未来从事外贸工作开展与交流至关重要。但许多教师仍然存在认知偏见，不少教师在给国际贸易专业的学生授课时，往往对英语教学的理解模糊不清，浅尝辄止，使学生的英语学习流于形式。

4 国际贸易理论与实务课程思政教学形式改革的措施

4.1 将专业的思政元素分散融入，专业教学化整为零

“课堂思政”并非生搬硬套的，将思政课程的主要知识点带到了本科课程教学活动中使产生化学的新产物，具有一定社会价值与情感等多方面的共鸣，这都是学生在潜移默化中逐渐养成的。由于受到时间、内容上的约束，“课堂思政”的具体化实施就要求相应的解决措施。国际贸易理论与实务课程组的教师们把课程思政的要素与学科专业知识技能二者相结合，制订出了“思政要素分散融合，专科教育化整为零”的教学方法，实现“思政微要点、学科专业微知识点、个案微分享”的三“微”统合教育架构，进而将思政价值引导“因势利导”有效地融合到国际贸易理论与实务课程的教学中。

国际贸易教师应加强课堂师生互动，在尊重学生立场的同时引导学生专业素质的全面发展，强调培养学生的实际应用能力，在国际贸易理论与实务课程的基础上，采用科学合理的沟通教育模式，去激发学生的学习兴趣。教师在课程教学中必须积极注意提高孩子自主性学习的能力，也要注意挖掘学生探索意识及开拓创新意识，更要注重训练学生综合操作业务能力。

4.2 以学科竞赛促学，提升学生实操技能

以国际贸易理论与实务学科为例，利用实操专业技能比赛来检测参赛学校的教育管理水平，参加对外经济贸易大学协会每年都会与南京世格开展的全国贸易专业技能比赛。在各项实操大赛中，学生采用竞赛自学方法来练习未知的专业内容，使自身的理论知识体系更加充实丰富。另外，通过学生参与国际贸易实操比赛促进学生积累课程上不被熟知或了解不够的专业知识，同时教师与学生在比赛过程中增进了互动频率与师生关系。通过教师对课程理念的把控，逐渐了解学生感兴趣方向，为教师今后开展教学积累了可贵的经验。

第一，通过逐渐培养自身养成阅读“学习强国”平台优文好习惯，持续的增强教师们的思想政治素质，让教师们的思想政治素质更进一步获得提高。同时将社会主义核心价值观、习近平新时代中国特色社会主义思想融入专业课教学过程，自觉学习改进工作作风，增强以德育人、传递专业知识与技术的力量，形成坚定不移的立德树人的志向与信心。第二，建立完善教学制度作为保证依据，利用绩效考核指标引领教职工积极性，融合教育教学中真实的思政案例作为教育教学的素材，统筹优化有关教育和学术资源，学院党组织始终牢牢把握课程

思政作为顶层设计的整体目标。

4.3 提高任课教师的思政素养和学科能力，增强教学思政方面的实效性

从事国际贸易理论与实务课程思政教学的教师们，不但具有扎实的国际贸易专业基础知识与专业素养，而且具有进一步加强我国教育大政方针下思想政治教育等相关方面的理论素养，专业教师在课堂思政教学设计中起到了至关重要的作用。所以，亟待构建把思政教学“价值导向”融入课堂的教学评估系统，也亟须构建思政知识课堂教学的评估指标体系。为了减少教师对课程思政评估的主观性和随意性，应该采用层次分析法等教学方式从学生在思政课程的受益情况、学业成绩和实践成果等多维度多层次的指标角度上构建课程思政教学效果的评估指标框架，对国际贸易理论与实务课程思政教学评估也应加以重新评估审视，以便真正提高课程教学效果。

特别是教师要提高学生们外贸英语应用能力，提高教师自身教书育人的专业水平，其学校也应为学生提供一个良好的双语教育环境。因日常学习环境直接影响着学生的实际英语听力、写作及其沟通表达能力，学校可以根据校情选择较为优秀的教师到国外进行学习，从而有效地提高教师英语综合能力。

4.4 增加实践课程开设比重，积极加强校企合作

在国际贸易理论与实务课程中实践教学内容比例应会有所增加。学生们在课堂上除了进行理论知识学习，更应具备在现实生活中处理真实贸易问题的能力，以便为日后毕业工作打下良好的基础。这项工作的开展只有在学生积极自主参与其中，才能将理论与实践相结合地深入掌握外贸工作技能，提高外贸工作能力。国际贸易专业教师可积极参与国内外重点大学课程体系经验交流研讨会，学习借鉴其成功经验，推动本校国际贸易理论与实务课程教育教学改革工作的开展。同时开展校校共建，双方协商共建课程体系、共建课程与教材。

5 结论

把思政元素渗透到国际贸易理论与实务课程教学中，不单单是本校对有关推进新形势下高校思想政治理论课改革创新建议的主动回应和贯彻，更带动着整个社会教育系统建立专业课程等全过程教育教学体系的全面推进。通过强化在教学中的课程建设，使学生们形成爱党、爱国、爱社会主义、爱人民的强烈欲望，从而成为社会主义建设者和接班人。通过本课程的改革，我们希望学生能够提高外贸技能的实践能力，成为一名高素质高技能的外贸电子商务人员，并为本区域经济的发展服务。

参考文献

[1] 张烁. 用新时代中国特色社会主义思想铸魂育人　贯彻党的教育方针落实立德树人根本任务[N]. 人民日报. 2019-03-19.

[2] 汤阅弦，谢晓玲. 国际贸易学课程思政教学改革方式探索[J]. 中外企业文化，2023(2)：190-192.

[3] 孙艳，王俊. 国际贸易学课程思政教学改革探索——基于全球化视野和立德树人理念[J]. 现代商贸工业，2022，43(6)：21-23.

辩证唯物主义认识论融入管理学课程教学实践研究

曾庆龙

（湖南应用技术学院 经济管理学院 湖南 常德 415000）

摘要：将辩证唯物主义认识论有机融入管理学的教学过程中，不仅能够为管理学课程注入丰富的价值，还能让当代大学生增强自信。以管理的内涵与本质为例，利用案例进行诠释，结合管理学的课程特征和大学生学习实际情况，充分发挥管理学的育人功能，能够在进行价值引领的同时切实提高教学效果。

关键词：辩证唯物主义认识论；管理学；问题导向

辩证唯物主义认识论是马克思主义理论及其中国化成果的实践，是毛泽东思想关于实践论的重要构成部分，不仅有着丰富的理论内涵，更包含了认识对社会实践的依赖关系、认识的发展过程，具有很强的实践指导作用，是一部新时代的管理学“思想库”和“案例集”。积极地将辩证唯物主义知行统一观融入“管理学”课堂，不仅是高校教学体系思政建设的必然要求，更是实现“管理学”课程教学目标、推动“管理学”教学发展改革的需要。

1 辩证唯物主义认识论融入管理学课程教学的必要性

1.1 辩证唯物主义认识论为管理学课程教学提供理论支撑

管理学课程的理论比较抽象，且实践性比较强。它的理论都来源于实践，又反过来指导实践，这与辩证唯物主义的知行统一观是同一的。马克思主义者认为，人们的社会实践，是人们对于外界认识的真理性的标准。实际的情形也是这样的，只有在实践过程中达到了我们认识中想要的结果，我们的认识才被证实。将这种思想应用于管理学相应章节的教学过程中，有助于将马克思主义理论与管理学基本理论紧密结合，为管理学的教学研究提供理论支撑，同时更加契合学生发展的需要，从而指导学生在新时代、新思想的环境下，真正学活管理学。

1.2 辩证唯物主义认识论能够深化管理学的教学内容

将辩证唯物主义认识论应用于管理学教学，有助于在教学过程中将马克思主义中国化理论成果和西方现代管理思想相结合，使管理学国际新发展真正植根于马克思主义中国化的理论成果土壤之中。在管理学基本理论和马克思主义唯物主义指导下，引导学生深入思考新时代环境下的管理者如何面对新问题和新情况，可以在问题导向下，帮助学生在学好管理学的同时，系统掌握马克思主义中国化理论成果，结合学生自己的体验和感悟，给学生更广阔的视野和更深刻的认识，促进教学内容不断深化。

1.3 辩证唯物主义认识论能够增强当代大学生的理论自信和文化自信

将辩证唯物主义认识论应用于管理学教学，有助于当代大学生深入理解毛泽东思想的先进性和系统性，充分领略中国管理者的领袖风采；让学生懂得除了课本上那些西方伟大的管理思想大师人物，中国同样具备管理造诣深厚的伟大人物和伟大思想；用榜样的力量激发大学生对管理学的学习兴趣，增强大学生的文化自信和理论自信，让他们带着这份自信，不忘初心，勇敢前进。

1.4 辩证唯物主义认识论的融入有助于学以致用教学理念的深入贯彻

管理学课程的理论非常具有抽象性，如果不能用管理学的理论去指导实践，那么管理学理论永远只是理论。辩证唯物主义认识论阐述了人的认识究竟是怎样从实践发生而又服务于实践，将这些融入管理学的教学过程中，能够让管理学的科学性落地，从而使管理学具有很强的实践性；并为学生思考和解决管理学问题提供唯物主义辩证法，让他们建立科学的思维方式，打通理论指导实践的道路，达到学以致用的目的。

2 辩证唯物主义认识论融入管理学课程的教学过程

2.1 教学目标设计

以认识论为指导，通过培养学生的理想信念，在教学过程中坚持知识传授与价值引领相结合，通过问题导向、研读经典、小组讨论等途径来提升学生的概念技能，培养学生的思维方式，全面提高学生辩证分析、明辨是非的能力，让学生成为新时代社会主义建设的接班人。具体教学目标如下。

2.1.1 知识目标

让学生在掌握管理学领域的基础理论体系与知识的基础上了解新时代管理学发展的新动向；通过研读经典和实践分析引导学生做有影响的研究。

2.1.2 能力目标

将辩证唯物主义认识论和中华传统优秀文化融入管理学课程的教学过程，根据学生的专业及个人成长特征和学生现实遇到的复杂的社会问题，科学地设计教学路径，不断完善教学大纲，充分发挥管理学的德育功能，提高学生分析问题、处理问题的能力，培养学生的创新能力。

2.1.3 育人目标

在教学环节中，创设情景、引导学生发现和提出问题，让学生学习思政；任务驱动，分组讨论，让学生理解思政；教师总结，学生实践思政，把思政点与管理学知识点进行有机融合，增强学生的价值判断能力、价值塑造能力，激发学生的制度自信、文化自信，转变学生的思维观，提升他们的创新意识。

2.2 教学过程设计——以管理的内涵与本质为例

2.2.1 学情分析

授课对象为经济管理学院的大一新生，他们具备基础的学习能力，活泼好动、精力充沛，对新生事物充满好奇，具有一定的创新精神，但由于该课程较抽象，学习兴趣不浓，学习积极性不强，对于纯教师讲授这种教学方式兴趣较低。同时，刚步入大学校园，爱表现，自尊心强，缺乏自律，带有叛逆心理，对自主探究表现出较强的好奇心与积极性。

具体分析如图 1 所示。

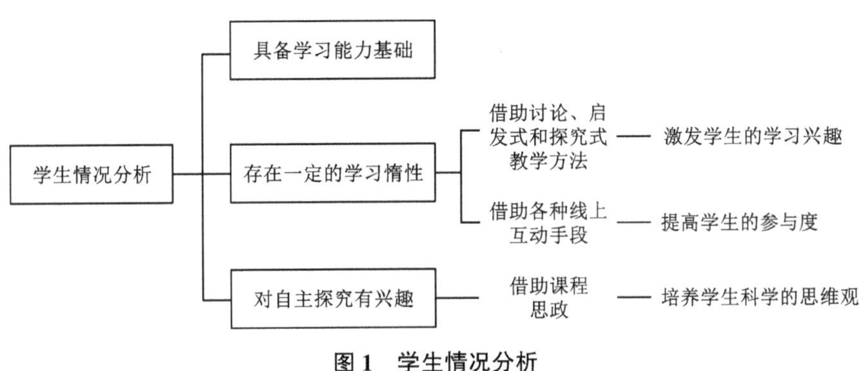

图 1　学生情况分析

对策方法：①需要在教学中提供反映前沿性和时代性的课程内容，满足学生对新知识的需求；②需要通过探究式或参与式教学方法，提高学生的学习兴趣；③需要通过多媒体等各种教学手段，鼓励学生积极参与课堂；④需要在讲解管理的定义时，从“什么是管理?”和“管理工作平时都在干吗”说起，引出思政主题“现象与本质的关系”，分析人们的认识过程，对学生进行思政教育。

2.2.2 教学内容

管理的内涵与本质这一节包括管理的定义、管理的表现形式与本质、管理的功能、管理的有效性理论四个内容，每个内容都挖掘了思政点，融入辩证唯物主义认识论思想，以加强学生理论联系实际，提升思辨能力的培养和训练。

本章管理概论是后续管理基本职能学习的基础，本节管理及其有效性是后面进行有效管理的评价基础。因此，本节内容也是本章内容的重点。虽然管理的定义比较简单，但管理的功能比较抽象，难以理解。因此，在教学上应采用“理论讲授+案例分析+讨论”的教学方法。

2.2.3 教学手段与思路

本节课内容采用线上线下相结合的混合式教学模式，线上学习为课前的准备性学习，分配了 1 个学时，由教师布置学习任务，学生在线上学习。线下课堂教学采用启发探究式和主动参与式教学策略，引导学生发现问题、分析问题并解决问题，体现“教学为导，学为主体”的教学原则。

教学思路：①通过设计情境，让学生发现和提出问题。引入“何谓管理”的案例，分析管理工作平时都在干什么，从而引出本节课研究的问题：管理的内涵及本质。②通过分析问题，引发思考，进行知识点的讲述。针对提出的问题，进行分析，讲述不同管理者对管理的不同见解，分析管理的不同表现形式之间的内在关系。③通过讨论解决问题，实现知识点的应用。将分析管理内涵的方法应用于具体的生活情景，从而解决问题。④通过分组讨论、课堂测验、设问抢答、随堂练习等环节，检验教学目标的达成情况。具体教学过程如图 2 所示。

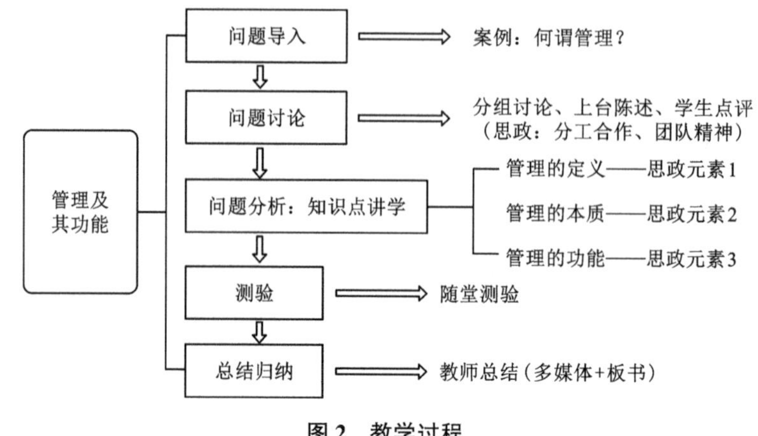

图 2　教学过程

2.2.4　课程思政融入方法

思政元素 1：“同一样东西，不同的人有不同的认识”——管理的定义。

融入方法：在对管理的定义进行讲解的过程中，由不同的研究者有各种各样的见解，引出“什么是管理，如果大师们的说法都不一样，这正常吗?”通过提问、讨论的方式，让学生探讨“在生活当中当别人的看法跟你不一样时，你是怎么对待的?”切换思维方式，使学生能够理解“同一样东西，看问题的角度不同就会有不同的认识”这一观点，学会辩证地分析问题。

思政过程：当组织中的人对管理有不同的认识时，我们应该怎么办？你是在听取不同意见后自己来做主，还是说各自做自己的，然后按自己的理解做管理。管理中出现这样的状况好不好？这个问题应该是很难回答的。至少可以说一点，这样既有有利的一面，也有不利的一面。有利的一面是大家能够从多个角度看问题，这样会使得我们每一个人的认知更全面。所以，同样的东西从不同的角度看，本来就是不一样的。

教学成效：弘扬辩证唯物主义理论，培养学生科学的、辩证的思维方式。

思政元素 2：“现象与本质的关系”——管理的表现形式与本质。

融入方法：通过观察管理工作表现出的各种各样的形式，如开会、跑银行、谈话、签字等，探讨管理的本质，引出“现象与本质的关系”思政元素。

思政过程：通过提问“大家想想看，我们在做管理工作的平时都在干吗?”引出人的认识过程。从管理工作的表现形式来看，真的是雾里看花，会发现什么都是管理。为什么说管理有的时候让人误解，就在于它的表现形式有太多的不一样。但是大家如果透过这些表面现象来看，它背后有没有共通的地方呢？由此可引出“现象与本质的关系”。因为事实就是事实，我们要学会从事物的表面抽离出来看到事物的本质。所以，理解了认识的发展过程，对事物的认识就能从表面到达本质，就能建立周围世界的联系，把握周围世界的发展规律，培养批判性思维方式。

教学成效：弘扬辩证唯物主义理论，培养学生科学的、辩证的思维方式。

思政元素 3：“你的价值由谁决定”——管理的功能。

融入方法：在讲管理的功能时，通过探讨为什么需要管理，引出人的欲望无限性与资源有限性之间的矛盾。这个矛盾成立，需要三个前提条件，一是欲望无限是否成立，二是资源有限是否成立，三是要想得到就必须要有付出是否成立。由第三个前提条件，引出思考："你的价值由谁决定"。

思政过程：由"资源的有限性与欲望的无限性这对矛盾"引出"要想得到就必须要有所付出"这个观点是否成立，然后引发思考：世界上有没有不劳而获的东西？通过讨论分析，大家一致认为，从绝对角度来讲，要想有所得到就必须要有所付出，因为物质不灭、能量守恒。由此，再进一步引出：你的价值由谁决定？是由公司老板决定吗？通过分析，大家知道自己的价值是由自己决定的，以此培养学生正确的价值观。

2.2.5 教学过程设计

按照"产出导向式"(OBE)的教育理念，安排教学过程。明确本节课的学习目标，采用不同的教学活动来考核学习目标的达成情况，包括线上学习、新课导入、师讲生听、课堂讨论、设疑抢答、师生问答、生讲生评、全班测试、总结归纳、课后拓展等。这些构成了本节课的教学过程，如图3所示。

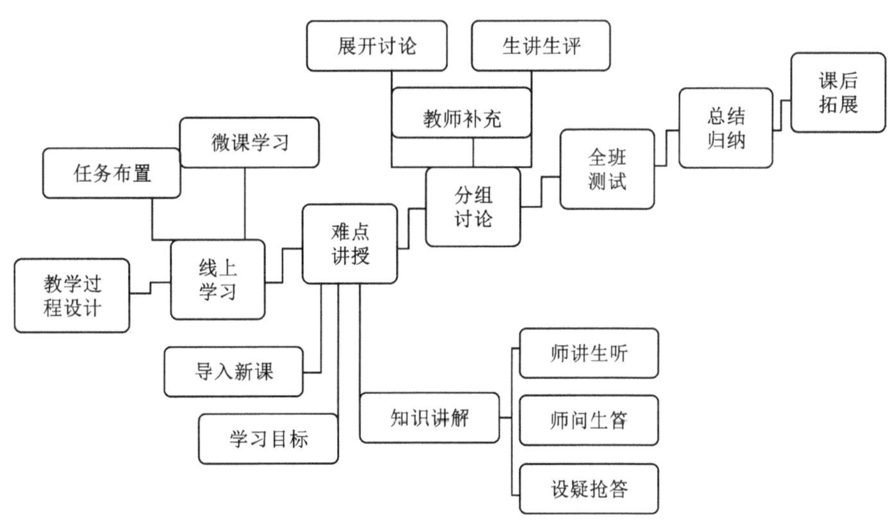

图3　教学过程设计

3 教学效果评价

在整个教学过程中，教师的角色是编剧、导演、主持人和裁判，要提前进行教学设计(编剧)、布置学习任务、答疑解惑，课堂精讲(导演说戏)，主持参与学生讨论(主持人+客串)，总结归纳补充(裁判)；学生则要进行线上自学、听讲、讨论、陈述、点评，其角色是演员、嘉宾或运动员，在很大程度上实现了以学生为中心的混合式教学。

在课堂精讲过程中，以学生的自主探究为中心，以问题驱动为主线，在各个环节中不断地创设问题情境、设置悬念，并适时地进行点拨诱导，再通过讨论，充分调动了学生的学习积极性；同时，在传授专业知识的过程中，对学生进行了思政教育：①由"管理的定义"引出

“同一样东西，看问题的角度不同就会有不同的认识”这一观点，让学生学会辩证地分析问题；②由“管理的表现形式与本质”引出“现象与本质的关系”这一思政元素，弘扬辩证唯物主义理论，培养学生科学的、辩证的思维方式；③由“管理的功能”引出“你的价值由谁决定”这一思考，培养学生正确的价值观。

这些教学活动，一方面，对学生起到了良好的思政教育作用；另一方面，从学生角度看，在专业教学中，会有耳目一新的感觉，也会消除审美疲劳，既活跃了课堂气氛，又提高了教学效果。

参考文献

[1] 毛泽东. 毛泽东选集(第一卷)：第二版[M]. 北京：人民出版社，1991.

[2] 李慧迪，孙永震，薛婷婷. 习近平新时代中国特色社会主义思想融入“管理学”教学实践的研究[J]. 邢台学院学报，2020，35(2)：116-120+125.

[3] 李羽飞，李励宇.《管理学》课程思政育人典型案例教学模式研究——以亚当·斯密劳动分工观点为例[J]. 科技资讯，2019，17(24)：100-102.

[4] 马心雨，刘瑞，奈日嘎，等. 基于大学生视角的“课程思政”教学设计思考——以《管理学》课程为例[J]. 内蒙古财经大学学报，2020，18(6)：38-41.

[5] 盛昭瀚. 扎根中国实践是我国管理学研究的优良品格[J]. 管理工程学报，2024，38(2)：1-7.

[6] 吕力. 管理学如何才能“致用”——管理学技术化及其方法论[J]. 管理学报，2011，8(6)：796-804+826.

高校礼仪课程思政元素挖掘与实施策略

杜孟蓉　代建香

(湖南应用技术学院 经济管理学院 湖南 常德 415000)

摘要：本文以高校行政管理专业礼仪课程为例进行思政元素挖掘和应用实践研究，分析课程思政的重要性及存在的问题，探讨思政元素与课程融合成效，从教师队伍、课程资源、教学方式、监控与评价等方面探讨思政实施策略，对推动其他课程实施课程思政有一定的借鉴意义。

关键词：礼仪；课程思政；思政元素；教学改革

1　引言

“课程思政”一词最早是由上海市委、市政府在2014年提出的，是指通过全员、全程、全课程等形式育人，将思想政治理念融入课程教学，实现润物细无声式的立德树人教学目标，具有广泛性、隐教性、多样性等特点。它是在传授知识、技能的同时引领思想政治教育的重要手段，对综合提升人才培养质量，立德树人，具有极其重要的意义。

2016年，习近平总书记在全国高校思想政治工作会议上强调，要在教育教学全过程中同步实施思想政治教育。2017年，国务院办公厅印发了《关于深化教育体制机制改革的意见》，正式将课程思政上升为国家战略部署。2020年，教育部《高等学校课程思政建设指导纲要》明确指出“专业课程是课程思政的基本载体”，需要结合不同课程的特点、教学方法和价值观念，深入分析教学内容、挖掘思政元素，并巧妙融入课程教学。

当前，众多高校教育者开始进行课程思政相关研究及教学改革。截至2022年8月2日，在中国知网搜索主题为“课程思政”的期刊论文，共找到28556篇，其中高等教育18154篇(41.98%)，职业教育5607篇(12.96%)。从近几年论文发表整体情况来看，2018—2022年的论文数分别为409篇、1937篇、5247篇、10175篇、5779篇，年增长率超48%。由此可见，课程思政已经成为高校教育工作者的关注热点。

礼仪是一门提高礼仪素养的课程。通过该课程的学习，学生可以了解商务礼仪基本知识，掌握不同商务活动中的礼仪规范，具备从事商务接待工作要求的技能，具备良好的个人素养，具有较好的服务意识。该课程具有很强的实践性和规范性，对学生职业能力培养和职业素养的养成起着支撑和促进作用。

本文以礼仪课程为例，开展高等院校专业课程思政元素挖掘及实践研究，分析课程思政实施的重要性及当前存在的问题，深入挖掘该课程的思政元素，并将思政元素融入课程理论教学和应用实践过程中。

2 课程思政实施的重要性及现存问题

2.1 课程思政实施的重要性

课程思政的教学目标是在传授知识、技能过程中融入思想政治教育，培养学生对专业知识的掌握和综合应用能力，培养学生遇到问题时，具有面对问题、分析问题及想办法解决的能力。同时，注重科学思维方法训练和科学伦理教育，培养学生具备追求真理、敢于探索、敢于创新的责任感和使命感，培养学生精益求精的大国工匠精神，激发学生科技报国的家国情怀和使命担当，培养具有扎实的专业知识和技能、遵纪守法、爱国爱党的高素质复合型技术技能人才。课程思政是高校“三教”改革的发展需求。高校是国家培养人才的重要前沿阵地，一直受到党和国家的高度关注，是大学生在树立正确“三观”的关键时期德智体美劳全面发展的地方。当前国际形势、社会环境和国家和谐发展都需要高校进行课程思政教学改革。但部分专业教师专注于专业课程教学，忽视德育，不能真正达到教书育人的要求。课程思政可以满足教师教书育人要求，提升教师综合素养。同时，课程思政可以帮助大学生树立正确的人生观、世界观、价值观，提升大学生的综合能力和综合素质。

2.2 课程思政存在的问题

虽然当前课程思政已在全国高校全面开展立项建设，但仍处于起步阶段，并存在以下问题。

2.2.1 对课程思政的认识和重视不够

校方不够重视，教师缺乏足够的培训和学习，专业课程教师找不到课程思政方向，还是采用传统的理论和实践教学方法，对思政元素的挖掘不深入，忽视了思政教育与专业教育的有效融合。

2.2.2 缺乏先进的课程思政理念

校方与教师缺乏先进的课程思政建设理念和教学手段，难以挖掘思政元素。

2.2.3 缺乏有效的课程思政评价体系

为了落实立德树人的根本任务，要将思政内容融入考核过程和成绩中，并注重教师与学生的双向评价。在教师考核学生的同时，学生也需要对教师的教学内容和师德进行评价。但当前教学评价体系中，仍然缺乏对思政实施效果的评价，导致教师在专业课程教学中进行思政教育的积极性不高。

3 课程思政元素挖掘

课程思政建设的一项关键任务是挖掘和提炼课程思政元素，然后将思政元素、内容以隐性教育方式在课程教学、实践活动及日常工作生活中进行施教，达到润物细无声的效果，避免学生在接受过程中感觉生硬、直接、枯燥、单一。根据礼仪课程特点和教学内容，本文深入挖掘课程思政元素，并构建了课程思政融合点和预期效果，如表 1 所示。

表 1　礼仪课程思政元素融合点及预期效果

序号	学习项目	学习任务	主要思政融合点	预期效果
1	礼仪概论	礼仪的概念及特征；起源与发展；基本原则与必要性	礼仪发展史与文化自信	弘扬中华民族礼仪传统，培养理解、谦让、诚实的待人态度和庄重大方、热情友好、礼貌待人的文明行为举止
2	仪表仪态	仪容美的要素、原则；站姿、坐姿、蹲姿、行姿和手势的基本要求和禁忌	仪容仪表仪态的训练	满足学生追求个人良好形象礼仪的需求，进行仪容仪表仪态的形体训练和行为实践，让学生掌握礼仪的规范要求和行为技能，达到内外兼修的目的
3	商务往来	电话、接待办公、谈判、仪式、宴请礼仪	培养职业精神	学生自主创设职业情景剧，对商务接待涉及的引领礼仪、接待礼仪、位次排列礼仪等进行情景模拟展示。在参与式体验中，学生能够感受细节对成败的重要性，有利于培养学生的责任意识和守信守时、工作细致、认真自觉的职业精神
4	涉外礼仪	基本理念和原则、规范	不同国家的商务礼仪习俗	在国际交往中，学习和了解这些原则和习俗，有助于学生更好地掌握涉外礼仪，展现自身修养，维护国家形象

4　课程思政在课程教学中的实施

为了更好地在专业课程中践行课程思政，本文从教师队伍、课程资源、教学方式、监控教学评价等方面进行了探讨分析，具体实施路线如图 1 所示。

4.1　建立高素质、高水平思政教师团队

礼仪课程是专业选修课程，教师不仅承担传授理论知识与实践技术技能的任务，还承担着学生思想政治教育工作任务。因此，专业教师必须具备扎实的理论知识、丰富的技术技能经验、优秀的科学素养、认真积极的工作态度等基本条件。然而，当前大多数教师的思政教育主要通过课堂教学、实训及日常与学生的接触交流进行，他们大多数仅以各自的人格魅力感染学生，思政效果不明显或者说欠缺。为了在课程教学中更好地实施思政教育，专业教师必须具备思政的意识和能力，能基于专业知识挖掘思政元素，掌握思政教学方式与技巧，并将其融入课程教学中。因此，需要对专业教师进行思政培训，提升师资能力水平。同时，在专业教师团队中融入思政教师，建立一支自然科学与人文社会科学交叉融合的在讲授专业课程知识的同时融合课程思政的教师团队。每门专业课程都应建立课程教学团队，并由他们共同研究与探索有关专业课程的思政元素和案例，巧妙地将这些内容融入专业课程教学中。

4.2　挖掘思政元素，制作思政课程教学资源及案例

建设完善的教育教学资源是实施课程思政并取得效果的保障，主要包括思政元素挖掘、

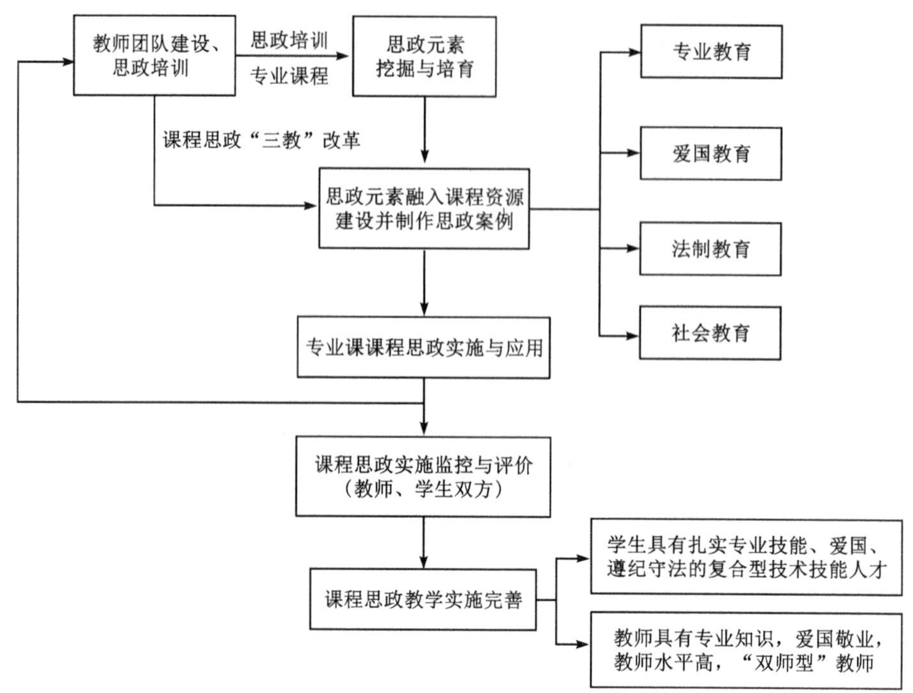

图1　专业课程的课程思政实施路线图

融入教学内容并制作教学资源。首先，在思政元素的挖掘方面，应根据课程所服务的学科专业、特点与人才培养方案，从课程形成背景、发展过程、现状及未来趋势、重大工程、科学家及重要人物事迹、专业知识原理、观点、教学实践等角度，挖掘其中蕴含的家国情怀、责任感、使命感、工匠精神、自主创新、不屈不挠精神等思政元素。其次，从职业素养方面，挖掘课程所蕴含的思政元素，如职业道德、安全意识、职业意识、职业行为、职业作风等。最后，结合中国特色社会主义伟大实践、国内外时事、先进事迹等进行课程育人元素的挖掘。另外，根据课程挖掘教学案例。比如，通过商务礼仪概述，介绍古代礼仪由来，引导学生坚定信念，培养爱国情怀和民族自豪感。再如，导入孟子“鱼与熊掌”的故事，让学生体会传统文化中的“舍生取义”精神。总之，应将思想政治理论话语转化为学生易于接受的、喜闻乐见的日常话语，以贴近学生生活实际、走进学生内心世界、融入学生思想体系；同时，还应满足学生追求个人良好形象的需求，进行仪容仪表仪态的形体训练和行为实践，让学生掌握礼仪的规范要求和行为技能，达到内外兼修的目的。

4.3　教学方式变革

课程思政教学方式不同于传统专业课和思政课，它是以专业知识为基础，将思政元素以隐性的方式融入教学全过程。专业教师通过课程思政培训和与专业团队进行讨论研究，可实施新的教学方式，具体实施方法如下。

（1）重构专业课程教学资源，包括课件、微课、微视频、在线交流与互动等多种形式。同时，搜集丰富的课程思政案例。

（2）将课程思政覆盖课程的理论教学和实训教学，并贯穿教学全过程。

（3）构建互联网与课程思政相结合的教学方式，实现线上线下一体化教学，打破学习的时空限制，使学生能够随时随地学习。依托“互联网+”移动学习平台实施精准教学。该模式摒弃传统填鸭式、教师单向机械式教学，结合高校学生差异性，精准设计教学目标，通过科学化、精准化地设计适合的教学环节，选择学生最易接受的学习方法；并采取差异化的考核评价，根据学生具体情况，在教学过程中不断调整教学策略，实现学生个性化参与式学习和教师精准教学、因材施教。

4.4 课程思政监控与评价

随着教育部《高等学校课程思政建设指导纲要》实施，各大高校也在不断探索思政育人的新方法和新路径。传统教学改革项目经常停留在“立项申报书”和“验收报告”上，往往忽视了课程思政元素的挖掘及融入方式，对教学的实施效果也缺少过程监控与评价。因此，需要对课程思政全过程进行监控与督导考评、教师互评、学生测评、企业人才质量评价等。督导考评主要侧重检查教学资源(教案、课件及在线课程资料)是否融入课程思政元素，以及融入的方式是否合理；教师互评主要是教师之间相互观摩、相互交流、相互学习，以及教学团队定期开展教学经验交流会，围绕思政教学过程存在的问题、重难点及好的经验做法，进行交流与探讨，共同提升教学水平；学生测评主要是每学期调查收集学生对课程的量化评价和反馈意见，了解学生在课程中进行思想政治教育的效果，同时发挥学生在教师进行课程思政过程中的监督评价作用。学生对教师教学过程进行评价和反馈意见，可进一步促进“三教”改革，提升育人效果。另外，学生到企业实践或者工作后，企业对学生的职业道德、职业理想等进行的评价可以作为学校课程思政教学改革和人才培养的重要考核指标。

5 结束语

立德树人是教育教学的根本任务。高校是国家培养人才的重要阵地，担负着培养德智体美劳全面发展的社会主义建设者和接班人的重大责任。因此，必须加强高校的思想道德教育。课程思政是高校教学改革的一项重要任务。本文以礼仪课程为例开展课程思政元素挖掘与应用实践研究，从课程思政的重要性、现存问题出发，深入挖掘课程思政元素。后续课程思政研究与实施还需要进一步考虑思政教育的多样性，提升思政教育的亲和力和感染性，并进一步提升思政课程的模范性、引领性。

参考文献

[1] 肖香龙，朱珠.“大思政”格局下课程思政的探索与实践[J].思想理论教育导刊，2018(10)：133-135.

[2] 刘建军.课程思政：内涵、特点与路径[J].教育研究，2020，41(9)：28-33.

[3] 巩茹敏，林铁松.课程思政：隐性思想政治教育的新形态[J].教学与研究，2019(6)：45-51.

[4] 李毅.现代营销礼仪“课程思政”的教学探究[J].现代职业教育，2020(21)：42-43.

[5] 王蓉，徐美玲.论课程思政视角下的专业课教学模式改革——以《现代礼仪》课程为例[J].湖北农机化，2020(5)：137-138.

[6] 陈卓婷，符熠.信息化时代下高职课程思政教学模式改革路径探讨——以商务礼仪课程为例[J].天津职业院校联合学报，2020，22(1)：68-71.

会计学基础课程思政元素挖掘与运用

彭子耘

（湖南应用技术学院 经济管理学院 湖南 常德 415000）

摘要：会计学基础课程不仅仅在财务管理专业中起到了入门课程的作用，而且在电子商务、国际贸易等学院的其他专业中，也作为了基础学科课程来设置。原因之一是，对于财务管理专业的学生来说，学好会计学基础对之后的中级财务会计、管理会计等课程会有很好的引领和指导作用。原因之二是，对于其他专业的学生来说，掌握会计理论的基础知识、了解会计运用的基本技能、学会基本的会计核算方法与会计信息的重要性对了解企业各项经济活动也是至关重要的。企业是经济活动参与的重要主体之一，对于企业内部来说，无论是财务岗的员工，还是业务岗的员工，了解与掌握基本的会计活动都对推动企业的发展与管理有重要的作用，这也是会计学基础这门课程在很多专业都开设的原因。

关键词：会计学；课程；思政元素

1　会计学基础课程在相关专业人才培养中的作用

本学院该课程参考的教材是高等教育出版社的《基础会计学》（第四版，主编：李占国）。该教材一共有十一章，计划学时共 56 个理论学时。课程安排从介绍会计要素与会计等式开始，逐步揭开会计这门专业的面纱，以制造业的主要经济业务核算为例，对企业整体经营活动中可能发生的核算业务进行介绍，最后落脚到会计账簿与财务报告。此外，课程还介绍了不同账务的处理程序。

1.1　会计学基础课程有助于学生全面了解企业经济活动

对会计信息进行合理的解读和评估，可以了解企业过去进行的经济活动，从而有效控制当前的经济活动，并对未来的经济活动进行合理的规划。因此，本课程能让会计类专业的学生打好专业知识基础，对于非会计类学科的学生而言，也可以提供一种财务的视角来理解企业的经济活动。

1.2　会计学基础课程有利于科学决策

本课程中介绍的会计核算方法与会计信息解读，能够为企业的利益相关者进行科学决策提供依据。比如，对于债权人而言，利用会计信息能够评估债务人的融资能力与风险。财务报表是最直观地反映企业经营成果的，学生们在学习本课程并对于财务报表反映的内容有了一定基础的了解以后，能够为理解企业的运营成果与未来的预算提供帮助，从而进行科学决策。

综上所述，本课程对于培养经济管理学院的学生尤其重要，但一门课程的学习不能局限于专业知识点的传授，必须注重能力培养，加强价值引领，如此才能达到国家对于这门学科的培养目标和要求。只有这样才能让学生从思想上认可本学科，接受本课程，在国家提出的高质量发展这一举措中，领悟会计类学科能起到什么样的作用。这也就要求教师要将传授专业知识给学生和实现专业教育与思政同行这两条轨道并向而行，互相促进，重视会计学基础这门学科的思政教育。

2 挖掘本课程思政元素的途径

“建成一批课程思政示范高校，推出一批课程思政示范课程，选树一批课程思政教学名师和团队，建设一批高校课程思政教学研究示范中心。”这是 2019 年 8 月 14 日，中共中央办公厅、国务院办公厅印发的《关于深化新时代学校思想政治理论课改革创新的若干意见》中明确提出的。由此可见高校课程添加思政元素的重要性。这也使如何实施课程改革，并在课程中加入思政这一要求成为高校关注的焦点之一。

思政元素范围广泛，包括但不限于思想观念、政治理念、国家信念、个人道德等。要将这些元素根据不同专业课程的特点，与历史教学研究、中国特色社会主义核心价值体系研究、中国优秀传统文化教育有机结合，在教好不同专业学生专业课的同时，也对学生的世界观、人生观和价值观进行正确的引导，将“四个自信”与个人职业发展规划相结合，增强青少年的使命担当，为建设社会主义现代化强国，实现中华民族伟大复兴而奋斗。

而会计学基础这门课程，也是受众对象非常广泛的，所以挖掘本课程的思政元素尤为重要。在很多人的心中，这门课程相对枯燥，一些规则与细节繁杂，记忆量大，学起来容易有畏难情绪，这就要求授课教师在课堂教学方面多多创新，构建课程思政框架，把立德树人的根本要求落到实处。

首先，在课前准备方面，我们可以从以下几个方面做到与思政元素的结合。①在订立教学大纲与人才培养体系时，立足专业需求导向，将目标层层分解。知识目标、能力目标、情感目标和价值观目标都是培养一名专业的会计人员需要考虑到的因素缺一不可。就本课程而言，知识目标是针对与课程教学和重点章节密不可分的，对会计要素、会计账务、会计报表等的理解能力；能力目标是针对学生在进行实际的案例小组作业时，针对不同的企业情况而采取的不同措施所进行的热烈讨论与实践操作的能力；情感目标是针对在参与企业经济活动中必不可少的团队意识、合作意识与交流沟通能力；而价值观目标则是思政元素的重点体现。我们不仅要在专业操作上培养人才，还要在家国情怀上培养学生爱国、守法、诚信、敬业等品质，使其具备良好的职业道德。②在选择教材与教师备课方面，不能割裂专业课程与思政课程的联系。教材不仅仅是学生学习的主要载体和工具，也是反映课程思政元素的载体和工具。仅在教学大纲与人才培养体系中体现思政元素是远远不够，还应在选择教材方面注意课程的思政要求。如果在某一本教材中没办法很好地结合两者，就要参考更多的资料。这就要求教师在备课时，关注每一章节能够与思政产生联系的方面，以满足课程思政的要求。最常用的方法是案例教学，即以当代热点为抓手。这就要求教师在课前准备时，要与时俱进，多关注时代热点，避免课程模块与思政模块出现“两张皮”的问题。同时，还要与真实情景结合，分析课程各章节内容与时代热点结合的可能性，在追求真理的同时，也追求教学改革与创新，让学生在课堂上不仅对专业知识有所建树，而且对时代热点也有所把握。

其次，在具体的课程环节，我们也有多种方法结合思政模块。①在教授学生课程模块知识时，如会计具体科目的运营、不同核算方法的运用等，不仅仅专注于知识内容本身，也应该注意培养学生的认知逻辑，避免填鸭式教育造成的死记硬背，让学生在理解记忆下融会贯通。思政模块与专业课程的结合，离不开各类教学方法的运用。课中环节是思政元素挖掘的核心环节，教师需要将运用的教学方法和教学手段进行新的提升，让现代化助力教学优势的提升。这样做也可使课程的思政模块更好地将会计学科基础知识与马克思主义辩证思维、社会主义核心价值体系、优秀的中华传统美德及先进的时事进行深度融合。②在课堂教学过程中，与学生进行互动、实操演练和反复交流沟通，通过学生有反馈、教师有反思的方式，不断地加强价值体系建设。课后环节也是对教学思政元素进行保障的重要一环。教师虚心听取学生的反馈，通过教学评价及同行评价的结果，对自己的教学思政环节进行总结与反思。会计学基础是实践操作性很强的一门学科，学生不能被动地成为被灌输的对象，而应该主动参与到教育教学的环节中去。教师根据学生反馈的结果，不断地进行调整，不仅能提高了自己的教学水平，还能够不停地督促自己寻找新的思政切入元素。

通过课前准备、课中教授、课后反思三个环节共同体现思政元素，不断地挖掘本课程与思政结合的可能性，着力推进课程思政改革的步伐。综上所述，我们可以知道，教师在课程思政元素的挖掘中起到了不可磨灭的作用，教师团队的专业功底、思想底蕴、视野广度都会影响整体课程的呈现效果。因此，教师团队的建设也尤为重要。①全体动员，充分调动每个教师的积极性。首先，必须要让教师充分认识到思政元素的融入对基本的专业教育起到的增量价值，并主动参与到课程思政点的挖掘中去；其次，在思想层面上，多举办与本课程、本专业相关的思政讲座，以及课程思政培训与比赛，让教师在不断地学习与竞争中提高自己的教研能力；最后，利用优秀教师对课程思政元素的把握，形成团队与品牌，辐射带动周边其他教师。②与思政课程教师团队寻求合作，共同成长。靠专业教师把握思政元素可能或多或少存在局限性，为了更好地融合专业课程与思政，可以组织两个学科之间的教师定期开展研讨会，进行课程探讨，使思政教师的专业能力与经济管理类教师的专业能力得到更好的结合。不仅如此，还可以创设性地开办两类课程同向同行的科研项目，使不同专业领域的教师能在合作中寻求协同。两大课程教师在互相交流教学经验的过程中，能够更加明确自身的定位，也能促进本专业课程的教师对思想政治教育、思想政治理论、思想政治工作都有全新的认识，进而更好地促进本专业课程教学与思政元素的融合。③广泛吸收社会资源与力量，扩充本专业课程思政的社会师资库。思政元素存在社会的方方面面，劳动模范、先进工作者、人大代表、政协委员等都是社会主义核心价值体系的践行者。因此，邀请他们为学生做讲座，能够更好地在思想道德层面引导学生，更加有效地发展壮大学校的思政育人队伍。

3 会计学基础课程思政元素的运用

第一，明确本学科的思政建设目标为培养德才兼备、高素质、应用型的新时代财会管理人才，爱国、敬业、诚信、友善为学生应该有的责任与担当。贯彻落实立德树人为教育的根本任务，而课程思政元素就是立德树人的主阵地。诚信原则是社会主义核心价值观的重要体现，而诚实守信也与一个合格的会计人员密不可分。本课程作为会计类学科的基础课程，在课程思政元素中融入诚信是必不可少的，不仅能保证会计的可靠性，也能减少会计舞弊的发生。因此，必须对学生进行诚信教育，培养学生的可靠品格。会计的权责发生制也强调了责任与担当，这与我们社会主义核心价值观中体现的敬业精神不谋而合。

第二，“四个自信”贯穿企业案例教学全过程。在课堂教学中，运用案例是必不可少的，而在进行案例分析时，同时也要探索中国特色的财务管理理论，坚定学生的道路自信、理论自信、制度自信、文化自信。通过详细有特色的案例选择，可以体现“四个自信”的丰富内涵。在本课程的教育中，帮助学生树立正确的权力观与责任观，使他们常怀感恩之心，勇于奉献，埋头苦干，锲而不舍。

第三，利用成本收入类课程的讲述，帮助学生树立正确的消费观。对于企业来说，成本控制是实现可持续发展的一个重要路径，对于学生来说也是一样。刚步入社会的学生也许因为各种诱惑与陷阱，会选择一些非法的途径或金钱来满足自己的生活。教师在课堂上应告诉学生量入为出的重要性，在一定程度上培养学生正确的消费观念。

第四，遵纪守法，恪守法律与职业道德。守法是各项工作能得到合理开展的重要保证，作为经济活动中重要的参与主体，会计类人才的守法意识也是十分重要的。会计类学科人员的职业道德已经发展为一门独立的学科。因此，在课程教学中加强职业道德教育是很有必要的，教师应要求学生在掌握专业知识的同时，懂法、守法、敬法，切实保护国家与社会各方各人的利益。

第五，培养学生大局意识与创新意识。会计工作不仅仅是一项记账任务。随着近些年会计内核的不断扩充，对会计人员的要求也有了变化，从之前单纯的记账、做账、出报表已经发展为现在的为公司的经营管理作出贡献。事前预测、事中控制监督、事后分析都需要会计人员的参与，因此，我们在进行本课程的教学时，需要教给学生的东西就不再局限于会计知识了，而是否有一个全局的视野，对经济活动有整体的认识和把控。同样的，一成不变对于会计工作的开展也是没有帮助的，因此还需要让学生树立创新意识，在打牢基础的同时鼓励创新。

4 总结

会计学基础这门课程或许在大多数学生心中都是枯燥的，所以选择了死记硬背的方式来学习。作为教师，要帮助学生克服这种畏难情绪。这不仅要求教师自身对课程中的专业内容有所把握，还需要教师用创造性的方式去讲述，用历史观、创新观结合的方法，调动学生对本门课程的积极性，在课程中挖掘思政元素，运用思政元素，融合思政元素，正确理解二者之间的辩证关系。思政课程与专业课程不是割裂的，只有教师保持终身学习的态度，在实践中不断地积累经验，持续改进教学方法，不断地深挖与优化思政元素的具体运用，才能将立德树人的效果发挥到最大。

参考文献

[1] 张悦. 基于 345 模式的《财务会计学》混合式教学研究与实践[J]. 财会通讯，2023(9)：164-171.

[2] 叶康涛，周华. 以历史研究引领工商管理学科课程思政——中国人民大学会计学科的探索[J]. 中国大学教学，2023(3)：18-23+41.

[3] 温素彬，温皓然，张兴亮，等. 兼听则明：智能会计人才培养的调查研究与方案设计[J]. 财会月刊，2023，44(1)：81-86.

[4] 董必荣，张兴亮. “会计学”课程的课程思政设计研究[J]. 财会通讯，2022(24)：26-29+42.

[5] 柳廷俊，刘国城，刘锦. 思政课程与课程思政融合发展的现代审思与应然之策——以“会计学”课程为例[J]. 财会通讯，2022(24)：34-37+94.

[6] 单德伟，黄中生，谢雨豪. 新文科背景下“思践制一体”课程思政模式构建研究——以南京审计大学会计学专业为例[J]. 财会通讯，2022(24)：38-42.

[7] 刘子怡，董必荣，王蓉. 课程思政建设效果评价研究——以南京审计大学“会计学”课程为例[J]. 财会通讯，2022(22)：42-46+71.

[8] 温素彬，董必荣，张兴亮. “思政引领+科技赋能”的会计学专业智能化升级——以南京审计大学为例[J]. 财会通讯，2022(20)：27-31+43.

[9] 董必荣. 思政引领下的新文科人才培养模式探析——以会计学专业为例[J]. 财会通讯，2022(18)：35-41.

[10] 柳廷俊，刘国城，庞超. 会计学课程思政与思政课程协同育人教学团队建设的困境与出路[J]. 财会通讯，2022(18)：50-55.

[11] 董必荣. 论课程思政的认识误区与建设困境——以“会计学”专业及其相关课程为例[J]. 财会通讯，2022(16)：35-39+45.

[12] 董必荣. 论课程思政的建设思路与落地路径——以“会计学”课程为例[J]. 财会通讯，2022(14)：20-23.

[13] 汪利，周达勇. 基于OBE理念的课程思政教学研究——以会计学专业为例[J]. 财会通讯，2022(14)：24-27.

[14] 许汉友，李媛媛，李莹. 新时代会计学类课程的课程思政教学研究[J]. 财会通讯，2022(14)：28-32.

[15] 刘国城，董必荣，黄中生. 会计学“课程思政”示范专业建设的研究动态、实现路径和保障策略——以南京审计大学为例[J]. 财会通讯，2022(12)：27-32.

[16] 尹夏楠，孙妍玲. 专业思政与课程思政一体化建设的探索与实践[J]. 山西财经大学学报，2022，44(S1)：127-129.

[17] 陈晓芳，陈昕，洪荭，等. “会计学原理”课程思政建设：价值意蕴与教学实践[J]. 财会月刊，2022(3)：79-87.

[18] 孙慧倩，王烨. 植入社会主义核心价值观的会计学课程思政框架构建[J]. 财会通讯，2021(21)：163-167.

[19] 殷俊明，张兴亮. 会计学“专业思政”建设的思考与探索[J]. 财会通讯，2020(15)：163-166+176.

应用型本科院校会计专业课程思政在教书育人中的作用

杨　佩

（湖南应用技术学院 经济管理学院 湖南 常德 415000）

摘要：党的十九大以来，中国特色社会主义进入新时代，强调高校教育的根本任务和目的是“立德树人”，而实现“立德树人”的重要途径是课程思政。近年来，频繁曝出上市公司财务舞弊的丑闻。这些无不警示我们在会计等财务相关专业的教学中，不仅要注重学生专业素质的培养，更要注重学生职业道德的培养。因此，更加充分地将课程思政融入相关专业课程的教学过程中显得尤为重要。本文以会计学类课程为例，结合应用型本科院校人才培养的目标，首先提出将思政教育融入会计专业课程的方法与途径，然后分析将课程思政融入会计专业课程教学过程中的作用。

关键词：应用型；会计学；课程思政

1　应用型本科院校会计人才的培养目标

随着社会经济的不断发展，提高对知识的实际应用能力在创业和就业中扮演的角色越来越重要。本科高校应该适应新的人才市场的需求，在教授好理论知识的基础上，还要掌握不同时期市场的需求，制定有市场针对性的人才培养方案，培育应用型人才。在传统的教育观念中，不少学校以应试教育为主，导致不少学生轻实践重理论。目前，很多应用型本科院校培养的学生，其专业能力与实际岗位需求之间存在着一定的差距。因此，高校应该加强树立培养应用型人才的新观念，积极改进并探索新的教学方法和模式，努力优化和创新教学方式，从而培育出更多符合社会需求的应用型人才。

《普通高等学校本科专业类教学质量国家标准》明确规定了会计学专业的教学质量要求。但是，应用型本科院校和研究型本科院校之间还存在着很大差异，因此需要结合每个学校的定位来确定人才培养方案。对人才培养标准的定义分为狭义的和广义的。狭义的人才培养标准认为人才培养标准与人才培养规格及人才培养目标相似。广义的人才培养标准包含的内容有很多，例如，师资队伍、人才培养目标、教学条件和课程体系等。这就要求应用型本科院校培养的学生不仅要做到德、智、体、美、劳全面发展，还要具备会计核算和管理能力，以及会计学、经济学、管理学和法律等方面的知识。此外，还要具备创新意识、实践能力及社会责任感。

应用型本科院校培养的是适应社会经济发展的高水平、高技能的应用型人才。但是，考虑到会计等相关财务行业的特殊性，行业对会计人员的要求不仅仅局限在高水平的业务能力上，还要求相关从业人员有较高的思想政治觉悟，并能将其与专业能力相结合。因此，从大学教育的第一堂课开始，就要将正确的思想政治教育融入每一节课[1]。

2 思政教育融入课堂的途径

2.1 任课教师育人理念从“思政教师”转换到“教师思政”

传统的高校育人理念认为专业教师应以专业知识的传授为主，而学生的思想政治工作由专门的思政教师负责。然而，新的育人理念认为专业教师也是高校人才思想政治教育的主力军。因为，对于学生而言，他们与专业教师在一起的时间更长。此外，由于学生对专业教师在专业领域权威性的尊重、崇拜与信赖，专业教师的思政传播更有效。因此，应着力培养各专业教师的思政育人意识与能力，将思想政治教育与会计职业能力教育相结合，将思政元素融入会计专业课程中，实现从“思政教师”到“教师思政”的观念转换[2]。

2.2 思政教育内容与人才培养方案相匹配

根据《教育部关于印发“高等学校课程思政建设指导纲要”的通知》《教育部关于加快建设高水平本科教育全面提高人才培养能力的意见》等，经济管理类的课程不仅要以提升学生本专业特有的专业技能为教学目标，还要教授学生与本专业相匹配的专业技能，以提升学生的个人综合素质[3]。学生只有掌握了足够的专业知识技能和具备了较高的综合素质，才能真正成为新一代的大学生，为中国特色社会主义的伟大事业而奋斗，才能为中华民族伟大复兴而献力。所以，各大高校应该及时更新并完善经济管理类各个专业的人才培养方案，各经济管理类学科的教研室也应该及时更新教案及教学大纲。并且注重将思政教育融入人才培养方案及教案，最终使思政教育贯穿整个育人的过程。

在更新和完善经济管理类专业的人才培养方案及其他教学材料的过程中，需要把握三个关键点：首先，在检验思政教育融入专业课堂的效果时，应该重点关注各个专业的特色；应该具体分析案例与事件的关联程度，不能在授课过程中生硬地加入思政内容；应该考虑引入的思政元素能否提高学生的素质和思政意识，而不是一味追求思政元素的数量而不考虑引入的质量。其次，要保证课程思政内容的引入符合逻辑，不能通过简单的案例或者事件进行灌输，应该结合本专业的客观实践和理论知识，并且凸显本专业的专业特色，使学生在潜移默化中坚定自己的理想信念。最后，课程思政的讲解不应该是课堂的一个独立的部分，而是要与某一个专业知识点相结合。关于课程思政内容的选择，可以通过具体案例或者事件引入，以提升学生爱国、爱党、独立思考、奉献、爱岗敬业等方面的素质。

2.3 将思政元素与教学内容相结合——以成本会计课程为例

成本会计课程开设的主要目的是进一步加深学生对所学专业理论知识的理解，强化会计各岗位基本职业技能的训练，不断提高学生的动手能力及综合运用能力。此外，该课程注重操作性的训练及系统思维和整体设计能力的培养，可以全面提高学生会计核算与财务管理的综合能力，还可以充分调动学生学习积极性，培养职业意识，使学生提前进入职业角色，为民营中小企业培养具有扎实的专业基础理论及实际操作水平，并且能胜任财务会计核算和财务管理工作的高素质技能型人才。然而在现实社会中，用人单位对成本会计岗位工作人员的要求远不止这些。目前社会中大部分的公司要求成本会计岗位的专业人员不仅需要拥有较高的职业素养和专业知识，还需要具备较强的社会责任感、吃苦耐劳的精神、较强的人际交往能力和团队协作能力，以及承受高强度工作压力的能力。因此，专业教师在备课的过程中就可以把团队协作、爱岗敬业、无私奉献等思政元素与具体的专业知识点相融合，从而体现到成本会计教学的过程中[4]。例如，成本会计课程中的一个重要的知识点：品种法。在这个知识点的实训过程中，教师可将班级成员分成若干个小组，让各个小组的成员都有自己的明确分工并且必须承担一定的工作职责，这个过程就可以体现团队合作，从而实现思政教育的目标。除此之外，完成实训之后，每个小组都要展示本组的实训过程及实训结果，并且找出实训过程或者结果存在的问题和不足，然后进行组内讨论、并找到问题出现的原因，最后解决问题。在讨论过程中，有些学生会反思自己的不足。例如，在计算的过程中，由于不细致最后导致结果错误。实训课程允许大家出错，但是在实际工作中，每一个小错误都有可能导致整个部门甚至整个公司的工作成效功亏一篑，更有甚者还会影响产品的定价，最终误导公司的管理层做出错误的决策。因此，专任教师在授课过程中要时刻提醒学生增强职业责任心，尽职尽责地对待自己所做的工作，这样才能较好地使思政元素有效融入成本会计课堂教学过程中，进而促进学生综合能力的提升。

3　将思政教育融入会计学类课程的作用

会计工作不是简单的机械操作，因此在培养会计人才时还要加入思政元素。会计信息质量具有非常重要的影响力，因为它的质量在微观层面可以直接影响各个企业的经营，并且在宏观层面还可以影响一个国家的经济管理。从 2001 年安然公司财务造假事件以来，陆续曝出了很多大型的财务造假事件。这些丑闻的曝出无一不体现了会计从业人员会计职业道德的缺失，也无一不警示高校教师要注重对学生职业道德的培养和思想政治的教育。

3.1　促进立德树人

“课程思政”是近几年提出的一种创新型的综合性的教育教学理念。这种教育理念将“立德树人”作为根本任务，并且将全体教师和全部课程都包含在内，是一种多维度的教学形式。它是将思想政治教育和学科专业知识教育有机自然地融合，并形成协同效应。当前，高校要肩负起引领当代大学生形成正确的价值观、世界观和人生观的责任[5]。各大高校设置课程思政的初心是为了将课程思政元素与各专业课程进行有机融合，达到知行合一，最终实现全方位育人的目的。想要“育人”必须要先“立德”，因此各专业教师需要思考的一个非常关键的问题就是怎样才能将课程思政和专业知识传授过程有机地结合。各大高校想要为国家为社会培养德、智、体、美、劳全方面发展的高素质人才，就要坚持以德施教、以德立学、以德立身的原则，并且引领大学生树立正确的价值观、世界观和人生观。

会计类专业人才培养目标是培养既具备扎实的会计理论基础和娴熟的操作技能，又具有职业修养和道德修养的人才。会计行业要求会计从业人员具备较好的职业道德素养，并且有坚强的意志力以抵御利益的诱惑和诚实守信的思想品德。

3.2 培养学生的社会责任感

“为国家政治制度和国家经济建设服务”是新中国对会计专业的定位。也就是说，会计专业的办学目的是保障国家经济发展，维护社会主义制度，维护社会主义市场经济秩序。会计行业是我国市场资源实现合理有效配置和宏观经理管理的基础性工作，因此会计岗位不仅仅存在于各企业和单位的内部经济管理活动中，还具备较强的外部效应，那就是会计行业承担了一定的社会责任，因为会计人员提供的财务信息依然是一种公共产品[6]。所以，高校应该培养会计类专业学生强烈的“经世济民”的社会责任感。此外，会计类专业学生还要有意识地将自身的价值和理想抱负与国家的利益和人民的利益相结合，要有意识地将自己学到的专业知识与社会主义现代化建设的需要相结合。

3.3 培养学生的志气、骨气和底气

课程思政的融入可以培养学生的志气、骨气和底气。

志气是指当代大学生要拥有坚强的意志和远大的理想抱负。会计行业在很大程度上保护了人民的利益并促进了我国社会经济的发展。高校教师应该因材施教，针对学生不同的兴趣和特点，指导学生合理地规划自己的学业和职业，从而提升学生的志气[7]。

骨气要求学生做人做事有自己的原则并诚实守信。会计行业充满了利益的诱惑，实际工作中也有很多会计从业者没有经受住金钱的诱惑而丢掉了自己的底线。各种财务造假事件既为社会带来了不好的影响也损害了国际行业的公众形象。这就要求会计专业的教师在专业知识的讲授过程中教育学生要守住职业道德的底线，要有与邪恶势力作斗争的勇气，具有“富贵不能淫，威武不能屈”的骨气。

学生的底气来自他们的自信，而他们的自信需要以强大的国家作为支撑，同时也受到一些外部因素的干扰[8]。一方面，会计是一个专业性非常强的行业，因此高校教师应该注重培养学生的专业知识，提高学生的专业素质，进而使学生在遇到各种复杂难题时具备一定的底气；另一方面，会计专业的教师应该在传授专业知识过程中融入国际的发展对我国社会主义经济发展的贡献和社会主义建设的伟大成就，从而增强学生的专业自信和民族自豪感。同时，还要让学生增强“四个自信”，壮大自身的底气。

4 结语

作为会计专业学生在大学阶段的第一门专业课程，在会计学教学过程中融入思政教育元素，可以有效地帮助学生树立正确的世界观、价值观和人生观。然而，目前会计类学科课程思政元素的融入还存在着很多问题，需要高校管理层和教师给予更多的关注。高校会计专业教师是会计学类课程改革的具体实施者，其核心任务是挖掘会计专业知识点中的潜在思政元素。思政元素与会计类学科的教学过程有机融合是培养德才兼备的会计人才的必经之路。在会计类人才培养的过程中，不能只注重教授学生会计专业知识和实践技能，更要关注学生思想道德和职业道德的培养。这样才能为社会和国家输送具有社会主义核心价值观的综合素养的会计人才，进而更好地服务于我国社会经济的发展。

参考文献

[1] 武文，林秀琴.应用型本科院校《会计学》课程思政教学研究[J].金融理论与教学，2023(2)：107-110.

[2] 张新莉.高职会计专业课程思政教学研究[J].产业与科技论坛，2021，20(4)：131-132.

[3] 李万克，李广苜紫，余洋.思政教育融入本科会计学专业课程教学研究——以《成本会计》为例[J].现代商贸工业，2022，43(22)：223-225.

[4] 张献莹，吴艳，王京文.成本会计课程思政教学改革思考[J].新课程教学(电子版)，2022(22)：183-184.

[5] 谷月，白传亮，高泽文."立德树人"视域下课程思政教学改革实践研究[J].辽宁高职学报，2023，25(9)：38-41.

[6] 杨吉喆.宏观视角下中国企业金融化形成机理研究[D].长春：吉林大学，2022.

[7] 田昆儒.在历史坐标中认识新中国会计的发展——为庆祝中国共产党成立100周年而作[J].财会月刊，2021(13)：3-12.

[8] 周竹梅，宋岩，李海廷.以"七一"重要讲话引领会计课程思政教学[J].会计之友，2021(21)：158-161.

06

第六篇
“三全育人”与“五育并举”

数字化赋能下的高校教育管理改革研究

高作梅

（湖南应用技术学院 湖南 常德 415000）

摘要： 本文探讨了数字化技术在高校教育管理改革中的关键作用，旨在解决高校资金分配、师资力量和教学设施方面的问题。通过大数据分析平台和区块链技术，高校能够实现资金的透明化管理，优化资源配置，提高资金使用效率，从而推动教育公平和教学质量的提升。智能化招聘平台和远程培训平台为地方高校和新建高校提供了吸引人才和增强师资力量的有效途径，缩小了它们与重点高校的差距。虚拟实验室和智慧校园的建设，则弥补了实验设备和教学设施的不足，提升了教学质量和管理服务水平。同时，数字化图书馆和在线学习资源平台丰富了学生的学习资源，促进了他们的自主学习和个性化发展。通过持续推进数字化技术的应用，高校能够更好地适应和应对教育领域的快速变化和新需求，实现教育质量和办学水平的全面提升，为实现教育现代化目标提供坚实保障。本文从数字化资金管理、智能化师资招聘与培训、虚拟实验室与智慧校园建设等角度，详细论述了数字化技术在高校教育管理改革中的具体措施和显著成效。

关键词： 数字化赋能；高校教育管理；资金管理；师资力量；智慧校园

1　问题的提出

在当今信息技术飞速发展的时代，高校教育管理改革已经成为推动教育事业发展的重要课题[1]。高校作为培养高素质人才的摇篮，其管理水平直接影响到教育质量和人才培养成效。然而，传统的高校教育管理模式存在诸多问题，难以适应新时代的要求。例如，管理体制僵化、资源配置不均、评价体系单一等问题在高校教育管理中普遍存在，不仅制约了高校教育事业的发展，也影响了人才培养质量的提高。因此，探讨高校教育管理改革的必要性尤为重要。改革的目标不仅是提升管理效率，更是实现教育公平，提高教育质量，培养适应社会需求的创新型人才[2]。与此同时，数字化技术的快速发展为高校教育管理改革提供了新机遇。数字化不仅可以打破传统管理模式的局限，提升管理效率；还可以通过大数据分析、智能化平台等手段，实现教育资源的优化配置和个性化教学。在数字化时代，信息技术的应用已经渗透教育的各个环节，从学生管理、课程安排到教学评价，数字化手段无不发挥着重要作用[3]。例如，智能化校园管理系统可以实现校园事务的高效管理，大数据分析可以为教育决策提供科学依据，在线教育资源平台则为学生提供了更加灵活的学习方式。通过数字化，高校教育管理不仅能够提高效率，降低成本；还能够更好地满足师生的需求，提升教育服务的质量和水平。此外，数字化技术还可以促进教育管理的透明化和规范化，提高管理的公正性和科学性[4]。因此，探讨如何通过数字化赋能推动高校教育管理改革，具有重要的现实意义和长远价值。高校教育管理改革不仅是提升教育质量、促进教育公平的需要，也是适应信息化社会发展的必然选择。通过数字化技术的应用，高校可以构建更加高效、科学、公正的教育管理体系，实现教育管理的现代化，推动教育事业的可持续发展。因此，本文将通过对高校教育管理现状的分析，探讨数字化赋能高校教育管理改革的具体措施和路径，为高校教育管理改革提供理论支持和实践指导。

2 高校教育管理改革的困境

2.1 现有管理体制的局限性

传统高校教育管理体制的僵化问题是当前教育管理改革中的一大难题。高校教育管理体制往往具有层级多、决策流程复杂等特点，这种体制虽然在一定程度上保障了管理的规范性和严谨性，但是也带来了许多弊端。首先，决策层级过多导致信息传递的效率低下，从一线教师到校领导的信息传递需要经过多个层级，不仅延长了信息传递的时间，还容易造成信息的失真和误解[5]。例如，一线教师在教学过程中发现的问题和提出的建议，往往需要经过系主任、院长等多个层级的汇报和审批才能到达校领导层，而最终到达校领导层时，问题的紧迫性和重要性可能已经被弱化甚至忽视了。此外，决策层级多还导致管理者和教师之间的沟通不畅。教师作为教育的直接实施者，对教学过程中出现的问题和改进措施有着最直接的体会和见解，但他们的声音很难被校领导及时听到和采纳。这种沟通不畅不仅打击了教师的积极性和主动性，也影响了教育管理措施的有效落实。例如，一些创新性的教学改革建议，可能在传递过程中被层层审批和修改，最终失去了原有的创新性和针对性。管理措施难以有效落实是高校管理体制僵化的另一个突出表现。高校的各项管理措施往往需要经过多个层级的审批和执行，而每个层级都有其自身的利益和考量，因此容易在执行过程中出现偏差。例如，某校出台了一项新的教学评价制度[6]，其初衷是为了提高教学质量，但在执行过程中，可能由于不同部门和人员的理解和操作方式不同，最终导致执行效果大打折扣。这种管理措施的难以落实，直接影响了教育改革的推进和创新。此外，僵化的管理体制还限制了高校对外部环境变化的快速响应能力。在当今科技和环境快速变化的社会中，高校需要不断调整和创新管理模式，以适应新的教育需求和发展趋势[7]。然而，传统的管理体制由于决策流程复杂、响应速度慢，往往难以迅速做出调整和应对。例如，随着信息技术的发展，数字化管理和在线教育成为趋势，但一些高校由于管理体制的限制，在引入和实施这些新技术和新模式时，往往反应迟缓，错失发展良机。因此，改革高校教育管理体制，简化决策流程，增强管理者和教师之间的沟通与合作，提高管理措施的执行力，是当前高校教育管理改革的关键所在。只有进行体制改革，才能为高校教育的创新和发展提供坚实的保障，实现教育质量的全面提升。

2.2 资源配置不均

2.2.1 资金分配不均

高校内部资金分配不均是当前教育管理中存在的一个突出问题。部分重点高校和知名高校由于自身的历史积淀、社会声誉和资源吸引力，能够获得较多的财政拨款、社会捐赠和科研项目资金。这些资金不仅可用于基础设施的建设和更新，还能大幅提高师生的福利待遇，吸引更多优质的生源和师资。相对而言，地方高校和新建高校由于缺乏这些优势，获得的资金支持相对较少。特别是经济欠发达地区的高校[8]，更是面临着比较严重的资金短缺问题，难以进行基础设施建设和教育资源的更新。资金的不均衡不仅导致了高校之间办学条件的巨大差异，也直接影响了教育质量和学生的学习体验。例如，一些地方高校由于经费不足，教学楼、实验室等基础设施陈旧，教学设备老化，难以满足现代化教学的需要，极大地制约了教育教学质量的提升。此外，资金短缺还导致地方高校难以提供丰富的学生活动和课外实践机会，影响了学生的全面发展和综合素质的提高[9]。

2.2.2 师资力量分布不均

师资力量分布不均是影响高校教育公平和教学质量的重要因素。重点高校和知名高校之所以能够吸引国内外顶尖学者，是因为其不仅拥有优越的科研条件和教学环境，还能提供较好的薪资待遇和具有较高的社会声望。与此形成鲜明对比的是，地方高校和新建高校在师资力量上则相对薄弱，优秀教师数量少，师资队伍整体水平不高[10]。一些地方高校教师资源严重不足，甚至出现了部分课程无人讲授的情况。师资力量的不足不仅影响了课程的开设和教学质量，还制约了学校的学科建设发展和科研水平提升。

2.2.3 教学设施差距大

教学设施差距大是高校教育资源不均衡的另一个重要表现。重点高校由于资金充裕，教学设施和科研设备都处于领先水平，可为学生提供优越的学习和研究条件。而地方高校和新建高校则在这方面存在明显的不足。许多地方高校教学设施陈旧，实验室设备落后，图书馆藏书有限，难以满足学生的学习和科研需求[11]。这种基础设施的差距不仅影响了学生的学习体验，还制约了教学质量和科研水平的提升。例如，由于缺乏先进的实验设备，学生难以进行高水平的实验操作和科研训练，导致实践能力和创新能力的培养受到限制。此外，教学设施的不足还影响了学校的招生和社会影响力，许多学生和教师可能会因为对学校这些方面的不满意而选择其他高校。

2.3 评价体系的不足

2.3.1 评价体系单一

现行的高校评价体系比较单一，主要依赖于学生的考试成绩和科研成果，而忽视学生综合素质的培养。考试成绩虽然在一定程度上可以反映学生的学术水平，但无法全面反映学生的实际能力和素质[12]。尤其在现代社会，创新能力、团队合作能力、领导力等综合素质越来越重要，单一的考试成绩评价体系显然难以满足这些需求。过分强调考试成绩，导致学生在学习过程中重视理论知识的背诵和应试技巧，忽视实践能力和创新思维的培养。这种评价体系不仅限制了学生的全面发展，也使得教育教学的实际效果难以全面体现。例如，一些在学术考试中成绩优秀的学生，可能在实际工作中缺乏应对复杂问题的能力和创新思维，难以适应社会的需求。

2.3.2 对教师教学积极性和创新能力产生消极影响

现行的评价体系不仅对学生有不利影响，也对教师的教学积极性和创新能力产生了消极影响。评价体系过于依赖科研成果，使得教师在教学和科研之间难以平衡。教师为了追求科研成果和学术论文发表，往往投入大量时间和精力在科研工作上，而忽视了教学工作的重要性[13]。这种现象导致教师在教学中缺乏创新动力，教学方法和内容难以与时俱进，进而影响了教学质量的提升。与此同时，现行评价体系对教学成果的重视程度不够，缺乏对教师教学能力和教学质量的有效评价，使得教师在教学改革和教学创新方面缺乏激励和支持。例如，一些有教学热情和教学创新能力的教师，因在科研成果上没有突出表现而得不到应有的认可和奖励，逐渐丧失了教学的积极性和创新动力。

2.3.3 对高校整体办学水平产生不良影响

评价体系的不完善使得教育管理改革难以有效推进，进而影响高校整体办学水平的提升。评价标准的单一和片面，使得高校在人才培养和教育质量提升方面面临诸多挑战。首先，单一的评价体系无法全面反映高校的教育教学效果，影响了高校的发展方向和办学理念。高校为了在评价中取得好成绩[14]，往往会过度强调科研成果和考试成绩，而忽视对学生综合素质和创新能力的培养，导致教育质量和人才培养效果不理想。其次，评价体系的不完善使得高校在教育管理改革中缺乏科学的指导和评价依据，改革措施也难以有效落实。例如，一些高校在推进教育管理改革时，缺乏多元化的评价标准和科学的评价机制，往往流于形式，难以取得实质性效果。

3 数字化赋能高校教育管理改革的措施

3.1 数字化资金管理平台：优化资源配置

数字化技术为解决高校资金分配不均问题提供了新路径。通过建立大数据分析平台，可以实现对高校资金使用情况的实时监控和分析，确保资金的合理使用和分配。大数据平台能够收集和分析高校的财务数据、资源配置数据和教学科研数据，从而为政府和教育管理部门提供科学的决策依据，有利于优化资金分配方案。例如，通过分析高校财务数据，可以发现资金使用中的不合理之处，及时调整资金分配策略，提高资金使用效率。大数据分析不仅能揭示资金使用中的潜在问题，还能预测未来的资金需求趋势，为高校和政府的资金分配提供前瞻性的指导。此外，大数据平台还可以实现资源配置的精细化管理，通过分析各类资源使用的情况，优化资源的分配和利用，提高教育资源的整体使用效率。这种实时监控和精细化管理模式，不仅提高了资金使用的透明度和科学性，还增强了高校的财务管理能力，有助于实现教育资源的均衡发展[15]。

数字化技术还可以通过区块链技术实现资金流向的透明化，防止资金挪用和浪费。区块链技术的去中心化和不可篡改特性，可以确保每一笔资金的使用都有迹可循，提高资金管理的透明度和公信力。在传统资金管理模式中，资金的流向和使用情况往往缺乏透明度，容易出现挪用和浪费的情况。通过引入区块链技术，高校和教育管理部门可以实现资金使用的全程监控，确保每一笔资金都按照预定用途使用。例如，通过区块链技术，可以记录和追踪每一笔资金的来源、流向和使用情况，形成完整的资金使用链条。这种透明化的资金管理模式，不仅提高了资金使用的透明度和公信力，还能有效防止资金的挪用和浪费，确保将资金真正用于提升教育质量和改善教学条件。此外，区块链技术还可以与大数据分析平台结合，形成一体化的数字化资金管理系统，进一步提高资金管理的科学性和有效性。

通过数字化手段，地方高校和新建高校可以获得更多的资金支持，实现基础设施的改善和教育质量的提升。数字化平台不仅有利于政府优化资金分配策略，还有利于促进社会力量对教育的投入。例如，线上众筹和捐赠平台可以通过数字化技术，吸引更多的社会资源支持高校发展。社会公众和企业可以通过线上平台，了解高校资金需求和使用情况，进行捐赠和资助。这种透明化和开放化的资金管理模式，不仅提高了社会资源投入教育的积极性，还能增强高校与社会的互动和合作。同时，数字化平台还可以促进高校之间的资源共享和合作，实现优质教育资源的共建共享，提升整体教育水平。总之，数字化赋能可以有效解决高校资金分配不均的问题，提升资金使用效率，推动教育公平和教学质量的提升，为实现教育现代化提供强有力的支撑。

3.2 智能化师资招聘与培训：提升教师质量

数字化技术在解决高校师资力量分布不均问题方面具有重要作用。首先，建设在线教育平台可以打破地域限制，促进优质资源共享。通过在线教育平台，地方高校和新建高校的学生可以接触到来自重点高校和知名学校的优秀教师和课程资源，弥补本校师资力量和教学资源的不足。例如，名师直播课程、慕课(MOOC)和微课等，可以将优质教学资源传递到每一个有需要的学生手中，提升整体教学质量。名师直播课程可以让学生实时参与顶级教师的讲解和互动，打破地域和资源限制，使优质资源得到更广泛的传播。慕课和微课等在线教育资源，则通过录制和编辑，使学生能够按照自己的学习进度和需求进行学习，不仅丰富了学习内容，还提升了学习的灵活性和自主性[16]。通过这些在线教育平台，学生不仅可以学到前沿的知识和技能，还能接触到不同高校教师及其教学方法和理念，开阔视野，提升学习效果。其次，智能化招聘平台可以帮助地方高校和新建高校更好地吸引和招聘优秀人才。智能化招聘平台利用大数据和人工智能技术，可对海量应聘者数据进行分析和匹配，帮助高校快速找到适合的人才。在传统的招聘模式中，高校往往面临信息不对称、筛选效率低、招聘成本高等问题。而智能化招聘平台通过大数据分析技术，可以对候选人的教育背景、工作经历、专业技能、科研成果等多维度信息进行全面分析，精准匹配高校的招聘需求。例如，通过进行数据分析，可以发现哪些候选人具备优秀的教学能力和科研潜力，哪些候选人更符合高校的学科建设需求，从而提高招聘的效率和准确度。此外，智能化招聘平台还可以利用人工智能技术，进行自动化简历筛选和面试安排，减少人工操作，提高招聘效率。通过这些技术手段，地方高校和新建高校可以更快速、更高效地吸引优秀人才，增强师资力量，提升教育教学质量。

此外，数字化技术还可以为高校提供远程培训和继续教育服务，提升现有师资队伍的教学能力和科研水平。例如，通过在线培训平台，教师可以随时随地参与各种专业培训和学术交流，不断提升自身的教学能力和科研水平。例如，教师可以参加在线教学工作坊，学习新的教学方法和技术，提升课堂教学效果；可以参加在线学术会议和研讨会，与国内外同行进行学术交流和合作，开拓科研视野，提高科研水平。此外，在线培训平台还可以为教师提供个性化的学习路径，根据其需求和发展目标，推荐适合的培训课程和资源，提升培训的针对性和有效性。通过这些数字化手段，高校可以不断提升师资队伍的整体水平，缩小与重点高校的差距，促进教育公平和教育质量的提升。

3.3 虚拟实验室与智慧校园：提升教学设施水平

数字化技术在缩小高校教学设施差距方面发挥着重要作用。首先，虚拟实验室和虚拟仿真实训平台的建设，可以有效弥补地方高校和新建高校在实验设备和教学设施方面的不足。通过虚拟现实(VR)和增强现实(AR)技术，学生可以在虚拟环境中进行实验操作和实训，不受设备和场地的限制。例如，虚拟实验室可以模拟各种复杂的实验操作，让学生在虚拟环境中进行学习和练习，提升实践能力和操作技能。传统实验室建设成本高，设备维护费用高且数量有限，无法满足大量学生同时进行实验操作的需求。而虚拟实验室通过数字化技术，可以创建各种实验场景，使学生在虚拟环境中反复进行实验操作，不仅节省了实验设备成本，还提高了实验教学的灵活性和实效性。虚拟仿真实训平台则可以模拟真实的工作环境和操作流程，帮助学生在虚拟环境中进行实训，提升实践技能和职业素养[17]。例如，医学专业的学生可以通过虚拟手术平台，进行复杂的手术操作练习，提升手术技能和应对突发状况的能力。通过虚拟现实和增强现实技术，高校可以有效弥补实验设备和教学设施的不足，提升实践教学效果。

其次，数字化图书馆和在线学习资源平台的建设，可以为地方高校和新建高校的学生提供丰富的学习资源和学术支持。数字化图书馆通过云计算和大数据技术，整合了海量的电子书籍和科研资料等，使学生随时随地访问和利用，提升学习效果。在传统的图书馆模式下，纸质图书和资料的获取和利用受到时间和空间的限制，学生在查阅资料和进行学术研究时，往往面临资源不足和获取不便的困境。而数字化图书馆通过数字化技术，可以将海量的电子书籍和科研资料等储存在云端，学生只需通过网络即可访问和利用这些资源，极大地方便了学习和研究。此外，在线学习资源平台可以提供丰富的课程资源和学习资料，使学生根据自己的学习需求，选择适合的课程和资源进行自主学习。

最后，数字化技术还可以通过智慧校园的建设，提升高校的整体管理和服务水平。智慧校园可以利用物联网、大数据和人工智能技术，实现校园管理的智能化和自动化，例如智能教室、智能宿舍和智能安防系统等，提高校园生活的便利性和安全性。智能教室通过物联网技术，可以实现多媒体教学设备的智能控制和管理，提升课堂教学效果。例如，智能黑板和智能投影仪可以自动识别教师的教学需求，提供相应的教学支持，提升课堂教学效率。智能宿舍通过物联网和人工智能技术，可以实现宿舍管理的智能化和自动化，例如智能门禁系统、智能用电管理系统等，提高宿舍生活的便利性和安全性。智能安防系统通过物联网技术，可以实现校园安全的实时监控和管理，例如智能监控摄像头、智能报警系统等，提高校园安全水平。此外，智慧校园还可以通过大数据技术，收集和分析学生的学习和生活数据，提供个性化的学习和服务支持。例如，通过分析学生的学习数据，可以发现学习中的薄弱环节，提供针对性的学习支持和辅导；通过分析学生的生活数据，可以提供个性化的生活服务和心理辅导。

4 结论

总之，数字化在高校教育管理改革中具有不可或缺的重要作用。通过大数据分析平台和区块链技术，高校可以实现资金的透明化管理，优化资源配置，提升资金使用效率，推动教育公平和质量提升。智能化招聘和远程培训平台则为地方高校和新建高校提供了吸引教师和提升师资力量的有效手段，缩小了与重点高校的差距。数字化图书馆和在线学习资源平台，丰富了学生的学习资源，促进了自主学习和个性化发展。虚拟实验室和智慧校园的建设，弥补了实验设备和教学设施的不足，提升了教学质量和管理服务水平。可见，数字化赋能不仅解决了高校在资金、师资和教学设施方面的诸多问题，还为教育管理改革提供了新的路径和动力。通过持续推进数字化技术的应用，高校将更好地适应和应对教育领域的快速变化和新需求，实现教育质量和办学水平的全面提升，为实现教育现代化目标提供坚实的保障。

参考文献

[1] 刘嘉仪，张凡，周丽丽. 大数据环境下高校教育管理工作创新思考[J]. 中国科技论文，2024，19(1)：131-132.

[2] 刘献君. 智慧教育背景下高等教育管理变革探究[J]. 高校教育管理，2024，18(1)：24-32.

[3] 张思，曹海燕. 高校教育管理理论与课程思政融合发展路径——评《思政教育与高教发展》[J]. 中国高校科技，2023(7)：100-101.

[4] 肖飞. 新时代高校管理创新实践探究——评《高校管理创新实践研究》[J]. 中国教育学刊，2023(7)：125.

[5] 刘嘉仪，张凡，周丽丽. 大数据环境下高校教育管理工作创新思考[J]. 中国科技论文，2024，19(1)：131-132.

[6] 张思，曹海燕. 高校教育管理理论与课程思政融合发展路径——评《思政教育与高教发展》[J]. 中国高校科技，2023(7)：100-101.

[7] 肖飞. 新时代高校管理创新实践探究——评《高校管理创新实践研究》[J]. 中国教育学刊，2023(7)：125.

[8] 徐先梅，李玲，岳媛. 教育现代化需求下的高校预算绩效管理研究[J]. 会计之友，2024(8)：128-135.

[9] 张川，张景可. 高校预算绩效评价的"末端溯源"探索[J]. 财会通讯，2022(4)：3-7.

[10] 陈文兴. 以跨学科教育推动地方行业特色高校建设一流本科教育——以纺织类高校本科教育为例[J]. 中国高教研究，2024(3)：45-52.

[11] 吕洁. 应用型高校思政教育与创新创业教育协同发展探究[J]. 中学政治教学参考，2024(6)：91.

[12] 刘自平，许燕. 信息化时代背景下课程教学质量评价体系的实践研究——评《智慧教育背景下高校课堂教学评价体系的构建与创新》[J]. 中国科技论文，2023，18(2)：234.

[13] 高一琼，张男. 教育评价改革背景下民族高校教师评价体系构建[J]. 民族教育研究，2021，32(6)：11-17.

[14] 顾希垚，林秀娟. 构建高校毕业生就业质量评价体系探析[J]. 思想理论教育，2021(7)：108-111.

[15] 陈卓君，钟声. 智媒时代数字赋能高校网络思政教育的时代意蕴与实践路径[J]. 湖南社会科学，2024(1)：146-151.

[16] 沈乃丰，胡纵宇，刘芜健，等. 学科引领　数字赋能：高校一体化推进教育科技人才发展路径研究[J]. 中国高校科技，2024(1)：83-89.

[17] 豆素勤，王强. 数字赋能高校思政教育的主要特征、现实困境及突破路径[J]. 学术探索，2023(2)：149-156.

新时代大学生社会实践指导教师“三全育人”作用的思考
——以“三下乡”暑期社会实践为例

沈　娟　黄三妹　邓　媛

（湖南应用技术学院 经济管理学院 湖南 常德 415000）

摘要：大学生社会实践活动是引导大学生走出校门、服务社会，将理论知识与实践相结合，了解国情，增强社会责任感和使命感，提升大学生服务社会意识及解决问题能力，促进大学生健康成长的有效途径。在大学生社会实践活动中，应明确指导教师职责定位，发挥“三全育人”实效，从而进一步提升教师指导作用，确保实践活动成效，实现实践育人目的。

关键词：新时代；社会实践；指导教师；“三全育人”；“三下乡”

1　指导教师在大学生社会实践活动中的职能作用

1.1　思想精神的引导者

新时代的大学生，大多是独生子女，从小生活条件相对来说比较优渥，有的学生为了锻炼自己的能力而参加活动，有的学生抱着好玩、好奇的心态参加活动。真正参与社会实践活动后，有的学生能很快适应环境，着手开展活动；有的学生发现没有当初想象的那么轻松，超出自己预期，因而打起了退堂鼓。“三下乡”暑期社会实践中，志愿者需要每天早出晚归开展实践与调研，需要在村委会会议室打地铺，需要自己动手洗衣做饭，学生如果不愿吃苦、不想吃苦、不能吃苦就无法很好地开展活动，这时候指导教师及时引导就非常必要且重要了。团队之间的沟通交流、合作配合都离不开指导教师对团队成员思想上的升华，团队成员的写作能力、组织能力、表达能力等也是需要指导教师对学生思想的指引和精神鼓励，让其从内心深处认为自己能行，充满动力和信心去投身社会实践活动。

1.2　专业知识的指导者

习近平总书记曾多次强调，青年大学生要用脚步丈量乡村的土地，用耳朵倾听乡村的声音。暑期“三下乡”社会实践活动便是一个广阔的平台。实践团队可以是由一支不同专业、不同年级、不同班级学生组成的全方面发展的队伍。但想要深入农村并非轻而易举，需要我们把在学校学到的专业理论知识转化为服务社会、服务乡村的有效实践。而指导教师在社会实践队伍中便有着举足轻重的作用，可以通过指导教师的经验给予学生思考和总结，从而更快找到社会实践的真谛和其专业的优势。

1.3　学生潜能的发掘者

在“三下乡”暑期社会实践活动中，学生会遇到专业、生活等各方面的问题与困难，这都是在所难免的，需要用智慧一一解决。这就需要指导教师充分了解团队中每位学生的兴趣特长及优点，并进行合理分工，以发挥他们各自最大的价值作用。比如，生活条件艰苦时，指导教师可以指导学生自食其力、团队合作，让男生挑水搬运食材、女生洗碗做饭；实践经费不足时，指导教师可以指导社交能力突出的学生积极主动联系企业赞助补给等。通过"三下乡"等一系列社会实践活动，可以让学生们充分认识到自身的优势与不足，挖掘不同特点学生各自的潜能，使他们在不同领域发现自身的闪光点，从而增强各方面的信心，增加大胆尝试的勇气。

1.4 生活与安全上的监督者

初入社会的青年大学生，其社会经验、生活经验、劳动经验都会有所欠缺，因此在开展社会实践活动之前，指导教师就需要全面考虑，包括生活上应注意准备的医药用品、食材物资、证件等。此外，安全教育也是不可或缺的一部分。学生外出实践，父母担心的第一要点便是孩子的人身安全，包括食品安全、交通安全、卫生安全等。这些都需要注意。这就要求指导教师在社会实践活动中要不厌其烦地进行安全教育工作，提高学生们的安全意识，使实践活动能更有序更高效地完成。当然根据实践地点的不同，我们可能会面对一些少数民族和地区的独特风俗习惯，指导教师也要做好学生的安全防范工作，细致耐心地进行讲解，使他们更好地入乡随俗，从而成为学生们的监督者。

2 "三全育人"与社会实践有机结合

2.1 "三全育人"的基本概述

中共中央、国务院《关于进一步加强和改进大学生思想政治教育的意见》指出："新形势下，高校应树立'三全育人'理念，构建思想政治工作新格局。""三全育人"即"全员、全过程、全方位"育人，是学校、社会、家庭多方紧密配合，学生、教师、家庭在社会实践活动、思想引领、课堂教学等各方面形成时间上相互衔接、空间上相互覆盖的育人格局。但在新时代，"三全育人"不仅仅局限于理论体系，而是更加倡导在实践中出真知，即在社会实践中全员、全过程、全方位推动实现育人的目标。

2.2 社会实践的基本概述

为深入学习贯彻习近平新时代中国特色社会主义思想，进一步推动当代青年上好"思政大课"，国家积极倡导"三下乡""返家乡"等社会实践活动。社会实践是指学生通过亲身步入社会，了解国情，体验当今社会发展现状，并将理论和实践进行有机结合，积极投身到服务社会的工作中，从而深刻领悟中国共产党为什么能、马克思主义为什么行、中国特色社会主义为什么好等道理，以培养学生的服务精神、团队合作精神和吃苦耐劳意识。其内容主要包括志愿服务、生产劳动、实地调研等。大学生毕竟不是完全的社会人。国家开展"三下乡"社会实践活动，让大学生更多接触社会，了解社会现象，开阔视野，扩大知识面，从实践中学习新的知识，一方面挖掘自身潜在的本领，另一方面发现自我的不足之处。综合本领往往是一个学生在社会交往、社会适应等多方面的体现。在与社会的交流中，已有的本领得到锻炼，亟须提高的本领则使大学生对自我缺陷有所了解，并对社会需要什么样的人才以及自己能够在以后的发展中为社会需求做好哪些准备产生更加清晰的认识。

2.3 “三全育人”背景下大学生社会实践的意义

社会实践架起了学校、学生、家庭与社会之间的桥梁，意义日益凸显。科学认识和定位社会实践在教育中的地位与作用，不仅是教育改革持之以恒的方向，也是教育主动适应新时代要求的关键所在。

首先，社会实践是生动鲜活的教育素材。通过社会实践，可以把丰富的生活素材引入课堂，用开放发展的知识教育学生，让教育成为充满生命力的活水。湖南省日前启动了“习近平新时代中国特色社会主义思想在湖湘大地生动实践”案例库建设，让师生通过社会实践感受湖湘大地的新变化，并制作成教学案例充实到思政课教学中，旨在引导更多学生投入中国特色社会主义建设的火热实践，自觉增强“四个意识”，坚定“四个自信”，做到“两个维护”。同时，立足于实践的教育探索，丰富教育内容，增强教育效果。

其次，社会实践是行之有效的教育形式。实践出真知，对社会的“真知”必须通过社会实践来获得。教育肩负着为党育人、为国育才的重任，只有通过系统的社会实践，持之以恒地塑造和提升学生读懂中国的能力，才能培养出中国特色社会主义事业的合格建设者和可靠接班人。

最后，社会实践是创造价值的教育过程。受教育、长才干、做贡献，概括了社会实践丰富而立体的教育效果，其中“受教育”“长才干”是社会实践的本体功能，而“做贡献”这个维度，则指出了青年学生通过社会实践可以激发释放出难以估量的创造力。只有通过组织社会实践，让教师和学生进入真情境、解决真问题，才能创造真成果。切实把握社会实践的真谛，引导师生把论文写在祖国大地上，是大学生社会实践的应有之义。

3 “三下乡”暑期社会实践指导教师对“三全育人”体系探索的可能性

3.1 注重全员参与，指导教师构建工作保障体系

培养德、智、体、美、劳全面发展的社会主义建设者和接班人，践行“三全育人”育人理念，是高校开展社会实践教育活动的根本目标。高等院校要想全面贯彻执行“三全育人”政策要求，就必须充分发挥指导教师在社会实践活动中的主导作用，紧紧围绕服务社会与实践育人两大主题任务，周密组织、多方协调、全面覆盖，构建稳定高效的工作保障体系，带领学生走进基层，施展才能、服务社会，在实践中长见识，增才干，不断提升自身思想道德素质，磨炼艰苦奋斗意志，促使学生成为全面发展、德才兼备的新时代青年。在具体的社会实践活动中，指导教师应依托顺畅的服务沟通渠道，开展社会实践活动，发挥实践育人作用，定期召开团队会议，总结活动经验，交流心得体会；同时，鼓励团队之间的合作交流，在条件允许的情况下，加强与其他高校队伍的合作交流，联合开展活动，实现渠道、资源共享，为学生提供更加广阔的学习锻炼平台，注重全员参与，确保工作保障体系的有效性和可持续性。

3.2 全程育人重细节，指导教师在“全过程育人”中的探索

要想瞄准“全程育人”目标，需将立德树人贯穿高等院校教育教学全过程与学生成长成才全过程，并严格遵守教师教书育人职业要求，把握学生发展成长实际规律，实现育人

无时不有。指导教师在针对高等教育阶段学生特点与需求进行教育活动过程中，应力图构建并采取与之相适应的实践教育方式，突出重点，以培育可靠有用的青年人才；并且坚持把强化使命担当作为实践工作的出发点和立脚点，帮助学生正确认识世界、看待世界、分析世界，以把握时代脉搏，提高分析问题、明辨是非的能力，实现个人理想与民族复兴梦相结合，彰显青年使命担当。

首先，全程育人既需要认真考虑学生从基础教育向高等教育过渡的需求的转变，即学生学会了什么，现阶段需要补充的又是什么；又需要明确学生从入学到毕业离校的教育目标体系的全面贯穿，即学校育人理念的深入推进，学生全面发展的不断实现；还需思考学生从“学校角色”向“社会角色”转变的能力的考验。人是教育的主体，这也表明指导教师需走进学生、倾听学生，了解学生，把握不同学生在不同境遇下的不同心理诉求。要突出指导教师在实践工作中的育人性，根据不同学生在不同发展阶段的不同特点，因材施教，充分发挥个体差异性上的优势特长，在全过程的社会实践指导中，组织多样化的实践活动，提升社会实践成效，助力每个学生才能优势的全面发展和提升。

其次，在推动“三全育人”工作中，必须始终发挥指导教师在实践育人中的主导作用，着力聚焦各方力量，努力培养“有理想、敢担当、肯奉献”的时代新人，结合学生年级与专业特色及要求，为学生提供系统性、针对性的实践指导，避免在学生成长成才的关键时期、重要节点的“教育虚位”。同时，指导教师应全程引导与协助，学生根据各类活动主题，合理设计活动方案，在“润物细无声”中发挥育人作用。

最后，在指导实践过程中要始终心怀“国之大者”，始终围绕“我们需要培养什么青年”“如何培养新时代青年”两大主题，坚持为党育人的伟大使命、为国育才的奋勇担当，帮助青年学子健康、全面成长，使学生不断坚定自身理想信念、厚植爱国情怀、激发奋斗精神、提升综合能力。高等院校在落实“三全育人”的实践过程中，要加强指导教师与学生之间沟通交流，并且在交流中形成长效、良性的对话模式，促进学生综合素质的提高。

3.3 指导教师多措并举在“全方位育人”中的作用

3.3.1 学术成就

“三下乡”实践育人的一大任务就在于不断提升学生的创新能力。首先实践育人需要充分发挥学生的学科特点和专业特色，通过总结实践成果，带动学生在各级各类学科竞赛与创赛中检验知识水准，以项目驱动为中心、以成果转化为重点、以从赛促学为方式来锻炼学生，在实践过程中激发学生的创新思维。其次，实践育人要突破常规的教学方式与手段，利用寒暑假，持续开展丰富的实践活动，形成对课堂教学的一大延伸和补充。最后，在实践中要注重对创新项目的孵化和成果保护，加大对激励资金的投入，搭建实践的平台，打造精品实践项目，对学生研创项目给予重点扶持。此外，还要加强对学生科研的选拔、培训、管理、协调与评价，进行全过程育人管理。

3.3.2 实践能力

“三下乡”社会实践是学校教学理论与实践融合，提升实践育人成效的一大途径与举措。首先，指导教师在实践中以立德树人为己任，发动学生参与实践，提高学生针对问题的主动探究与规范化操作能力，并且通过全方位实践育人环节，锻炼学生处理突发性问题的能力，有效地提高了学生职业能力、实践能力。其次，指导教师引导学生积极参与各类各级志愿服务与实践活动，在实践活动中引导学生将自身理论基础与现实实践贯通。此外，指导教师积极搭建多类实践平台，把教学与科研、理论和实际紧密联系起来，优化社会实践内容，提升学生的实践技能。实践是学生提高解决问题的有效路径之一，在实践中，应发挥学生用专业知识解决基础问题的内驱力，帮助学生投身于乡村建设，以自身实际行动助力乡村振兴，培育一批有代表性的实践活动品牌项目，融合学校工作实践，打造特色志愿服务项目。学校结合国情、社情与民情，激发“三下乡”活动热情，引导学生深入基层去了解国家与社会的发展现状和民情，使他们在“三下乡”实践中进一步坚定“四个自信”。此外，在“三下乡”社会实践结束后形成实践调研报告，并开交流会，对学生来说，也是一个十分难得的锻炼机会。

3.3.3 身心健康

在实践中发挥心理健康教育的作用，让心理健康教育的关注点向学生社会实践转移，建设实践团队心理咨询室，邀请心理学专家开展服务，按时对实践学生进行心理状态的筛检，创建实践心理状态警报体系，防止心理异常事件的发生，若出现预警信息立即响应。推动“三下乡”社会实践团队学生心理关怀团队建设，选拔活泼开朗、喜爱心理学知识、沟通能力强的学生，为团队成员提供心理支持，缓解学生社会实践的心理压力。

3.3.4 人际交往

实践活动的组织开展，其主要的目的都是发挥团体育人的优势，发挥朋辈力量来促进学生的全面成长，使他们能更好地适应社会环境变化。在“三下乡”实践活动中，良好的沟通与表达能够帮助学生尽快适应新环境，高效开展各项实践活动，在学生的就业和个人能力长远发展上有突出作用。指导教师在实践育人环节中可邀请相关教师开设“社交礼仪与口才”专项培训，锻炼学生敢表达、会表达、善表达的能力。此外，在实践活动开展过程中，还要加强对学生实践活动全过程的监督与成果的管理，通过老带新，打造富有青春活力与创造力的学生实践活队伍，让实践育人有成效、不断线。

3.3.5 劳动教育

在“三全育人”视域下，大学生的社会实践活动精彩纷呈，指导教师全程参与，全面领导，以此提高学生的个人劳动素养，助力学生在德智体美劳五个方面的全面发展，提高学生的社会责任感与使命感。针对部分学生参与社会实践积极性不高的现象，高校积极组织，创新激励方式，带动学生深入基层前沿，切实加强对学生的劳动教育、道德品质与实践能力培养，让大学生在实践奋斗中充分展现自我，成就自我。

4 结语

高校在实践活动中要充分发挥指导教师在“三全育人”工作中不可替代的作用，以实践活动作为成长平台，激励学生参与暑期实践活动，统筹学校、社会、家庭各方工作，拓宽实践教育平台，着力构建氛围浓郁、富有成效的实践环节，持续以社会实践为重点，开展“三全育人”实践探索。指导教师应发挥其主导作用，在实际指导工作中将教学理念贯彻到底，全方位多角度指导学生的实践工作，带领学生高效完成社会实践活动任务，帮助学生融入社会，使学生在实践中长才干，既实现理论知识的转化，又提升实践能力。

参考文献

[1] 龚安静.“三全育人”的价值意蕴及实践研究[D].重庆：西南政法大学，2021.

[2] 许意蓝.“三全育人”视角下当代大学生社会实践问题分析[J].大学，2021(9)：126-127.

[3] 李兆楠.三全育人视角下大学生暑期农村社会实践研究[J].农村.农业.农民(B版)，2020(8)：58-59.

[4] 章鸣，刘大闯.“三全育人”视阈下大学生社会实践问题探析[J].苏州科技大学学报(社会科学版)，2020，37(4)：85-90+108.

[5] 陈杨.“三全育人”视角下的大学生社会实践探究[J].科技风，2020(17)：210.

浅谈大学生思想教育

李锦娟

（湖南应用技术学院 经济管理学院 湖南 常德 415000）

摘要：思想教育主要是学生思想政治教育，它既是立足于新时代教育对学生进行德育教育的重要内容，也是学生成长和发展的重要基础。如何进行大学生思想政治教育，是新时代教育改革的重要问题。本文在新时代的背景下，针对大学生群体，对思想政治教育的意义、重要性、内容及实施方法进行了简要探讨。

关键词：大学生；思想；教育

1 思想政治教育的意义

思想政治教育是高校教育的一个重要组成部分，其含义是指社会或社会组织用一定的思想观念或政治观点或道德规范来对其成员进行有目的、有计划、有组织的影响，使他们的行为或思想满足社会或一定的阶层所希望拥有的思想品德要求，是在具体的社会实践中，通过有意识地灌输或教化来提高其成员思想政治素质，从而为社会的全面发展和进步服务。

加强大学生思想政治教育，提升大学生的思想道德素质和树立大学生正确的价值观念，是学校育人的中心工作。对大学生思想政治素质的培养应放在优先位置，并采取有效的措施解决相应的问题。近年来，我国的社会主义市场经济深入发展，进一步增加了与世界各地的交流。由于各方面的因素，当代年轻人也遇到了巨大的挑战，周围环境发生的许多变化无疑影响到了当代大学生的思维模式、职业选择等。同时，这些也使大学生的思想教育工作更有难度。因为世界变化的加速，许多复杂的社会矛盾不断涌现，前所未有的文明冲突和文化碰撞，历史与现实、传统与现代、本土文化与西方文明多重因素交织在一起，令年轻人面对着更加复杂的问题，出现了大学生政治信仰、理想信念、价值取向等迷茫和模糊的现象。为此，学校应该加强思想政治教育，积极响应学生的各种实际需要，尊重学生的意愿，正确对待其合理诉求，培养德、智、体、美、劳全面发展的建设者和接班人，为中国特色社会主义伟大事业服务。

学校不应仅仅传授书面知识，更应该提高和培养每一个大学生的思想政治素养。大学生须接受深入、全面的思想教育，要具备高尚的情操和良好的心理素质，树立正确的人生观、世界观、价值观，拥有坚定的信念，为国家的发展贡献力量。

1.1 加强思想政治教育对大学生发展的意义

通过深入开展大学生思想政治教育，可以帮助他们了解客观世界的运转机制，引导他们遵循客观事物发展的规律，坚持正确的政治方向，清晰地定位自己；并且有效地激励他们实现自己的理想目标，增强他们的自我意识，培养他们的责任感。同时，也能提高他们认知能力和规范其行为和行动力，使他们自觉遵守法律法规和社会道德准则。加强大学生思想政治教育也有助于调动学生的学习积极性，激发学生的学习兴趣，塑造学生的健全人格。

1.2 加强思想政治教育对学校发展的意义

通过进行全面的大学生思想政治教育，能够提高学生的整体思想境界，有利于校风、班风、学风的建设；而且在良好的氛围下，又能进一步提高他们的思想道德素养，从而为他们的未来发展打下扎实的基础，促进其全面发展。在这个充满活力的时代，高校的任务在于教书育人、培养优秀人才。思想政治教育作为高校教育不可或缺的一部分，更能突出学校良好的育人功能，扩大其社会影响力。

1.3 加强思想政治教育对社会发展的意义

高校是对学生进行政治思想传播的主战场，对大学生思想政治教育的深入探究，有利于社会主旋律及主导意识思想的传播，可以帮助他们成长为未来的国家栋梁，更好地培养社会主义事业的建设者和接班人。深入开展思想政治教育工作，能在一定程度上促进经济社会的发展，使社会文化更加丰富。此外，也有利于激励和引导青少年探索、创新、实践，以及实现自身价值，培养新时代创新型人才。

2 思想政治教育的内容

新时期加强和改进大学生思想政治教育的主要内容包括：以理想信念教育为核心，深入进行正确的世界观、人生观和价值观教育；以爱国主义教育为重点，深入进行弘扬和培育民族精神教育；以基本道德规范为基础，深入进行公民道德教育；以大学生全面发展为目标，深入进行素质教育。

大学生的思想政治教育旨在帮助他们更好地了解社会主义建设理论，但因为其内容是经过提炼的精华，概念相对抽象，许多大学生可能会难以掌握。这也成为他们对学习缺乏热情、缺乏积极态度和自觉的重要原因。经过思想政治教育，他们能够更好地了解历史，能够更好地珍惜当今的美好生活，能够更加尊重那些牺牲自己、奉献自己的革命先辈和科研人员并以其为榜样。但是由于当前的思想政治理论课程相对抽象，无法让他们真正地去领悟它的真谛，使思想政治教育工作只能停留在表层或片面的理论上，没能让学生真正地去接触它、去领悟它的内涵。大学生的思想政治教育应该与时俱进，让学生更好地了解时代的背景。目前，许多针对大学生的思想教育都存在着某些缺陷。例如，缺乏真正的洞察力，难以帮助学生了解当前的时代背景，在当今社会日新月异的变化下，无法跟上时代的变化，也无法满足新时代大学思想教育的需求。同时，教学内容过于理想化，无法解决当前社会面临的实际问题。因此，需要不断完善思想政治教育体系，跟上高校改革和社会前进的步伐。大学生思想教育应当更加具体生动。例如，举行相关的活动，发挥大学生的主动性，让他们有机会参与其中，主动思考。

3 大学生思想政治教育的方式方法

当代大学生肩负着社会发展的重任，加强他们的思想政治素养，提升他们的责任感，成了他们成长的关键，而主阵地则是高校思政课。在这一阵地上，能够对大学生进行德育教育，培育大学生现代道德意识。思想道德教育是立德树人的重要组成部分。高校思政课涉及对法律知识的普及、法律意识的培育，旨在提升当代大学生法律素养。思想道德教育的关键应该放在思政课上，它可以帮助学生更好地理解马克思主义理论，促进对他们意识和行为的引导，实现大学生自身的不断完善和持续发展。

思想政治教育应该以理想信念教育为核心，深入进行正确的世界观、人生观、价值观教育。理想对人们具有重要意义，有了理想人们才有行动的动力，也只有理想才能促使人们为了实现它而艰苦奋斗，即使前途曲折，代价再大也会在所不惜。没有理想的人就像行尸走肉，天天不知为何而活，生活单调没有缤纷和色彩。大学是对大学生实施教育的主要场所，大学对大学生的理想教育至关重要。大学应该采取各种形式对大学生进行理想教育，使所有大学生都明白，党和人民对当代大学生寄予殷切期望，全面建成小康社会和实现社会主义现代化需要大学生去奋斗，中华民族伟大复兴需要大学生去奋斗，青春只有在为祖国和人民的真诚奉献中才能更加绚丽多彩，人生只有融入国家和民族的伟大事业才能闪闪发光。大学生的思想政治教育必须着眼于培养他们的爱国意识，并通过这种意识来进行民族精神的教育。要培养他们的自我认同意识，增强民族自尊心、自信心、自豪感，做到以热爱祖国为荣，以损害祖国利益、尊严和荣誉为耻，培养良好的道德品质和养成文明的行为习惯。通过这种方式，促进他们的全面发展。要加强大学生的道德修养、培养他们的文明行为，推动他们综合能力的提升，使他们在理论知识、实践技能、心理状态、身体状况等方面都能得到充分的提升，在素质教育下协调发展。当然，思想政治教育不仅仅局限于思政课堂，也要融入各个课程中，这需要教育者们创新探究。

思想政治教育的方式方法应该有所创新。为了更好地满足大学生的精神发展，要不断探索更加先进的思想政治教育模式，并且不断更新课程内容，使之更加符合当下的社会发展趋势，更加符合大学生的实际情况，更加符合他们的心理、身体和社会发展的实际需求。随着互联网的迅速发展，网络已经成为大学生获取各种信息的重要来源和主要媒介，它不仅仅是一个传播信息的渠道，更对人们的思维和行为产生着潜移默化的影响。网络的普及使大学生获取知识更加便利，思想政治教育也可以充分利用这一工具来加强对大学生的思想教育。在这一方面，要积极开展有关互联网的宣传，传播正确健康的思想文化，以便让更多人了解，使之成为新型载体和重要手段，从而更好地提升他们的道德修养。要运用先进的信息科学，更好地把握互联网这一全球性的学习媒介，并将它视为一种有效的学习方式。它可以为学生提供更多的选择，因材施教，满足他们的需求。在网络上，人们可以以更加开放的心态参与到“以人为本”的思想政治教育活动之中，这也为促成思想政治教育手段的多元化提供了契机。

过去的教育工作重点关注两方面：一方面，鼓励学生提升自我，对自我品德进行完善，解决实际困难；另一方面，强调培养他们对集体的认识，以及建立健全的法律、伦理、道义等基本概念，铸造正确的人生观、价值观。社会面临的挑战对教育提出了更高的要求和期望，思想政治教育工作也有了新变化。学校需要培养学生的团队精神，以及他们对于集体和祖国的责任感。目前的学校教育尽管可以提升他们的个人素养，但仍面临着某种程度的局限。为了顺应当今的发展，须不断提高学生的道德修养，使他们具备良好的理解能力和判断能力。教育者不仅要帮助他们树立坚定的信仰，建立健康的价值观，而且应该给予他们积极的指导，培养他们分辨是非的能力，尤其是在学生接触西方文化的同时，要注重引导他们认真地理解和感受中华民族的优秀传统文化。

心理健康教育是思想政治教育必不可少的环节。良好思想品德的形成离不开健康和稳定的心理状态，提高思想政治教育的实效性也要以心理健康教育为基础和做保障。

把积极心理学中的积极理念注入心理健康教育中，二者的结合可为大学生思想政治教育如何促进心理健康教育发展提供新的方向。积极心理学与思想政治教育的结合，是对大学生思想政治教育理论的丰富，有利于更好地指导大学生的思想政治教育工作。教育者应本着为学生服务的宗旨，创新工作形式和内容，提高服务质量和品质，送达关爱与希望，传递和谐与健康，为学生拨开人生的阴霾，让学生迎接心中的阳光，让学生在心理辅导和健康教育中自我悦纳、自我肯定、自我发展，缔造美好明天。

在开展大学生思想政治教育工作的过程中，讨论如何更好地指导和培养当代大学生时，需要明确此项工作的共同愿景。教育者应清楚地认识并实施“育人为本，德育为先”的理念，本着以“育人为本，德育为先”的原则，注重当代大学生的综合素质的提升，把思想道德品质作为重点进行教育，把这个原则作为当代大学生思政教育工作的共同愿景。

参考文献

[1] 皇甫毅. 网络媒体对大学生思想政治教育的影响研究[J]. 大学，2021(48)：122-124.

[2] 陈从洋. 我国大学生思想政治教育创新研究[D].［出版地不详］：中国计量大学，2021.

[3] 晏振宇. 中华优秀传统文化融入大学生思想政治教育研究[D]. 济南：山东大学，2021.

[4] 周月. 大学生思想政治教育价值实现路径研究[D]. 哈尔滨：哈尔滨理工大学，2021.

[5] 杜小敏. 红色文化融入大学生思想政治教育的路径探析[J]. 才智，2023(31)：49-52.

[6] 赵继伟. “课程思政”：涵义、理念、问题与对策[J]. 湖北经济学院学报，2019，17(2)：114-119.

[7] 朱梦洁. “课程思政”的探索与实践[D]. 上海：上海外国语大学，2019.

传统武术文化进校园的健身作用与价值研究
——以开门八极拳为例

王用杰

（湖南应用技术学院 经济管理学院 湖南 常德 415000）

摘要：当下青少年练习武术不仅能强身祛病、健身育能，更能培养坚强的意志品质和良好的精神风貌。传统武术“八极拳”，是国家级非物质文化遗产。将以实战技击著称的传统武术“八极拳”引进校园，有利于增强青少年的身心健康与自我防卫能力。“八极拳”进校园能够有效地预防与减少校园霸凌事件的出现，增强青少年的自我保护能力。传统武术进校园有利于青少年的身心健康，可帮助他们抵御不良习惯的产生，强化体质，摆脱亚健康；有利于青少年提高学习成绩，培养坚韧不拔的意志。传统武术进校园丰富了课程思政的内涵。课程思政与传统武术文化相辅相成、高度和谐统一，增强了教育的立德树人成效。传统武术进校园坚持“健康第一”“立德树人”的长效机制，有助于深刻领会“体教融合”战略目标与意义，充分利用了国家颁布的“体教融合”政策，并有效把握政策机遇，统筹“育人、育体”协同发展，真正实现了“体教一体”的育人目标。

关键词：传统武术进校园；八极拳；健身价值

2019 年 8 月 10 日，国务院办公厅印发了《体育强国建设纲要》（以下简称《纲要》）。《纲要》的战略任务指出，开展传统体育类非物质文化遗产展示展演活动，推动传统体育类非物质文化遗产进校园[1]。2014 年教育部印发了《完善中华优秀传统文化教育指导纲要》并指出，深入开展创建中华优秀文化艺术传承学校活动，邀请传统文化名家、非物质文化遗产传承人等进校园、进课堂[2]。中华传统武术源远流长、博大精深，不仅是中华民族传统体育文化的重要组成部分、核心内容、中华民族伟大复兴的重要力量，更是中华民族文化的瑰宝。青少年练习武术不仅能强身祛病、健身育能，更能培养坚强的意志品质和展现良好的精神风貌。目前大、中、小学校的学生身体健康质量的测量数据表明，武术进校园对提高学生的身体素质有立竿见影的效果，对学生的未来发展与职业规划有重要的现实意义。

1 传统武术开门八极拳的功法特点与健身价值

1.1 传统武术开门八极拳及其功法特点

1.1.1 传统武术开门八极拳

传统武术开门八极拳，别名“孟村八极拳”“吴氏开门八极拳”。“开门”的意思，一是开门立户；二是八极拳“六力合一”的发力原理；三是开门入窍[3]。开门八极拳不是一个单独的拳种，也不是单一的武术套路，而是起源中国北方的一个武术流派。开门八极拳传承脉络清晰，发展迅速，技击与攻防内容丰富，秉持开放理念，有着深厚的传统文化内涵，是我国“十大优秀拳种之一”，自古还有“文有太极安天下，武有八极定乾坤”的美谈。八极拳经过三百余年的不断传承有了自己独特的文化内涵与完整的武术理论体系。早在 1988 年，八极拳就被列为中国“十大优秀拳种之一”，到了 2008 年，沧州武术(孟村八极拳)又被列为第二批国家级非物质文化遗产名录。

1.1.2　传统武术开门八极拳的功法特点

开门八极拳成为一个著名的武术流派，从自立门户起，便有内外兼修的练功八法：一练拙力如疯魔；二练软绵封闭拨；三练寸接寸拿寸出入；四练自由架势懒龙卧；五练五脏气攻到；六练筋骨皮肉和；七要尊师与仁义；八是与人交手要留德[4]。桩功，是练习八极拳的入门功法，又称“蹲架子”。两仪桩是八极拳的入门桩，也是增强功力的重要静桩功。其练功口诀：“头顶蓝天，脚踏清泉，怀抱婴儿，两肘顶山”。学者张维先对八极拳的两仪桩功的研究是通过解剖学与力学的分析而得出结果的，他发现人体髋骨固定膝、踝关节伸时构成了较大的矩形支持面，头顶蓝天使身体重心落在支撑面的中心上；怀抱婴儿、两肘顶山的动作，构成了松而不懈、紧而不僵的站桩结构[5]。青年学者袁家浩在其硕士论文《文化传承视域下开门八极拳发展路径研究》中提到，八极拳的功法特点主要是以“三劲”(十字整劲、缠丝劲、沉坠劲)、“六开”(顶、抱、单、提、胯、缠)、“八打”(头、肩、肘、手、尾、膝、足、胯)的形式来体现的[6]。以上说明习练八极拳要遵循循序渐进的原则，知行合一，理论要经得起实践的检验，不仅讲究内外兼修，更要求提升道德修养。这是校园文化的重要补充，是师生学习课程思政的必要参考内容，也是“文明精神，野蛮体魄”的人文体现，对青少年健康体魄的养成与拼搏进取、积极健康的价值观念的形成都有重要的现实意义。

1.2　传统武术开门八极拳的健身价值

青少年习练八极拳不仅可表现武术的技击技术，更有防身、健身、预防与治疗疾病的功效。八极拳拳谱开宗明义强调，武术之本为操练身体，保家卫国也！对身体的操练就是强身健体的过程，通过八极拳的习练能达到强身健体、保健养生的目的。在学界，有不少学者根据交叉学科的规律与研究方法对八极拳展开研究，剖析八极拳的养生祛病、健身延年的作用。还有学者通过八极拳的实验数据，来跟踪与观察青少年练习八极拳前后的体重、柔韧性、力量、耐力、心肺功能等情况，得出了青少年习练八极拳有明显的健身功效的结论。例如，学者陈会鹏通过 18 周武术套路教学实验得出的数据表明，练习八极拳能够增强青少年的呼吸机能，降低青少年安静时的心率，提高青少年的速度、柔韧度、灵敏度等指标[7]。

针对八极拳健康价值的探索与研究，也有学者通过交叉学科的研究方法，运用生物力学专业的现代化仪器，用数据的应用证明了八极拳发劲方法的科学性和对人体的健康作用。此外，还有学者利用不同的方法对八极拳的健康意义进行了研究。例如，青年学者袁家浩将传统武术八极拳与中国传统中医相结合，进行辩证的探讨研究，指出“武医相通”的提出是武林前辈们智慧的结晶，在弘扬传统文化的新时代，深入研究同为中华优秀传统文化的八极拳和中医项目两者的关系，是极具时代意义与历史价值的有益探索[8]。

2 传统武术进校园的作用与价值

2.1 传统武术进校园的作用

中华武术包含的优秀文化因子和显而易见的健身作用成为人们的健康共识并被许多教育部门接受与认可，不少学校把传统武术文化引进校园并且重点扶持，通过传统武术的武德培养，弘扬了青少年的尚武精神，让青少年热爱武术，在习武的过程中加深了对中国传统文化的认识，既强身健体又使身心得到了良好的武术文化的滋养。

第一，传统武术进校园，用有形的招式传承了无形的文化。

我们通过媒体看到很多大、中、小学校，经常会有身穿练功服的大、中、小学生认真地练习着一招一式。不少学校把武术作为学校发展的一大特色，并将“以武育德、以武育智、以武健体、全面发展”作为学校武术教育的指导思想，发展武术特色与立德树人相结合的育人道路，以传统武术文化实现立德树人目标。

推进传统武术文化进校园，弘扬中华武术厚德重义、坚韧不拔、自强不息的精神，增强了广大师生强身健体的意识。通过习练传统武术，青少年不仅身体素质变好了，也培养了吃苦能力，增强了应对挫折的能力，意志更加坚定，学习成绩也提高了。

第二，传统武术进校园，习武强身，弘道养德培育青少年健康人生观。

目前，很多学校重视传统武术文化的建设，组织了自己的武术队与武术文化社团。校方也很注重教练员的培养，组织了武术教练队伍。学校会定期组织学生参加传统武术比赛，学校的对外宣传栏与展示活动中都有武术展演的风采，有条件的学校还支持武术队赴国外出访展演，进行武术展演与跨文化沟通交流。传统武术已经成为国际友人了解中国、认识中国的一张名片。许多青少年具有扎实的武术基本功，自幼习武的经历让他们自信大方且从容坚定。对习武的青少年来说，完成了一天的学习后再开始武术训练，可以让他们身心放松，精神上更加开心愉悦。他们往往对待学习自律，训练时间安排合理，内外兼修，文武兼备。青少年紧张的学习之余也需要适当的放松，武术对他们来说就是最好的放松方式。

当然，学校传播武术离不开专业人士的支撑，需要区域武术协会在培训教练和指导学生习练武术方面给予大力支持与帮助。结合国家体育总局等十四部委联合印发《武术产业发展规划(2019—2025 年)》的通知，当地武术协会与学校将继续做好武术特色学校的培训教学工作，构建武术校园传承文化，让更多孩子通过练习武术成就健康快乐人生。

2.2 传统武术进校园的价值

根据当下的网络信息来看，在校学生遇到校园霸凌，遭遇性侵，甚至面临生命威胁的事件层出不穷，令人触目惊心。传统武术能够强身健体是因为武术的最根本的属性是技击与自我保护。特别是将以实战技击著称的传统武术“八极拳”引进校园，在学校推广，将增强青少年的自我防卫能力，减少校园霸凌事件的发生。

第一，传统武术进校园能让青少年坚韧不拔，奋勇拼搏。

习武是一个长期渐进的过程，坚韧不拔、奋勇拼搏、持之以恒是必要条件。一代宗师孙禄堂先生把传统武术称为“终身之学”。特别是在非常单调、枯燥、反复的训练过程中，更要求习武者有一种专心致志、奋勇拼搏的意志与品质。

第二，武术进校园是青少年难得的磨难教育机遇。

竞争力需要磨难，吃苦能力也是财富，这是正被国际社会和教育工作者及家长日益认同的教育理念。拥有吃苦耐劳的精神与坚韧不拔的意志，有助于个体在竞争激烈的社会发展中立足取胜。

第三，武术进校园让青少年拥有难以击垮、永不服输的信心与决心。

以传统武术“八极拳”为例，传统武术对抗和武术运动场上的逆境是青少年最好的磨砺契机。现在的青少年不仅体质较差，而且心理经常处于亚健康状态，例如，越来越输不起，害怕失败，逃避困难等。事实证明，只有经历过挫折与失败，经历过对自己的否定和质疑，学会怎样面对失败，怎样走出困境，青少年才能真正超越自我，健康成长。

第四，武术进校园让青少年体教融合，德艺兼修。

中国传统武术的修炼，讲究“手、眼、身、法、步，精、神、气、力、功”。这个过程是真正的身心相应、内外兼修，可使人的身心更加健康、和谐与平衡发展，促进青少年培养知理、明德和守法的品质。

第五，传统武术进校园蕴含着丰富的思政元素。

课程思政在立德树人及育人观念上与传统武术理念高度统一。传统武术的价值理念，成为优秀的课程思政元素。把“武术”中蕴含的优秀传统文化资源融入青少年课程教学中，形成中国特色的社会主义理想信念、民族精神和思想道德教育的鲜活内容与实际力量，有利于深入挖掘中国传统武术的思政内涵，唤醒传统武术活力；有助于培育特色武术课程，促进传统武术的保护、传承与发展；有助于完善课程体系建设，提升高校教育水平[9]。

第六，传统武术进校园要秉承“身心健康”“立德育人”的长效机制。

加强认识“体教融合”战略目标与现实意义，将中国传统武术元素融入体育教学与课间活动，完善体育教学项目，开展多样化教学组织形式，开展人才引进项目，强化专业武术师资队伍建设，提高武术教学整体水平，营造校园武术文化氛围，促进学生积极参与传统武术运动。

要把握好当下传统武术进校园的新机遇，统筹处理体教融合进程中学生体育与教学、学习与训练、理论与实践等关系，推动体教融合更合理、更科学地发展，使学校体育人才培养方案更加科学。因此，在推动中国传统武术进校园过程中，为有效践行“体教融合”战略目标，须充分利用国家颁布的“体教融合”政策，把握政策机遇，统筹“育人、育体”协同发展，真正实现“体教一体”的育人目标[10]。

参考文献

[1] 佚名. 国办印发《体育强国建设纲要》[N]. 人民日报. 2019-09-03.

[2] 佚名. 完善中华优秀传统文化教育指导纲要[N]. 中国教育报. 2014-04-02.

[3] 吴连枝. 吴氏开门八极拳[J]. 中华武术，2003(3).

[5] 张维宪，孟俊庆. 八极拳“两仪桩”的运动解剖学力学分析[J]. 山西师大体育学院学报，2002(4)：70-71.

[6] 袁家浩. 文化传承视域下开门八极拳发展路径研究[D]. 苏州：苏州大学，2020.

新时代背景下的大学生思想教育路径研究

邹东菊　邹红菊　徐　龙

(湖南应用技术学院 经济管理学院 湖南 常德 415000)

摘要： 本文以大学生思想教育为研究对象，从理论叙述的角度出发，探讨了大学生思想教育的路径构建问题，并分别从学科交叉视角、个体发展视角、社会参与视角和个人发展视角等多个维度，对大学生思想教育的内容、形式、评价和反思进行了分析和探讨。通过对大学生思想教育路径构建的探讨，本文总结出一些关键点，包括明确教育目标、加强师资队伍建设、与社会紧密联系和合作，以及持续关注时代需求和变革。

关键词： 大学生思想教育；学科交叉；个体发展；社会参与；个人发展；路径构建

1　引言

近年来，随着高等教育的普及和社会的快速发展，大学生思想政治教育的重要性逐渐凸显。作为培养社会主义建设者和接班人的重要阶段，大学思想教育对于塑造高校学生的思想道德品质、培养他们的创新意识和社会责任感具有至关重要的作用[1]。然而，当前的大学生思想教育仍然面临着许多挑战和问题，例如教育内容单一、教学方法传统、评价体系不完善等，使得大学生思想教育的效果和质量无法得到充分保障[2]。

本文的研究意义主要体现在以下几个方面。首先，通过深入研究大学生思想教育的现状，可以为各高校思想教育部门提供有针对性的改进建议，优化教育组织、丰富教学内容、完善评价体系，提高教育质量和效果。其次，本文的路径构建部分从学科交叉、个体发展、社会参与和创新实践等不同视角出发，提出了多元化的思想教育路径，可为高校教育工作者和决策者提供思考和借鉴。最后，本研究将填补现有研究的空白，对大学生思想教育的路径构建进行探索，为该领域的进一步研究奠定理论基础和提供方法借鉴。

2　大学生思想教育的现状分析

2.1　大学生思想教育的组织与管理

大学生思想教育的组织与管理是确保教育活动顺利进行、有效发挥作用的重要环节。在高校中，思想教育部门承担着组织和管理思想教育工作的责任，其组织与管理方式直接影响着教育的质量和效果[3]。然而，当前存在的问题和挑战使得大学生思想教育的组织与管理亟须进一步改进和完善。

首先，大学生思想教育的组织与管理需要注重机构建设和功能定位。高校应建立完善的思想教育机构[4]，明确机构职责和人员配备，确保思想教育工作的专业化和专门化。同时，思想教育部门的功能定位也需要清晰明确，要注重培养学生的思想道德素养、社会责任感和创新意识，促进学生全面发展。

其次，大学生思想教育的组织与管理需要注重课程设置和教学方法的创新。当前，部分高校的思想教育内容较为单一[5]，教学方法也较为传统，无法满足学生多样化的学习需求和达到教育目标。因此，高校应加强思政课程的创新，注重跨学科融合和实践教学的应用，使思想教育更加贴近学生实际，激发他们的学习兴趣和提高他们的参与度。

最后，大学生思想教育的组织与管理还需要注重教育资源的合理配置和利用。高校应加强对教育资源的整合和利用[6]，确保资源的公平分配和高效利用。同时，要鼓励和支持高校与社会各界合作，引入外部资源和力量，丰富思想教育的内容和形式，提高教育的实效性和社会影响力。

2.2 大学生思想教育的内容与形式

大学生思想教育是培养学生思想道德素养、社会责任感和创新意识的重要环节，其内容和形式多种多样。主要内容包括理论教育、思想启迪与探讨、历史教育、社会实践、文化艺术教育、体育健康教育、创新创业教育等。首先，理论教育是思想教育的基础，涵盖马克思主义基本原理和中国特色社会主义理论体系的学习，以及对伦理道德[7]、法律法规等基本法律知识的普及。这些内容能够为学生提供理论指导，加强他们的思想修养和道德观念。其次，社会实践在大学生思想教育中占据重要地位。通过组织学生参与社会公益活动、志愿服务，可以培养学生的社会责任感和公民意识。同时，进行社会调研和实地考察，让学生亲身感受社会问题和挑战，可以增强他们的社会问题意识和解决问题的能力[8]。

2.3 大学生思想教育的评价与反思

大学生思想教育在培养学生的思想道德素养方面发挥着重要作用。通过理论教育和思想启迪，大学生能够了解马克思主义基本原理、中国特色社会主义理论体系等重要理论，并对社会问题和人生价值进行深入思考。这有助于学生形成正确的世界观、人生观和价值观，提高他们的道德水平和思想品质。

然而，当前的大学生思想教育也存在一些问题，需要反思和改进。首先，教育内容过于注重理论知识的灌输，缺乏与时代需求及学生实际相结合的特色课程。学生需要面对繁重的学业压力，思想教育应更加贴近学生的实际需求，关注他们的成长与发展[9]。其次，大学生思想教育的形式和手段也需要创新和丰富。目前，教育常常停留在传统的课堂教学和理论灌输上，缺乏互动性和实践性。为了激发学生的学习兴趣和提高他们的参与度，思想教育应更多采用多样化的教学手段，如学术讲座、学术论坛、研讨会等，让学生能够与专家学者进行面对面的交流和互动。同时，大学应加强学生社团和学生自治组织的建设，为学生提供更多参与社会实践和培养领导能力的机会[10]。

2.4 大学生思想教育存在的问题与挑战

第一，大学生思想教育存在内容单一和教学方法传统的问题。目前的思想教育往往过于注重理论知识的灌输，缺乏与时代需求及学生实际相结合的特色课程。学生面临着繁重的学业压力，单一的教学内容难以激发学生的学习兴趣和提高他们的参与度。因此，思想教育需要更加关注学生的成长与发展，培养他们的创新能力、创业意识和实践能力。此外，教学方法也需要创新，采用多样化的教学手段，如案例研讨、小组讨论、实践活动等，以提高教学效果和学生的参与度。

第二，大学生思想教育在培养学生的实践能力和社会责任感方面还存在一定的不足。尽管社会实践活动在思想教育中起着重要作用，但当前的社会实践往往仅停留在表面，缺乏深入的调研和参与。为了更好地培养学生的实践能力和社会责任感，思想教育应该鼓励学生参与具有挑战性和影响力的社会实践项目，引导他们深入社会、了解社会现实问题，同时提供相应的指导和支持。

第三，大学生思想教育还需要更加注重培养学生的综合素质和创新意识。当前的思想教育往往局限于传统的理论教育和道德规范，而忽视了学生的创新意识和创造力的培养。

此外，大学生思想教育还需要关注教育评估的问题。当前的思想教育评估主要依赖于定性评价，缺乏科学的评估指标和方法。为了确保思想教育的有效性和质量，应建立科学的评估体系，结合学生的综合素质、道德行为和社会责任感等方面进行全面评估，以便及时调整和改进教育内容和方法。

3 大学生思想教育路径构建

3.1 学科交叉视角下的思想教育路径构建

首先，学科交叉视角下的思想教育路径应注重学科知识与思想道德素养的有机结合。大学生思想教育应该融入各个学科的核心内容，通过跨学科的教学和讨论，将思想道德与学科知识相互融合。例如，在工科领域中，可以引导学生思考科技发展的伦理问题和社会影响[11]；在文科领域中，可以探讨文化多样性与社会和谐的关系。通过学科交叉，学生能够在学习专业知识的同时，培养道德情操和人文素养。

其次，学科交叉视角下的思想教育路径应重视跨学科的实践活动和项目设计。通过开展跨学科的实践项目，学生能够全面了解社会问题，并运用各学科知识进行解决。

最后，学科交叉视角下的思想教育路径还应加强学生的学科认同和责任感培养。大学应该引导学生树立学科自豪感和使命感，鼓励他们将所学的学科知识与社会发展和人民群众的需求相结合。通过开展学科竞赛、学术论坛和社会实践等活动，激发学生对学科的兴趣和热爱，并引导他们将学科知识应用于实际问题的解决。同时，还应加强学科责任感的培养，让学生意识到自身学科专业的社会责任和使命，通过学科的发展为社会进步作出贡献。

3.2 个体发展视角下的思想教育路径构建

第一，个体发展视角下的思想教育路径应注重学生的自主性培养。大学生思想教育应该通过激发学生的内在动力和自主意识，促使他们主动参与思政学习和实践活动。教师可以提供引导和支持，激发学生的学习兴趣和主动性，鼓励他们自主选择学习内容、制订学习计划，并在学习过程中培养独立思考和批判思维的能力。此外，还可以通过学生自治组织的建设和参与社会实践等方式，给学生提供自我管理和自我发展的机会，培养他们的领导能力和团队合作精神。

第二，个体发展视角下的思想教育路径应注重学生的创造性培养。创造性是培养学生创新思维和解决问题能力的重要方面。思想教育应该鼓励学生思考社会问题和价值观念，培养他们的创新意识和创造力。教师可以通过开展讨论和辩论、组织创新创业竞赛、引导学生参与科研项目等方式，激发学生的创新意识和创造力。同时，还应提供相应的培训和资源支持，帮助学生学习创新方法和技巧，培养他们的创新意识和实践能力。

3.3 社会参与视角下的思想教育路径构建

首先，社会参与视角下的思想教育路径应注重社会实践的开展。大学生思想教育应该鼓励学生主动参与社会实践活动，与社会各界互动交流，拓宽视野、增长见识。学校可以与社会组织合作，给学生提供参与社会实践的机会，例如志愿者活动、社区服务、实习实训等。通过参与社会实践，学生能够深入了解社会现实问题，锻炼实践能力和解决问题的能力，同时培养社会责任感和公民意识。

其次，社会参与视角下的思想教育路径应注重社会问题的引导与讨论。大学生思想教育应该引导学生关注社会问题，培养他们的分析能力和思考能力，激发他们对社会问题的责任感和行动意识。教师可以引导学生选择具有重要社会意义的问题进行研究和讨论，组织辩论、小组讨论和研讨会等形式的活动，促进学生对社会问题的思考和深入理解。通过这样的方式，学生不仅能够了解社会问题的复杂性和多样性，还能够培养批判思维和解决问题的能力。

4 结论

本文旨在探讨大学生思想教育的组织与管理，以及面临的问题和挑战，并通过分析现有的思想教育模式和实践，提出了一些解决问题的思路和建议。总结来说，大学生思想教育在组织与管理方面存在着一些不足和挑战，但也有许多值得肯定和借鉴的经验。

首先，大学生思想教育在组织与管理方面需要更加注重教育目标的明确和落实。思想教育应该以培养社会主义核心价值观为主要目标，通过多样化的教学方法和实践活动，引导学生形成正确的世界观、人生观和价值观。同时，还应强调学生的自主性和创造性，让他们在思想教育中发挥主体作用，培养独立思考和批判精神。

其次，大学生思想教育需要更加注重师资队伍建设和教师专业发展。教师是思想教育的中坚力量，他们的素质和能力直接影响着教育质量和效果。因此，学校应该加强对思想教育教师的培训和评价，提升他们的学科知识水平和教育教学能力。同时，还应鼓励教师进行学科交叉合作，促进跨学科教学和研究，提升思想教育的综合性和针对性。

最后，大学生思想教育需要持续关注和探索新时代的需求和变革。随着社会的不断发展和变化，思想教育也需要与时俱进，不断调整和完善。学校应积极响应国家和社会的发展需求，将思想教育与时代精神相结合，注重培养学生的创新能力、国际视野和社会责任感。

综上所述，大学生思想教育的组织与管理是一个复杂而重要的课题。在未来的教育实践中，需要学校、教师和学生共同努力，加强沟通与合作，共同探索适合时代需求的思想教育路径，为培养德、智、体、美、劳全面发展的社会主义建设者和接班人作出贡献。

参考文献

[1] 赵金梅，常江，巩雪. 高校继续教育课程思政建设实施策略[J]. 成人教育，2023，43(6)：25-28.

[2] 陈瑶. 高校思政教育中红色文化资源的开发与应用[J]. 中学政治教学参考，2023(20)：103.

[3] 曾祥明，朱彤. 发挥红色档案育人价值　推进思政教育提质增效[J]. 中国档案，2023(5)：54-55.

[4] 杨益东. 绿色发展理念在学校思政教育中的融入——从《绿色发展新理念(绿色学校)》谈起[J]. 环境保护，2023，51(8)：77-78.

[5] 张湖婷. 系统视角下从外语课程思政教育机制铸牢中华民族共同体意识——兼论课程思政教育机制的系统建设[J]. 贵州民族研究，2023，44(2)：199-204.

[6] 朱炎杰，付春正，郑丽智. 新媒体技术在大学生思政教育与管理中的应用研究——评《新媒体时代下的高校思想政治教育研究》[J]. 科技管理研究，2023，43(8)：252.

[8] 孙亮，徐震，佟德志. 高等工程教育中课程思政的"八个维度"[J]. 天津师范大学学报(社会科学版)，2023(3)：64-71.

[9] 凌鹏国. 语文乡土文学阅读与思政教育融合路径探索[J]. 中国教育学刊，2023(4)：104.

[10] 宁德鹏，何彤彤，何玲玲，等. 高校课程思政与创新创业教育课程深度融合路径探赜[J]. 江苏高教，2023(4)：102-106.

[11] 朱社员. 高校思政教育红色文化资源开发应用[J]. 中学政治教学参考，2023(12)：97.

大学生思政教育融入心理健康工作创新路径探索

王海峰

(湖南应用技术学院 经济管理学院 湖南 常德 415000)

摘要：大学生心理健康问题日益凸显，大学生心理健康教育与思政教育的融合被视为这一问题的解决之道。本文总结了二者融合的成功经验，并提出了未来的发展方向。这一融合将有助于培养更具社会责任感和心理健康的大学生，为他们未来的成功和贡献社会提供更坚实的基础。

关键词：大学生心理健康；思政教育；融合；师生互动

1 引言

1.1 背景介绍

大学生心理健康问题已经成为高校教育领域面临的一项巨大挑战。在社会快速演进和竞争激烈的背景下，大学生不断面对来自学术、生活、职业规划等多方面的巨大压力[1]。根据研究结果，大学生的心理健康问题，如紧张、低落、学业负担沉重等，不仅对其学术成绩和个人生活产生了负面影响，还可能对社会的稳定和进展带来不利影响。因此，大学生心理健康问题已经成为教育界和社会各界普遍关注的焦点。

思政教育，在中国高校教育中具有重要地位，旨在培养学生的思想道德素养、社会责任感和创新能力。它不仅仅是一门课程，更是一种教育理念，其目的在于引导学生积极参与社会活动，塑造良好的价值观念，提升思维素质。思政教育强调全面发展的人才培养，且与大学生心理健康密切相关，因为心理健康是个体整体发展的重要构成之一。

1.2 问题陈述

1.2.1 大学生心理健康与思政教育之间的关系

大学生的心理健康与思政教育息息相关。思政教育的首要任务是培养学生的社会主义核心价值观、社会责任感及创新能力，这些方面的培养对于心理健康至关重要。思政教育引导学生树立积极的价值观，强调社会责任，从而赋予他们更多自信和自尊，有助于减轻他们内在的心理压力。此外，积极参与社会实践和志愿服务有助于学生建立坚实的社会支持系统，提供情感上的支持，缓解心理健康问题。思政教育还注重培养学生的思维辩证能力和问题解决能力，可协助他们更好地应对多样化的挑战，最小化焦虑和抑郁等心理问题的风险。通过积极的社交互动和深刻的讨论，学生可以建立积极的人际关系，获得情感支持和社会支持[2]。此外，思政教育还通过传授道德伦理和社会责任等知识，助力大学生培养内在的心理韧性，以更好地应对挫折和逆境，减轻内在的心理压力。思政教育的全面发展目标与心理健康的全面发展目标高度契合，因为心理健康不仅仅意味着没有心理问题，还包括积极心态和自我实现的潜能。总之，思政教育与大学生的心理健康之间存在相辅相成的关系，将二者巧妙结合有助于提升大学生的整体心理健康水平，实现全方位的成长。

1.2.2 如何将思政教育融入心理健康工作

将思政教育与心理健康工作有机结合时，需要采用一系列创新方法和实践策略，以确保两者相互促进，提升大学生的全面发展水平。

首先，必须重新构思教育内容。在课程设计中，可以融入思政教育的核心理念，并将其与心理健康知识交织在一起，设计专门的课程或模块，深入研究心理健康与价值观、社会责任等之间的关系。通过这种方法，学生将学习如何建立积极的自我认知和有效管理情绪，以及如何应对不断增加的生活压力。

其次，需要革新师生互动方式。教师可以担任导师的角色，积极关心学生的心理健康状况，并为他们提供必要的心理健康支持和建议。同时，鼓励学生积极参与课堂讨论、思辨活动和社会实践，以促进思政教育与心理健康工作的有机融合。此外，还应建立定期的心理健康沟通渠道，鼓励学生与教师分享心理问题，以便及时干预和提供支持。

再次，校园文化和氛围的塑造至关重要。学校可以营造积极的校园文化，强调社会责任感、情感共鸣和团队协作，以促进学生的社会情感和心理健康；还可以举办心理健康宣传活动、心理辅导工作坊和互动社交活动，为学生提供积极的社交支持和心理成长机会。

最后，成果和效果评估是不可或缺的一环。学校需要建立有效的评估机制，监测学生心理健康状况的变化，同时关注他们的思政教育成果。通过定期的问卷调查、心理健康检查和学业表现等数据分析，学校可以不断改进融合实践策略，确保实现思政教育与心理健康工作的共同目标。

1.2.3 目的与意义

(1)探讨思政教育与心理健康工作融合可能性。研究的主要目标在于探讨思政教育与心理健康工作融合的潜力。这种融合带来了多方面的潜在益处[3]。首先，将思政教育与心理健康工作有机结合，有助于构建更全面、多元化的大学生成长模式。通过思政教育，学生不仅能在知识和道德方面得到支持，还能够提高心理素养、情感管理能力和社会适应力，进而更好地应对现实生活中的压力和挑战。其次，这一融合还有助于提升大学生的综合素养，培养他们成为具备社会责任感和公民意识的新一代公民。通过思政教育，学生将更容易理解和践行社会价值观，从而在面对社会问题时更具敏感性和积极性。因此，思政教育与心理健康工作的有机融合不仅有助于解决学生的心理问题，还能培养出更具社会责任感的公民，为社会的进步和发展作出贡献。

(2)提出创新路径，促进大学生心理健康和思政教育的共同发展。促进大学生心理健康与思政教育的共同进步具有深远意义。首先，这种有机融合有助于构建更全面和以人为本的教育模式，从而更好地满足学生的全方位成长需求。心理健康问题不仅会影响学生的学术表现，还会对他们的人际关系、社会适应和情绪稳定产生不利影响。将思政教育与心理健康工作紧密结合，可培养学生积极的价值观、社会责任感，同时提高他们的情感管理和心理韧性，并助力他们更好地应对学业和生活中的压力、挑战。其次，这一融合也有助于培养具备社会责任感和公民意识的新一代公民。当今社会不仅要求学生具备专业技能，还需要他们成为积极参与社会、具备人文关怀的公民。思政教育注重社会价值观念的培养，若与心理健康工作相结合，会使学生更容易理解和践行社会价值观，提高社会责任感，从而为社会的进步和发展做出更大的贡献。因此，促进大学生心理健康与思政教育的有机融合不仅有益于学生个体的成长，还有助于社会整体的进步。

2 大学生心理健康问题的现状

探讨大学生心理健康问题，需要考虑以下方面：大学生普遍遭遇了哪些心理健康挑战？这些挑战对他们的学业和生活有何影响？大学生心理健康问题涉及哪些因素以及应对策略是什么？学校应该如何识别、干预和提供有效的支持？思政教育与心理健康工作应如何有机融合，以更好地预防和解决大学生的心理健康问题？这种融合对于大学生的全面成长有何重要意义？

这几个问题涵盖了大学生心理健康问题种类、相关影响因素、应对策略，以及思政教育与心理健康工作融合的关键议题等内容，为进一步研究和讨论提供了方向。

研究大学生心理健康问题，需要考虑以下方面：心理健康问题的影响因素，包括学业压力、社交压力、学术要求、生活环境等，这些因素可能对大学生的心理健康产生积极或负面影响。同时，还有风险因素，即特定情境或经历，如创伤事件、社会孤立、不健康的生活方式等，这些因素可能增加产生心理健康问题的风险。

了解这些影响因素和风险因素后，还需要制定相应的干预策略，主要包括心理健康教育、心理咨询、建立社会支持网络等。这些策略可以帮助学生处理影响因素和降低风险因素，从而减少心理健康问题发生和发展的可能性。

当思考如何融合思政教育与心理健康工作时，便需要考虑各种因素，主要包括思政教育内容和质量、学生的参与度等，因为它们可能会影响融合的有效性。同时，也需要关注潜在的风险因素，例如，缺乏专业知识和资源，以及融合计划不完善。这些因素可能会妨碍融合的实施和影响融合的成效。

3 思政教育的核心任务与发展历程

3.1.1 思政教育的任务

思政教育，即思想政治教育，是中国高校教育中至关重要的组成部分，其核心目标在于培养学生的社会主义核心价值观、社会责任感、创新意识和道德品格。它的首要任务是通过教育引导学生建立正确的世界观、人生观和价值观，使他们拥有坚定的思想信仰、文明的行为规范以及积极的社会参与能力，从而更好地适应和塑造社会环境，为国家和社会的发展贡献积极力量。思政教育旨在全面提升学生的多维素质，包括思想、道德、智力、体魄、美育等各个方面，以推动大学生的全面成长和社会责任感的培养。

3.1.2 思政教育的发展历程

思政教育一路演进，从党性政治教育逐渐发展为以社会主义核心价值观为基础的综合性思想政治教育。这个历程反映了中国高等教育的不断改革，其目标是培养更有社会责任感和创新潜力的全面发展人才。思政教育未来所面临的挑战包括如何更好地适应多样化社会需求和全球化背景，以更有效地引导和培养新一代大学生。

4 思政教育与心理健康工作的融合实践

4.1 理论基础

4.1.1 心理健康与社会主义核心价值观的关系

心理健康与社会主义核心价值观之间存在密不可分的纽带。社会主义核心价值观代表着中国社会主义体制的重要价值观体系，包含了12个方面：富强、民主、文明、和谐、自由、平等、公正、法治、爱国、敬业、诚信、友善。这些价值观不仅在社会层面具有重要意义，也直接关系到个人的心理健康。

首先，社会主义核心价值观为个体提供了明确的价值观念和道德准则，有助于培养积极的心理。明确的价值观念有助于个体树立稳定的自我认同和自我价值感，可以减轻自我焦虑和自卑感。例如，爱国、诚信、友善等价值观可以培养个体的自尊感和社交互动能力，有助于积极应对社交压力。

其次，社会主义核心价值观鼓励个体积极参与社会和国家建设，这对个体的心理健康具有积极影响。参与社会活动和为社会服务可以提供情感上的满足感和自我实现的机会，有助于提高幸福感和心理满足度。同时，社会主义核心价值观也强调公平和法治，有助于减轻社会不公和不平等感，降低社会冲突和心理不适的发生率。

最后，社会主义核心价值观强调和谐与民主，有助于改善人际关系和社会互动，减少心理冲突和孤独感；尊重多样性和平等原则，有助于降低社会对个体的歧视和偏见，提高个体心理的包容性和多样性。

总之，心理健康与社会主义核心价值观之间存在紧密的关系。社会主义核心价值观为个体提供了积极的心理支持和指导，有助于培养健康的心理，提高幸福感。同时，心理健康的个体也更有可能积极践行社会主义核心价值观，为社会和国家的进步和发展作出贡献。因此，将社会主义核心价值观融入心理健康教育及实践中，可以进一步提升社会整体的心理健康水平。

4.1.2 思政教育与心理健康工作的互补性

首先，价值观与社交互动。思政教育和心理健康工作在培养学生的价值观和社交互动能力方面互为补充。思政教育强调培养社会主义核心价值观，有助于铸造积极心态和增强社会责任感。与此同时，心理健康工作致力于传授人际关系和社交技能，可以帮助学生建立优良人际关系，提供社交支持。

其次，情感管理与全面成长。心理健康工作强调情感管理和全面成长，教授学生处理压力、解决问题和管理情感的技能，以提高心理健康水平。而思政教育则为学生全面成长提供了道德和价值观维度的支持，可协助学生更好地理解情感与价值观之间的关联，增强情感的稳定性，推动学生全面成长。

4.2 实践路径

4.2.1 教育内容的融合与创新

教育内容的融合与创新是关键的实践路径，旨在有机地将思政教育与心理健康工作融合，以推动大学生的全面发展和心理健康。这一实践路径体现在以下几个关键领域。

首先，融合教育内容要求协调思政教育的社会主义核心价值观与心理健康教育的理念。这可通过审视思政教育的内容，将社会主义核心价值观与心理健康、情感管理、人际关系等教育内容有机结合来实现。例如，在思政教育中突出强调社会主义核心价值观的培养，同时将情感管理技能与社会主义核心价值观紧密联系，以帮助学生更好地理解并应用社会主义核心价值观来处理情感问题。

其次，创新教育内容需要设计激发兴趣和互动的教育活动。这包括课堂讨论、案例分析、角色扮演、团队协作等各种形式，可以提高学生的参与度和实际应用能力。例如，在思政课程中引入心理健康案例，鼓励学生分析和讨论如何运用社会主义核心价值观来解决心理健康问题。

再次，融合教育内容还需要进行教师培训和跨学科合作。教师需要接受相关培训，以提高他们在思政教育和心理健康领域的专业知识水平和教育技能。同时，学校可以建立跨学科合作团队，汇集思政教育、心理学、教育学等领域的专家，共同研究、开发融合课程和教育活动。

最后，融合教育内容需要不断评估和改进。学校应建立有效的评估机制，监测学生的学习成果和心理健康状况，并根据反馈结果不断改进教育内容和方法，以确保融合教育的效果和可持续发展。

教育内容的融合与创新是将思政教育与心理健康工作融合的重要实践路径，旨在为学生提供更全面的支持和培养，使他们在思想道德和心理健康方面都能够得到充分的发展。

4.2.2 师生互动与心理健康促进

师生互动与心理健康促进在多个层面体现了显著意义和积极效益。

首先，在情感支持与心理教育方面，师生互动扮演了关键角色。教师不仅是知识传授者，还是学生情感上的支持者。学生可以将内心的烦恼和忧虑倾诉给教师，获得情感上的关怀与支持。这种沟通与倾听有助于学生减轻焦虑感和孤独感，提高情感满足度。同时，师生互动也提供了传授心理健康知识和进行心理教育的机会。教师可通过教育、讨论和指导，传授关于情感管理、压力应对、自我认知等领域的知识和技能。这有助于学生更好地理解和运用心理健康原则，提升情感管理和沟通技能，进一步促进心理健康。

其次，在学业支持与压力应对方面，师生互动也发挥了积极作用。教师通过师生互动能够密切关注学生的学习表现和学术需求，为他们提供学业上的建议和协助。通过与教师的交流，学生能够及时解决学业难题，获得学习方面的支持，减轻学业压力。此外，师生互动还可以协助学生更好地适应新的学习环境和挑战，提高适应力，减少适应问题的出现。

最后，在心理危机干预与资源提供方面，师生互动具有重要作用。教师通过师生互动能够及时察觉学生可能存在的心理健康问题，例如，焦虑、抑郁、自杀倾向等，引导他们获取专业的心理健康支持。通过与教师的互动，学生可以获取有关心理危机干预和资源的信息，了解如何寻求协助与支持。此外，教师还能够提供紧急情况下的建议和指导，确保学生及时获得所需的帮助。师生互动不仅为学生提供了心理健康资源的渠道，还为学生提供了情感上的慰藉和理解，增强了他们应对心理危机的信心。这一互动过程不仅有助于学生心理危机的干预，还强化了学生与教师之间的联系，促进了共同关心与关爱的传递。

5 结论

5.1 创新路径的成功经验总结

首先，实现思政教育与心理健康工作有机融合的核心在于整合教育课程和内容。将社会主义核心价值观与心理健康、情感管理、人际关系等领域的教育内容有机地结合起来，有助于学生更好地理解这些社会主义核心价值观的实际应用效果，同时也提升了学生的心理健康素养。这种整合需要教师跨学科的协作和具备相应的专业知识，以确保教育内容的完整性和内在的有效衔接。

其次，师生互动是促进心理健康的至关重要的途径。通过建立积极的师生互动关系，教师可以为学生提供情感支持、学业指导、心理教育和心理危机干预等多方面的支持和资源。这种互动不仅对学生个体的心理健康有益，还有助于营造更加充满关心和关爱的教育氛围。为了成功实施师生互动，教师需要接受相关培训，以增加他们在心理健康领域的专业知识和提升他们的教育技能。

最后，持续评估和改进是创新路径的关键。学校应该建立有效的评估机制，监测学生的学习成果和心理健康状况，根据反馈结果不断改进教育内容和方法，以确保融合教育的效果和可持续发展。同时，学校还应积极收集学生和教师的反馈意见，以不断提高师生互动的质量和效果。这种循环的反馈和改进机制有助于不断提高整体教育质量，并更好地满足学生的需求。

5.2 未来发展方向与建议

首先，不断改进融合实践策略是推进大学生心理健康与思政教育融合的关键。学校应持续改善融合教育的方法和策略。其中首要之处就在于建立强有力的评估体系，持续监测融合教育的成效和学生的心理健康状况，并根据数据结果进行灵活调整和改进。同时，鼓励采用创新的教育方法，例如，利用科技手段进行在线心理健康教育、引入实际项目和社会互动等方式，增加融合教育的吸引力和实用性。另外，可以建立学生参与机制，鼓励他们参与融合教育的设计和评估，以确保教育内容和方法与学生的需求密切相关。

其次，师资队伍的建设至关重要。第一，提供心理健康培训和教育，使教师更好地理解和应对学生心理健康工作。第二，鼓励跨学科合作，建立专业团队，包括思政教育、心理学、教育学等领域的专家，共同研究和开发融合教育的内容和方法。第三，制订师资队伍的培训计划，提供教师进修和发展的机会，以不断提升他们在心理健康领域的专业水平。

最后，促进多方合作与资源共享。学校可以积极探索并与心理健康机构、社会组织和企业等合作，以共同推动心理健康与思政教育的发展。同时，学校还要积极建立校外资源网络，为学生提供更多的心理健康支持和服务。此外，鼓励教育部门、学校和社会机构之间进行资源共享，包括教材、课程设计和教育工具等，以降低成本、提高效率，共同推动融合教育的发展。

参考文献

[1] 韩楚齐. 新媒体环境下的图书馆大学生思政教育研究——《全环境育人理念下新媒体时代高校图书馆读者工作研究》荐读[J]. 情报理论与实践，2022，45(9)：199.

[2] 胡荣. 新时期大学生思想政治教育发展研究——评《当代大学生思想政治教育理论与实践研究》[J]. 教育理论与实践，2022，42(11)：2.

[3] 张怡帆. 心理健康教育在大学生思想政治教育中的作用——评《思想政治教育心理学新论》[J]. 领导科学，2020(19)：2.

[4] 赵会利. "00后"大学生思想政治教育模式研究[J]. 学校党建与思想教育，2016(22)：37-38.

07

第七篇
实践教学与创新创业教育

“校企学”三方在校企合作中的利益诉求

夏纯迅

（湖南应用技术学院 经济管理学院 湖南 常德 415000）

摘要：地方性应用型本科区域劣势明显，存在着财政预算不足、科研水平薄弱、部分民办应用型本科学校更是资金短缺、抗风险能力弱等特征，使得地方性应用型本科院校校企合作中的利益相关方权益难以保障，矛盾突出。本人通过实地调研，运用对比分析，从“多赢”理念出发，分析校企合作中利益相关方权益、利益诉求及保障措施。

关键词：校企合作；利益诉求；“多赢”

自2002年《国务院关于大力推进职业教育改革与发展的决定》发布，以就业为导向的职业教育逐步成为社会共识。2014年《国务院关于加快发展现代职业教育的决定》出台，标志着我国现代职业教育进入了快速发展的阶段。2017年国务院办公厅发布了《关于深化产教融合的若干意见》。2021年中共中央办公厅、国务院办公厅印发了《关于推动现代职业教育高质量发展的意见》。这些文件的出台，标志着我国职业教育开始向高质量发展迈进。在系列政策的推进下，许多高职高专学校成功升格为应用型本科院校，部分独立学院也完成了转设成为应用型本科高校，还有部分普通本科院校也转型成了应用型本科院校。

根据教育部对应用型本科院校人才培养定位——培养应用型人才要求，对实践教学提出了更高的要求，地方性应用型本科院校都加强了校内实训室的建设，但由于实践教学所需设备种类多、投资高，一般学校很难建成生产型校内实训基地，难以构建真实的工作场景，达不到企业对人才技能要求标准，开展校企合作成为解决这一问题的有效途径。地方性应用型本科区域劣势明显，且大多数由高职高专或独立学院转设而来，存在着财政预算不足，科研水平薄弱，部分民办应用型本科学校更是资金短缺、抗风险能力弱等特征，使得地方性应用型本科院校校企合作举步维艰。基于“多赢”理念，探讨一种契合高校、企业、学生利益诉求，实现“校企学”三方多赢的校企合作新模式迫在眉睫。

1 概念的认识

1.1 应用型本科

应用型本科又称应用技术型本科，是指以应用技术类型为办学定位，是相对、区别于学术型本科（普通本科）的本科类型[1]。应用型本科教育注重实践教学环节的强化，强调学生专业技能与职业素养，对于满足中国经济社会发展，对高层次应用型人才需要起到了积极的促进作用。2014年3月，中国教育部改革方向已经明确：全国普通本科高等院校1200所学校中，将有600多所逐步向应用技术型大学转变，转型的大学本科院校正好占高校总数的50%。“应用技术类型本科”是对新型的本科教育和新层次的高职教育相结合的教育模式的探索。

1.2 校企合作

校企合作是指学校与企业进行深度合作，发挥学校和企业的各自优势，共同培养社会与市场需要的人才。学校根据企业的发展需求，为企业量身定制的有针对性地培养学生的专业，企业利用场地、设备与人员对学生进行培训。校企双方互相支持、互相渗透、双向介入、优势互补、资源互用、利益共享，是实现职业教育现代化，促进生产力发展，使教育与生产可持续发展的重要途径[2]。

1.3 利益诉求

利益诉求是指一定的社会集体、组织或个体为获得自身在生存、发展和心理上的满足而对经济、地位和权力的申诉与请求[3]。利益诉求，具体可以从“诉”与“求”两个方面来认识，诉为倾诉表达，通过一定的方式表露出自己的意愿；求为希望得到利益要求，即自己对外界传达意愿，希望自己能够实现利益的具体内容。

1.4 “多赢”理念

通常情况下，人类在群体活动中，经常在同一利益下，进行较量与竞争，胜利的一方获取利益，失败的一方失去利益。进入21世纪以来，在国家大力提倡和谐社会的理念下，特别是人类命运共同体理论的驱动，加强合作，互利共赢成为时代的主题，“多赢”的理念就是基于以上背景产生，通过组织之间的交流合作，达到共赢。

2 校企合作中的利益主体与诉求

2.1 利益主体

校企合作中利益主体包含合作高校、合作企业、合作高校学生、政府及高校主管部门等多个主体，由于政府与高校主管部门在校企合作中处于间接利益相关方，因此在此不做讨论。

2.1.1 合作高校

高校是校企合作的直接受益者之一，作为独立教学组织单位的学校及二级学院都可以与企业建立合作关系，弥补自身实习实训场地的不足，同时获得企业生产性资源及实践师资等相关的利益。

2.1.2 合作企业

从法律的角度来说，最有独立法人资格的企业都可以成为校企合作的企业。高校在选择合作企业时，往往会根据自身的专业设置，企业规模，生产条件与行业地位等综合因素进行考虑。同样，企业也有选择高校的权利，往往会根据企业科研能力，学生就业需求意愿等方面进行选择。

2.1.3 合作高校学生

取得学校学籍的学生都有获得实习实训机会的权力，作为应用型本科，对于学生实践能力的培养提出了更高的要求，相对于普通本科院校的学生而言，在校企合作中应该获得更多的利益。

2.2 利益诉求

虽然校企合作能够给利益相关方带来诸多权益，但在实施过程中，由于各方主客观原因，而使得校企合作中各利益相关方权益得不到保障，产生利益诉求。

2.2.1 高校的利益诉求

高校在校企合作中的利益诉求主要包含：通过行业、企业的市场信息资源、技术优势和产品质量标准，及时调整专业设置、人才培养目标，解决专业建设对接企业需求，服务地方经济的问题；利用企业现有设备、场地及技术力量改善办学条件，解决校内实践教学的场所不足的问题；通过校企合作提高教师实践教学能力的问题。

2.2.2 企业的利益诉求

企业在校企合作中的利益诉求主要包含：在财政、税收减免获得政府的支持与补助；在人力资源上得到高校提供的优秀学生；在职工培训上得到高校提供的培训服务；在技术上得到高校科研攻关与技术支持等[4]。

2.2.3 学生的利益诉求

学生在校企合作中的利益诉求主要包含人格权、劳动权、教育权等方面。人格权主要包括生命健康权、自由权、姓名权、名誉权、隐私权、肖像权等[5]。实习期学生劳动权应主要包括平等取得劳动报酬的权利、休息休假的权利、获得劳动安全卫生保护的权利、接受职业技能培训的权利、提请劳动争议处理的权利，以及法律规定的其他劳动权利[6]。教育权则包含接受教育的权利。

3 "校企学"三方在校企合作中利益诉求现状

在校企合作实践中，"校企学"三方由于目标的不一致、时间的不匹配、机制的不健全等多个方面的原因，存在诸多利益诉求，其中就学生层面的利益诉求最为突出。

3.1 高校方

校企合作中最大的受益者就是高校，高校在校企业合作中至少解决了三个需要解决的问题，一是获得了行业企业的市场信息、技术信息等资源，较好地完成了专业设置调整、人才培养目标和规格要求的目标；二是有效利用企业现有设备、场地及技术力量，完成实践性教学要求；三是通过校企合作，为毕业生寻求就业单位，减轻毕业生就业压力。目前，与校企合作预定目标偏差较大的地方，主要是教师实践动手能力未能得到企业有效指导，提升速度慢的问题。

3.2 企业方

校企合作中，企业原本是想通过校企合作获得高校丰富的科研资源和人力资源，利用高校实验室进行产品及技术研发，达到技术领先同行业的目标。实际的现状是企业很难从一般的本科院校中获得优秀的科研资源。一是应用型本科院校本身的科研能力较弱，根本无法满足企业大量科技创新的需要；二是有的高校科研人员嫌弃企业给的报酬低，也不愿意服务校企合作企业。另一方面，企业是想通过校企合作获得高校优秀毕业生资源，而实际上，优秀毕业生不一定会留在校企合作企业。

3.3 学生方

学生在校企合作中的利益诉求主要表现在实习质量低下、劳动权益得不到保障、得不到应有的尊重等方面的诉求。

3.3.1 实习质量低下

实习质量低下主要表现文科类，如经济学、管理学、文学等学科，这些学科招生人数多，班制也较大，一般都超过50人，为便于管理，高校一般都是以专业年级或班级进行集中实习，进入企业后，企业很难同一时间满足大规模的实习岗位需求，所能选择的企业往往都是劳动密集型的企业，这些企业为学生提供的实践岗位技术含量低、工作时间长，以物流管理专业为例，其实习企业主要是快递企业，工作岗位和职责主要是进行货物的分拣、打包、复核等基础性的作业，对技术要求低，工作环境差，学生很难将书本上所学的知识与企业的实际联系起来，学生感觉实习收获不大。实习质量的低下，造成了学生的严重不满，学生只能向学校教学部门反映，学校教学部门又以实践学分必须修满为由，强制学生完成实习，矛盾突显。

3.3.2 劳动权益得不到保障

劳动权益保障诉求主要表现在两个方面：一个是同工不同酬的问题；另一个是休息时间得不到保障的问题。校企合作中普遍采用的形式是“顶岗实习”，实际上就是脱离学校，以企业员工的角色开始工作。这一时期，学生有两重身体，既是高校学生，又是企业员工。德国的“双元制”职业教育模式就是发端于此，德国“双元制”职业教育模式对学生劳动权益给予了充分的保障，而我国就学生“顶岗实习”期间的劳动权益问题并没有专门的法律，主要依据的法律是《中华人民共和国劳动法》和《中华人民共和国高等教育法》，而这两部法律少有涉及“顶岗实习”期间的劳动权益问题，同工不同酬就是一个突出的问题。顶岗实习期间，学生所从事的工作与正式员工无异，但薪酬只有正式员工的一半，甚至是三分之一，造成学生的不满，学生投诉与吐槽较多。“顶岗实习”期间，休息时间得不到保障也是一个突出问题，由于这一期间，学生与企业签订的不是劳动合同，只是就业协议，无法全面地获得《中华人民共和国劳动法》中权益的保障，而大学生这一时期基本都已成年，《中华人民共和国未成年人保护法》也很难发挥其效用，所以“顶岗实习”期间加班便成为家常便饭，根据新华网2019年相关报道，某高校学生“顶岗实习”期间每天平均工作12个小时，最长一天工作16小时。就劳动权益保障方面的诉求已成为校企合作中的学生利益诉求最集中的诉求。

3.3.3 人格权无法得到保障

作为校企合作中最为弱势的学生群体，其人格权益很难得到保障，主要表现在：学生可能会受到企业主管及相关师傅的训斥与谩骂，从事超出其体力范围的工作，指使做与本职工作无关的其他工作，从事不利于身体健康方面的工作等。在对“顶岗实习”期学生人格的尊重与保护情况调查中，人格权得到企业充分尊重的占比 21.7%，人格权得到基本尊重的占比 24.1%，有 54.2%的学生认为企业不太尊重其人格权，总体上来看，学生对人格权尊重的满意度整体偏低。

4 校企合作中利益诉求的保障措施

4.1 加强校企间的深度合作

应用型本科院校在校企合作中应发挥其主导作用，主动与校外企业建立深度合作，大胆进行人才培养模式创新，如订单式人才培养模式、3+1 培养模式等。高校应成立专门的校企合作管理队伍，加强与企业的联系，认真做好校企合作保障机制的研究，充分保障高校、企业与学生的权益。

4.2 重视企业诉求，保障企业利益

在校企合作中，应重视企业的利益诉求。高校应该将企业的生存和发展与自身的发展联系在一起，特别关注企业对新技术、新产品研发方面的需求，为企业进行技术攻关、人才培养等方面服务；同时应加强对学生思想政治教育、就业观教育，让学生能够在校企合作的企业中安心工作。高校也应做好经费预算，给予校企合作企业一定的经济补偿，充分保障企业利益。

4.3 健全法律保障体系，加快学生实习权益保障入法

要想学生“顶岗实习”期的教学质量与学生权益得到有效保障，高校应为提供岗位的企业给予一定的经济补贴，或政府对提供实习教育的企业实行财政优惠，同时，要对这些企业进行宏观调控与监管，对企业相关负责人定期开展法律法规培训，规范企业主体的责任与义务，并以法定形式规定实习合同签订、实习报酬支付等方面，保障学生实习中的报酬、休息、安全等合法权益。借鉴德国“双元制”中的先进做法，建立严格的资格准入机制，对学生的学习与劳动权益进行明确的法律规定，发挥行业协会的作用，作为第三方参与管理，协调各方利益，使得校企合作更加规范有效。当前，由于高校、学生与参与实习企业三方的法律关系缺乏明确的权威法律认定，导致学生实习期内一系列合法权益得不到有效保障，又由于对参与校企合作的企业单位没有明确的管理部门来约束，使得校企合作中所涉及的法律诉讼较多[7]。因此，将校企合作企业纳入法律监管范围，对学生实习期间权益进行法律保障，对推进高等教育健康发展意义重大。

5 结语

校企合作实际上是校企学政实现“多赢”的合作模式，然而，在校企合作中由于法律的缺失、制度的不健全、管理的不到位加上认识上的偏差，使得校企合作没有发挥出应有的作用，特别是学生群体能力的提升，直接影响到国家未来的发展。应该看到，学生在校企合作中是最为弱势群体，其权益的保障成为校企合作成效的关键。

参考文献

[1] 帕尔哈提·祖努，张峰玮，邹游，等.地质类专业基础课程“三闭环控制”教学质量保障体系的探索与实践——以新疆工程学院为例[J].创新创业理论研究与实践，2022，5(11)：97-101.

[2] 刘义青，宋利，等.深化校企合作切实提高教师实践教学能力[J].华章，2011(3)：107-107，145.

[3] 毛肖丽.河南省滑县农村教师流失问题调查研究[D].北京：中央民族大学，2016.

[4] 谢洪.基于多方利益诉求分析的高职校企合作策略探讨[J].中小企业管理与科技(上旬刊)，2015(2)：277-278.

[5] 张春雨.职业院校学生权益的法律保障制度研究[D].天津：天津理工大学，2016.

[6] 孔德元.政治社会学[M].高等教育出版社，2011.

[7] 李元元.当代大学生利益诉求问题研究[D].南京：南京财经大学，2017.

产教融合背景下酒店英语课程实践教学改革

薛　杨

（湖南应用技术学院 经济管理学院 湖南 常德 415000）

摘要：酒店英语教学过程中存在教学目标不够科学合理、教学方式单一等问题，因此，必须加强对酒店英语课程教学的重视，深入分析教学现状，通过完善教学目标、丰富教学方式等途径有效增强教学效果和提升教学质量。

关键词：酒店英语；教学措施；教学目标

1　前言

酒店英语专业对学生的个人能力和素质要求较高，必须加强酒店英语课程教学，提高学生的专业素养和职业素质，增强学生的就业竞争力。但是，当前部分学校酒店英语课程教学过程中还存在一些问题和不足。比如，教学目标设计得不够科学合理。这在一定程度上直接影响了学生的培养方向和质量。

2　酒店英语课程教学现状

2.1　教学目标不够科学

教学目标不够科学合理在一定程度上影响教学效果和质量，也影响学生个人能力和素质的培养。酒店英语在教学过程中要重点培养学生的基本能力和关键能力。基本能力包含学生在就业过程中必须要掌握的知识和技能，也就是在就业过程中必须要掌握的英语听说读写能力。关键能力是指社会能力和方法能力。所谓社会能力是指学生在学习过程中所养成的价值观念、行为规范和人生态度，方法能力则是指学生在毕业后从事相关专业活动时必须要掌握的学习能力和工作方法。学生只有具备这些能力和素质才能更好地适应工作、胜任工作。但在实际教学过程中，部分教师在制定教学目标时更侧重于培养学生的听说读写能力，也就是侧重于培养学生的基本能力，而对学生的关键能力关注不够。这主要是由于教师对本专业就业环境和人才的具体要求没有详细的了解和深刻的认识，导致教学目标设计得不够科学合理，影响了教学内容和教学进度，进而影响了人才培养方向和质量。

2.2　教学方法单一

教学方法单一在一定程度上会影响教学效果和质量。传统的教学模式下，教师依旧以讲解为主，学生只能被动地进行知识理解和吸收，教师在讲解过程中大多依据课本，偶尔才采用多媒体辅助。这种教学方法较为单一和落后，很容易导致学生丧失学习的积极性和主动性，进而影响学生个人能力和素质的培养。同时，在这种教学模式下，学生更侧重于学习语法、单词和句式，口语交流和表达能力的提高效果不好，也会影响学生的职业素养，使学生难以满足职业的需求。这主要是由于教师的教学理念存在偏差，没有意识到丰富教学方法的重要性，在教学过程中仅仅将课堂教学作为必须完成的任务，认为按部就班地讲解完毕即可，没有投入足够的时间和精力。同时，教师的教学能力存在不足，这在一定程度上也影响了教学方法的多元化。部分教师虽然意识到了丰富教学方法的必要性，但在实际改进过程中依旧存在一定的困难。

2.3 教学评价单一

教学评价单一在一定程度上也影响教学效果和质量。首先，教学评价涉及的内容较为单一，在对学生进行评价时更多地评价学生对单词、语法的掌握情况，不能客观反映学生的个人能力和综合素质，不能评判学生的职业素养高低。同时，部分学校在对学生进行教学评价时，虽然纳入了课堂考勤、作业完成情况等，但是忽视了评价指标的发展性，不能反映学生个人的成长状况，这在一定程度上也影响评价的科学性与合理性。其次，教学评价方式较为单一。在对学生进行评价时，往往通过考试的方式，大多以考试结果来评价学生的学习状况。这种评价方式过于片面，不能全面反映学生的个人能力和素养水平，也很容易给学生错误的引导，让学生将更多的时间和精力放置在提高考试成绩上，而无法获得能力的培养和素质的提升。最后，评价主体相对单一，在一定程度上也影响评价的科学性与合理性。对学生进行评价时，往往主要参考教师的意见和建议。虽然教师对学生的情况了解和掌握得较为深入，但是只参考教师的意见不能体现评价的全面性和客观性。

2.4 教师能力不足

教师是开展教学的重要力量，教师的能力和素质在一定程度上将直接影响教学效果和质量。但是部分学校酒店英语专业教师的能力和素质相对较差，在一定程度上影响了教学效果。首先，部分学校教师的数量有限。受多种因素影响，部分学校从事英语教育的教师数量不足，负责酒店英语专业教学的教师数量更少，导致教师的工作压力和负担相对较重，在一定程度上影响了教学效果和质量。其次，部分教师的教学能力存在不足，在一定程度上也影响了教学活动的有效开展。有些教师由于刚参加工作，缺乏工作经验，教学经验也不够丰富，在教学过程中容易出现各种问题，既影响教学效果和质量，也影响对学生的培养和促进。同时，教师的实践能力不足在一定程度上也影响教学的有效开展。酒店英语有较强的应用性，想要提高教学的效果和质量，就必须了解酒店英语在实际应用过程中的要求和标准。这就要求教师必须具备相关实践经验，但大部分教师都是理论知识储备较多而实践经验却相对缺乏，这在一定程度上也影响了对学生的培养。

3 产教融合背景下加强酒店英语课程实践教学的有效措施

3.1 完善教学目标

想要有效提高教学效果和质量就应当不断完善教学目标，提高教学目标的科学性与合理性。首先，教师在制定教学目标前要进行广泛调研，通过与行业相关人员进行对接等方式，了解酒店英语在实际应用过程中的具体要求和对相关从业者的素质要求，然后结合调研情况制定科学合理的教学目标，确保学生能够符合就业要求，提高学生的就业竞争力。其次，教师应当制定明确的教学内容，加强对职业标准的对接和完善。要囊括登记入住、客房预订、电话服务、礼宾服务、客房清扫、商务服务、洗衣服务、餐厅预定、客房送餐、席间服务、结账服务、酒水服务、桑拿洗浴、美容健身、处理客诉等相关内容，确保学生具备专业化的职业素养和较强的专业技能，满足行业发展需要。最后，要加强对教学目标的优化和完善。教学目标的制定需要随着社会的变化而变化，不能一成不变。随着时间的不断发展，酒店英语的具体要求和对学生的素质要求会发生变化，教学目标若不发生变化则很难满足时代发展的需求。因此，教学目标要及时进行更新和优化，要确保满足学生发展需要，确保满足行业发展需要，提高学生的就业竞争力。

3.2 丰富教学方法

除了要完善教学目标，还要不断丰富教学方法，以提高教学效果和质量。首先，教师应当增加实践教学方法，有效提高学生的实践能力和水平。教师可以围绕相应专题设计脱口秀活动，要求学生全程利用英语来讲解酒店行业内的新闻或动态，或者讲解酒店行业中常用的知识和内容。在参与过程中，学生可以有效锻炼表达能力、提升专业技能，并有效加强对理论知识的学习和理解，从而提高个人的综合素养。同时，为了更好地提高学生的实践能力，学校也可以加强与酒店的合作和交流，定期安排学生到酒店实习，在实习过程中检验理论知识的学习效果和质量，找到自己存在的问题和不足，找到前进的方向。其次，教师应当多采取案例教学法，以有效提高教学效果和质量。在传统的教学模式下，学生容易丧失课堂学习积极性和主动性，也容易产生疲倦感和厌倦感。因此教师应当增加案例教学法的应用，吸引学生注意力，让学生在了解案例、分析案例的过程中增强对知识的理解和吸收，提高问题分析能力和逻辑思考能力，有效培养个人素养。最后，教师应当善于借助慕课、微课等新型教学方法，提高教学效果和质量。教师可以在海量的慕课、微课视频资源中进行筛选，选择与酒店英语相关的教学内容，及时推送给学生，让学生利用碎片化的时间加强了解和学习，培养学生的个人能力和素养，帮助学生拓展知识面，增强知识储备，开阔视野。

3.3 完善评价机制

想要有效提高教学效果和质量还应当不断完善教学评价机制，提高教学评价的科学性与合理性。首先，应当丰富评价内容。在对学生进行评价时，除了要考查学生的英语语法、单词掌握能力，还应当重点考查学生的个人能力和职业素养。可以通过任务面试的方法，有效检验学生在不同情境下的应变能力、沟通能力、协调能力。此外，评价内容还应当纳入学生的考勤状况、作业完成情况、课堂表现等。若学生与之前相比有了较大的进步和提高，也应当在学习评价中给予较好的反馈。其次，应当丰富评价主体。除了要纳入教师对学生的评价，还应当纳入学生之间的互评，特别是小组合作的成员，他们之间的沟通和交流相对更多，彼此更加了解和熟悉。学生互评能够帮助学生更好地了解和认知自我，也能有效提高评价的科学性与合理性。除了学生互评，还应当充分纳入学生自评。自评能够帮助学生进行总结和反思，发现自己的不足，不断改进，不断提高。对于组织学生到酒店实习的学校来说，还应当充分参考酒店的评价意见。

3.4 增强师资力量

想要有效提高教学效果和质量，还应当不断提高教师的个人能力和素质。首先，应当提高准入门槛。学校应当充分重视酒店英语教学，加强人力和资源倾斜，加强对教师的甄别和筛选，在选拔教师时重点考察教师的个人能力和素质。教师必须具备专业的教育背景和较强的教学经验，并确保在教学过程中能够给予学生很好的指导和帮助。其次，应当加强对教师的培训。要通过专业技能培训，详细讲解在酒店英语教学过程中常用的方式和方法、可能存在的问题及有效的解决措施，有效提高教师特别是年轻教师的教学能力和水平，帮助教师掌握教学方法，提高教学素质。要组织开展信息技术培训，提高教师的信息技术应用能力和水平，特别是对在教学过程中经常用到的软件或设备。最后，应当加强对教师的考核和评价，通过考核评价提高教师参与教学的积极性和主动性。在考核和评价过程中，要重点考查学生个人能力的提升状况、就业情况、酒店的就业反馈等，根据这些内容有效评价教师的教学能力和水平。为了更好地提高教师参与考核和评价的积极性和主动性，还应当深化考核结果。将考核结果与教师的职级晋升、工资待遇等挂钩，从而有效提高教师参与教学的积极性和主动性。对于表现优秀的教师，可以予以一定的物质和精神奖励，不断提高教师的参与热情，提升整体的教学能力和水平。

4 结语

酒店英语教学过程中还存在教学目标设计不够科学合理、教学方法相对单一、教学评价较为单一、教师能力不足等问题，因此，必须加强对教学目标的优化和完善，丰富教学方法，提高教学吸引力，丰富评价方式，提高评价的科学性与合理性，加强师资力量，提高教师队伍的整体能力和素质，提高学生的个人能力和水平，促进学生更好地成长，助力于行业进步和发展。

参考文献

[1] 高洪霞，王磊. 产教融合背景下行业英语课程实践教学改革——以《酒店英语》为例[J]. 湖北开放职业学院学报，2022，35(15)：188-190.

[2] 宋超. 产教融合背景下中职旅游酒店英语口语教学的优化研究[J]. 江苏教育研究，2021(36)：14-17.

[3] 朱哲奕. 校企合作背景下高职《酒店英语》课程建设探索——以福州墨尔本理工职业学院为例[J]. 产业创新研究，2020(6)：153-154.

[4] 何宸希. 职业能力视角下的《酒店英语》课程教学改革探索[J]. 产业与科技论坛，2016，15(15)：128-129.

[5] 曹春丽. 高职《酒店英语》课程考核与评价方法研究[J]. 考试与评价，2016(3)：137-138.

[6] 王芳. 翻转课堂教学模式应用研究——以《酒店英语》课程为例[J]. 高教学刊，2015(13)：53-54+56.

应用型高校电商专业学生实践能力提升的对策研究
——以湖南应用技术学院经济管理学院为例

邹　乔

（湖南应用技术学院 经济管理学院 湖南常德 415100）

摘要：近年来，我国电子商务已深度融入人们生产生活各领域，成为推动国民经济和社会发展的重要力量。全国电子商务交易额稳步上升，市场前景广阔。然而，由于大学生毕业人数激增和电商企业招人需求不足，电商专业学生在面临机遇的同时也遇到了挑战。本文从实施以学生发展为中心的教育模式；加强实训场景和设施建设；培引结合，完善师资队伍建设；引导学生熟悉行业动态，明确方向四个方面着手，对电子商务专业学生实践能力的提升给出对策建议。

关键词：应用型人才；实践能力；电子商务；学生能力培养

2021年10月，商务部会同发展改革委、中央网信办共同制定并发布的《"十四五"电子商务发展规划》显示，电子商务与一二三产业加速融合，全面促进产业链、供应链数字化改造，成为助力传统产业转型升级和乡村振兴的重要力量。预期全国电子商务交易额将于2025年达到人民币46万亿元，相较于2020年的交易额规模而言增速达到了23.66%[1]。近年来，高校毕业生的人数逐年增长。2022年我国高校应届毕业生人数首次突破1000万人，达到1076万人[2]。学生就业问题成为高校关注的重点问题，学生就业压力倍增。电子商务专业学生就业率虽然不低，但匹配本行业的就业率有时不到20%[3]，这表明高校培养的电子商务专业毕业生未完全得到电商行业的认可。

1　电子商务专业学生实践能力培养的必要性

著名电商门户——网经社，2023年5月公布的《2022年度中国电子商务人才状况调查报告》显示，2023年电子商务企业的人才招聘计划呈现出偏保守和相对谨慎的态度。有大规模招聘计划的企业仅占比20.79%，超三成电商企业没有招聘计划。在对电商行业求职者所需素质技能的要求方面，大部分受访公司都强调了他们认为大学毕业生在入职后最需具备的素质就是工作执行能力[4]。在大学生毕业人数激增和电商企业招人需求不足的情况下，电商专业大学毕业生的就业形势显得较为严峻。之所以就业状况不理想，很大程度上与学生不具备市场前沿所要求的工作执行能力有关。因此提高学生在专业方面的实践能力，可以有效促进电商专业大学生稳健就业。应用型高校培养的学生与传统高校的学生有明显区别。应用型高校培养学生相对而言应更注重实践教育[5]，旨在使学生发展成为应用型人才。

应用型本科高校——湖南应用技术学院，电子商务专业是二级学院经济管理学院的重要组成部分。电子商务专业的人才培养目标是培养适应地方区域经济发展需要，德、智、体、美、劳全面发展，具有良好的科学文化素养与社会责任感，适应互联网时代全球化市场竞争环境和乡村振兴战略需要，具有先进服务理念、互联网思维和互联网创新创业意识，具备扎实的现代经济管理知识与电子商务知识及现代信息技术应用能力，能在各类企事业单位从事信息服务、国际国内网络交易等电子商务活动的高素质应用型人才。

2 电子商务专业学生实践能力培养存在的问题

2.1 教学模式固化

目前高校教学中存在教学实践与社会需求脱轨的现实问题，没有充分考虑到底什么样的专业技能与本专业学生高度相符。国内电商人才领域唯一持续跟踪发布的报告，即《2022 年度中国电子商务人才状况调查报告》的调查结果表明，吸收电商人才的被调查企业认为，在对于高校电商人才培养改进的需求中，排前两位的分别为加强实践性教学环节(65.35%)、提升学生职业素质教育(60.4%)[4]。电子商务专业教学中，以学生为中心的教学实施得不够，没有很好地通过以问题为导向，践行以学生发展为中心的教育理念。这就导致学生对所学知识更多的是停留在理论层面，欠缺对专业知识的运用，创新能力和实践能力不足。目前电子商务专业教学主要以理论教学为主，实践教学较少，已开设的实践项目应用性也不强。大部分实践项目已实施多年，而且实践教学内容一直保持原样，未随着社会的发展和实践的需要而做相应的调整和改变。教学模式固化、单一，不利于学生学习主动性的发挥。实践教学大多与电子商务的某些专业课相匹配，而有实践教学的课程往往设置较单一的知识技能的实训操作，各实验实训操作之间的关联度较差，对综合实践能力的锻炼效果较弱[6]。学生在实训操作中缺乏一定的创造性，对专业素养的训练不够，与企业对学生综合实践能力的要求差距较大。

毕业实习也属于高校的实践教学，是帮助学生将理论与实践相结合的重要方式，对于将来的就业具有指导性作用[7]。然而部分高校让学生自主分散实习，由学生自己寻找实习单位。而学校方面对实习过程缺乏有效的监督，可能会导致学生难以获得高质量的毕业实习实践经验、找到与其专业领域相关程度不高的实习或者由于实习的岗位过于基础而不认真对待，从而造成他们的实习收获和实习的实际效果不尽如人意。

2.2 实践教学条件不完善

电子商务专业的实践教学中，伴随着大量的实践场景和软硬件的使用，可以帮助培养学生的电子商务实操基础知识及与业务流程相关的实践操作能力。电商专业的课程，如网络营销学、网店组织与运营等都需要软硬件设备资源的支持，而直播电商、跨境电商等则对实验室的建设要求更高。高校在建设这些实验室的时候，由于缺乏资金和技术支持，会导致实验室的设备设施不完整或功能不完备。若经管学院各专业在同一学期安排了较多的实训课程，就会存在某时间段内实验室使用紧张和实验设备紧缺的状况，加上一些临时安排未及时告知实训管理员，将不可避免地影响到正常的实验教学。另外，部分高校虽然建成了综合实验室，但较单一的实训项目难以有效贴近企业实际，也不能满足市场对电商人才的需求。

2.3 师资队伍专业程度不够

电子商务受市场经济环境、网络和新媒体的影响很大[8]，因此电商专业教师必须紧跟时代发展潮流，使教学与市场需求紧密接轨。高校的大部分教师虽具备理论素养和专业知识，但大多是毕业后直接入校从教[9]，缺乏实践性教学对教师要求的大量实践经验。电商专业的专任教师队伍存在知识背景单一、专业不对口和专业程度不够的情况，虽然在经济管理大类的基础课程，如管理学、经济学方面的理论知识扎实，但在电商实际操作方面能力较弱。同时，青年教师存在教学经验不足、缺乏企业就业创业经历等问题，在一定程度上会影响到学生实践能力的培养。很多教师都缺乏在电商企业实践的经历，要将电商领域前沿的应用型知识引入到教学内容中较为困难，而且电商专业的部分教师也难以获得去知名电商企业进修和培训的机会。电子商务专业教师队伍中，虽然存在既具备理论修养和专业知识，又有专业技术能力和实际操作经验的教师，即“双师型”教育工作者；但这类教师的比例相对较低，人数相对较少，无法全覆盖地对学生进行针对性的实践指导。

2.4 学生精力分散、缺乏重视

大学生普遍存在观念上的误解，以为只要成功考入大学就能轻松自如地生活、学习、工作了。这离不开在高中时期教师和父母常采用这样的观点来刺激学生，以便让他们为了之后的轻松生活在高考前多学一些。这也导致不少学生在进入大学后，脱离了高中严格的学校管理制度和约束，加上思想松懈认为大学里的专业学习不重要，且部分高校对学生的管理也非常松散，于是在大学处于完全放松的状态，丧失了目标从而荒废了学业。除了被上述观念误导，大学生在校园生活中也容易因为各种缘由而分散精力和时间。部分大学生热衷参与各类社团及兴趣爱好组织并乐此不疲，或是整天沉迷于玩电子游戏中，以及旅行探险等活动。当他们把大量的闲暇时光投入到这些活动中去，就会容易忽视自己的学业，导致在专业学习上分配的时间过少，进而在专业知识和能力方面也没有得到较大的提高。还有一部分学生由于有考研的计划，且电商专业学生很多时候存在跨专业考研的情况，以至于在非专业相关的课本学习和刷题上花费了大量时间，一旦考研失败再去就业，就会缺乏本专业理论知识和实践经验，难以适应行业的实际需要。

3 电子商务学生实践能力提升的对策

3.1 贯彻以学生发展为中心的教育理念

大学学习的不仅仅是专业理论知识，更要培养学生的实践能力、应用能力等。这就需要贯彻实施以学生发展为中心的教育理念，或用成果导向教育(OBE)的教学理念，明确学生在完成专业学习后需要达成的最终学习成果[10]。然后，将最终学习成果分解为具体的培养指标，再融入课程教学中，构建科学合理的电子商务人才培养实践课程体系。在构建过程中，应当考虑本校学生的学习能力及师资能力和实验教学环境的真实情况，不能仅仅照搬其他大学的模式。推进以学生为中心的实践教学，培养学生实践能力和创造性思维。在授课过程中，可以经常引入真实的企业案例，或通过校企合作将企业的真实项目带入实训中来增强学生学习的兴趣，以翻转课堂、实践比赛等各种考核方式更全面地评估学生学习的有效性。在实践教育环节中，我们需要创建与市场实际需求相匹配的实验项目，以此来帮助大学生初步提高适应市场需求的实践能力。同时，鼓励应用型本科专业学生积极参加学科竞赛，使学生自身的实践能力和综合能力得到较强的锻炼。用人单位也更加倾向于招聘在校期间参与过学科竞赛、创新创业项目的综合能力强的学生。

在毕业实习中，要引导并教育学生认识到毕业实习的目的和重要性，明确学生在实习期间应达到的实习要求，增强学生的积极性。为促进毕业实习高质量地完成，应加强校企合作，整合企业用人需求，让学生有序地在电商企业进行生产实习，立足实际岗位提升实践能力。

3.2 加强实训场景和设施建设

为避免实验室设备老旧过时和功能不全，我们需要完善相关的实验室规章制度，并由专业人员进行管理和操作。学院也应安排专人定期进行检查和维修，并及时做好记录工作。同时，要敦促有实训课程的教师用好实验设备器材，做到合理使用，提高设备使用率。在目前各应用型高校经费普遍紧张的情况下，可以整合投资分散、效率不高的实验室，尤其是相近的学科专业，如经济管理学院的电子商务专业和行政管理专业。也可以对所用仪器设备大致相同的实验室进行整合，增强设备的利用效率、缓解实验室使用紧张和实验设备紧缺的情况。作为经管类专业中综合性、交叉性较强的电子商务专业，应注重实践能力的培养。这就要求实训项目设计必须与电商行业的岗位技能相符。可以搭建类似电商企业模拟运营系列软件的平台并配备在线设备及操作系统，使学生在复杂的电子商务市场竞争格局下开展电商选品、采购、商品推广、装修网店、分析销售数据和财务数据等活动，全面培养电商专业学生的实践和应用能力。

3.3 培引结合，加强师资队伍建设

高水平的师资队伍是高素质应用型人才培养的重要前提[11]。为满足电子商务专业学生的实践能力培养的要求，可以从加强教师专业培训和引进专业人才两方面考虑。一方面，建立合理的教师培训和进修机制，安排青年教师去电商企业锻炼，加强与电商企业的交流与合作，借助企业力量助培教师实践教学能力，使他们熟悉电商企业新的管理和运作经验，推动原有专任教师不断提高自身的实践教学水平；另一方面，引进有企业工作经验的人员加入专任教师队伍，或签约邀请校企合作的企业派人进行更贴近市场需求的实操项目教学。这样有利于将企业真实项目带进来并与学生的专业实践相结合，达到所培养的学生具备的素质能满足行业需求的目的。高素质应用型电商专业学生的培养，需要教师不仅有扎实的理论功底，而且具备精湛的实践技能，即需要“双师型”教育工作者。在培引结合的基础上，要增加教师队伍中“双师型”教育工作者的数量。“双师型”教师在教学中能够根据自身丰富的实践经验，指导学生将理论知识与实践相结合，能够更有效地指导学生参与实践项目，更好地培养学生的创新能力和实践能力。

3.4 引导学生熟悉行业动态，明确方向

大学的教育方式与过去的中学阶段有所不同，它更加灵活多样，涵盖内容更加广泛且具

有应用性。部分高校管理制度较宽松，对学生的约束较少。教师要让学生大量了解最新的行业新闻和资讯，引导学生熟悉最新的行业动态。此外，在理论和实践教学中还要鼓励学生积极投入、享受探索知识的过程，注重培养学生搜集信息和分析处理数据的能力、获取新知和解决问题的能力及团队合作的能力，引导学生发现自身兴趣和优势、明确方向，在优势方面进行更多针对性的学习。若学生对市场变化较敏感，能熟练使用数据分析的相关软件，未来可能适合市场分析的工作方向；而那些擅长利用互联网技术和工具开展营销活动的学生，则更适合选择网络推广的工作方向；如果学生管理能力出众且知识面广，未来负责整体网店运营和市场运营可能是不错的发展方向。学生除了上课还可以通过网络资源进行线上学习，充分了解电子商务企业的动态和优秀的案例，并及时地与专业任课教师进行交流，从而知道自己需要在专业相关的哪些方法和技能上多下功夫。

参考文献

[1] 佚名. 商务部 中央网信办 发展改革委关于印发《“十四五”电子商务发展规划》的通知[J]. 中国对外经济贸易文告，2021(80)：3-15.

[2] 李士萌. 新增 1158 万高校毕业生，就业市场会怎样？[J]. 中国报道，2023(2)：90-92.

[3] 青灵. 电子商务专业“校企合作”实践教学必要性研究[J]. 科技资讯，2018，16(2)：162-163.

[4] 网经社：《2022 年度中国电子商务人才状况调查报告》发布[EB/OL]. (2023-08-10)[2023-12-05]. https://shangwuju.tj.gov.cn/tjsswjzz/zwdt/swdt/swrc/202308/t20230810_6374237.html.

[5] 刘献君. 应用型人才培养的观念与路径[J]. 中国高教研究，2018(10)：6-10.

[6] 彭岚，王娟涓. 高校电子商务应用型人才培养的问题与对策[J]. 教育理论与实践，2020，40(30)：13-15.

[7] 尹振浩，金艺华. 以市场需求为导向，大学生毕业实习与就业相结合[J]. 科技风，2020(10)：230+234.

[8] 朱宸明. 新媒体与电子商务融合发展研究[J]. 中国商论，2022(1)：57-59.

[9] 苏克治，宋丹，赵哲. 大学创新创业教育的逻辑构成、现实困阻与长效机制[J]. 现代教育管理，2022(3)：40-47.

[10] 施晓秋. 遵循专业认证 OBE 理念的课程教学设计与实施[J]. 高等工程教育研究，2018(5)：154-160.

[11] 任秀洁，贺梦凡. 应用型高校学生创新能力培养的价值意蕴、问题审视与优化进路[J]. 思想教育研究，2023(4)：137-140.

技能竞赛对大学生成长影响研究

王 芳

（湖南应用技术学院 经济管理学院 湖南 常德 415000）

摘要：以德国、日本为代表的发达国家一直非常重视培养大学生的职业技能。随着我国制造业从低端加工向中高端产业调整、制造大国向制造强国推进、中国制造2025战略全面实施，我国对大学生职业技能的重视已提到国家战略层面。《现代职业教育体系建设规划（2014—2020年）》明确指出，职业教育重点培养“掌握新技术、具备高技能的高素质技术技能人才”。“技术”与“技能”相结合成为高职教育人才培养目标和亮点。

关键词：技能；职业教育；大学生

随着国家职业教育教学改革的深入，“职业技能竞赛”已逐渐成为我国高职教育、应用型本科教育未来发展趋势的一种新型“文化”。“普通教育有高考，职业教育有大赛。”我国每年主办的各类技能大赛受到政府和有关部门的高度重视，全国各级高职学院积极参与，对大学生成长产生了重要影响。

1 强化职业技能

党中央和国务院关于职教改革的精神加快了我国高等职业教育的发展，促进了各种技能大赛的不断完善，并使技能大赛在强化职业技能教育中发挥着越来越重要的作用。

1.1 提高了学校对学生技能的重视度

应用型本科高职院校根据国务院关于职业教育改革的精神和现代职业教育体系建设规划要求，首先，将职业技能列入了人才培养计划，并将技能大赛项目列入教学管理。同时，很多高校还充分利用“1+X证书”政策，给学生提出了拥有更多技能证书的要求。其次，学校加大了技能培养的投入，按照技能大赛的硬件、软件要求，以及不同专业的实际情况，投入了大量经费，建设实训场地、增添设备、购买训练软件等，为提高学生的技能水平创造技能条件和环境。再次，学校将技能水平作为学生重要评价指标。尤其是在学生素质评分中，技能水平是一项重要的指标，在奖学金评定、评优评先上都设有加分项。

1.2 提高了社会对学生技能的认可度

职业技能竞赛是依据国家的职业技能标准、以突出操作技能和解决实际问题能力为重点的、有组织的竞赛活动，分为国家级、省级、地市级。国家职业技能竞赛自2012年开始。全国职业技能竞赛每年举行一次，2013年开设了75个大赛项15个分赛区，到2019年赛项增至87个大赛项21个分赛区；2015年参赛队伍141支选手428名，到2019年参赛人数达18000余人。不论是从赛项的数目，还是参赛队伍及参赛选手，每年都在增加，越来越多的行业、企业积极参与各类赛项的筹备和组织工作，使技能竞赛的内容与企业实际工作岗位技能要求越来越接近。如“衡信杯”全国本科税务技能竞赛。该竞赛选择真实的企业案例，设置办税员、税务主管、税务公务员、财务总监4个岗位，选手使用的税务软件，无论是增值税发票开票系统，还是个人所得税纳税申报系统，抑或是企业所得税纳税申报系统，操作与实际工作都相差无几。同时，选手通过竞赛大大提升了技能水平，在实际工作中更加胜任工作，学生更受用人单位欢迎，特别是获奖的参赛选手非常受优秀企业的青睐。

1.3 增加了学生技能训练的参与度

2012年全国职业技能比赛在我国十个省份开展，2013年起全国各省(自治区、直辖市)都开设了全国职业技能竞赛赛区，参与的地区、学院和技能赛项越来越多，技能比赛的要求和难度也不断加大。比如，2018年度税务技能竞赛是3个岗位，到2020年赛队岗位增加到4个，增加了税收筹划专职岗位，这是适应市场对财务岗位的需求变化做出的调整。随着智能机器人在财务上的应用，传统的财务核算被计算机、软件、财务机器人等替代，企业对财务人员技能的要求发生改变，从而提高了技能竞赛的要求，学生对职业技能重要性也有了新的认识。随着技能竞赛赛项的扩充、比赛内容的增加，以及比赛效果的进一步凸显，学生参与技能训练的积极性更加高涨、人数也不断增加。

1.4 促进了顶尖技能型人才脱颖而出

随着职业技能比赛的不断完善，学生对高标准掌握技术能力重要性的认识提高了，增加了技能训练的自觉性和训练时间。同时，比赛也促进了不同学校之间的学生在提高职业技能水平及训练方法方面的交流，强化了学生对高标准掌握技术能力的渴望和追求。加上学校对学生技能竞赛训练方法的提高、技术技能标准和技能比赛过程的从严要求、对脱颖而出的优秀技能型学生的表彰宣传等，使优秀技能型学生备受社会市场关注。这种环境和文化促进了顶尖技能型人才脱颖而出。比如，我国最年轻的国务院政府特殊津贴专家张志斌、“90后”全国人大代表杨金龙、“航空鲁班”新生代的林春泷等。

2 培养工匠精神

工匠精神是一种职业精神，它是职业道德、职业能力、职业品质的体现，是一种职业价值取向和行为表象，对从业者一生的工作状况及其对社会的贡献影响很大。大学生处于世界观、价值观形成和走向成熟的重要阶段，受教育和学校环境对其影响极大。著名教育家、武汉大学前校长刘道玉曾强调，一个人成才的关键不是名校、名师、学历和学位的高低，而是取决于自己的志趣、理想和执着精神。职业技能竞赛正是为培养大学生工匠精神及他们的志趣、理想和执着精神创造了条件和环境。

2.1 职业技能比赛融入了工匠精神

从2012年开始，全国职业院校职业技能大赛已经开展10多年了，虽然赛项和竞赛规则不断变化，但始终围绕岗位技能标准这一主线，不断增加赛项、加大难度、提高标准、规范评分、扩大宣传。比如，2020 年全国职业技能竞赛分为世赛选拔和国赛精选两个项目，其中世赛选拔赛项目有 63 个竞赛赛项，职业技能比赛的规则和标准提高了对学生职业技能的要求，选手们要取得好的成绩，必须坚定目标，全身心投入，长时间训练，克服各种困难，自觉地行动，执着地追求。事实上，这就是工匠精神训练的有效方式，也使职业技能比赛从机制设定上融入了工匠精神，以致参赛选手均不同程度具有工匠精神的行为特质，而且还可以不断地感染周围同学。

2.2　使学生更加热爱自己的专业

日本一位著名行为学家经过长时间研究得出结论：人们每从事一种行为便强化了这种行为背后的意念和动机。职业技能比赛的机制让学生不断地强化职业技能训练，实际上就在不断地强化学生对职业技能的认识，以及为何要进行职业技能训练的认识。随着这种认识的加深，学生会对本专业更加热爱，对专业的热爱又会使他们更刻苦地学习和训练，并良性影响自己和周围同学，最终使更多的学生热爱自己的专业。

2.3　重复训练使学生逐渐养成精益求精的习惯

精益求精既是一种品质也是一种习惯。如前所述，人们是通过行为来强化意念和动机的，当意念和动机强化后又会产生行动，如此循环反复，形成习惯。职业技能比赛促使学生重复训练职业技能，随着竞赛难度的加大、标准的提高，学生的训练强度也会加大。第一，学生对职业技能标准掌握得更好；第二，学生对掌握更高标准职业技能的愿望更强烈、实现的信心也更足；第三，学生最终掌握更高标准职业技能的机会更多，实现自己目标的机会也更多，如此循环反复，便养成了精益求精的习惯。

2.4　学生在不断超越自我中逐渐强化了敬业奉献的职业理想

参加职业技能大赛的学生从开始训练备赛起，直至比赛结束，在教师的精心指导下，分阶段一个一个实现小目标，一步一步提高职业技能水平，使个人潜能逐步被激发，个人的显性能力和隐性能力不断得到超越。这种超越使他们原有的对专业的认识、敬业精神、职业理想得到强化，同时，也因对专业现状和前景有了更多了解，对自身的职业能力有了更准确的定位，从而产生更自信、更踏实的职业理想。总之，学生在不断超越自我技能中逐渐强化了敬业奉献的职业理想。

3　提升竞争能力

竞争是社会生活中存在的一种普遍现象，竞争能力是从业人员必备的能力，十几年的职业技能比赛实践证明，参赛选手的知识和技能更具实用性、职业技能水平与就业岗位要求的差距逐步缩小、学习的动力和抗挫折的能力不断增强，解决问题的竞争能力得到了提高，并且受他们的影响其他同学的竞争能力也有所提高。

3.1 使学生的知识和技能更具实用性

职业技能竞赛通过比赛方案、内容设计、比赛规程、评分标准、总结表彰等多种形式，使参赛选手最大限度地了解职业技能岗位的要求，并全身心地投入训练和全过程参加比赛，切身感受职业技能岗位的真实场景。比如，在税务技能比赛中，通过模拟税管财务人员工作内容，让参赛选手既全面高标准掌握税法理论基础知识，又熟悉增值税的纳税申报技能等。通过训练和比赛，参赛选手对职业岗位技能的全面掌握程度、知识和技能的迁移能力、履职工作的实操能力均得到明显提高，并通过他们影响了一大批学生。

3.2 使学生职业技能水平与就业岗位要求的差距逐步缩小

职业技能比赛的每一赛项内容都来源于企业真实岗位的技能要求，比赛方案由企业或行业协会共同制定，评分标准、评分委员乃至于承办单位也都有企业或行业协会参与，通过企业、行业协会及专家的参与，比赛内容已极具岗位真实性。加之指导教师对职业技能训练的严格要求，可使学生职业技能水平与就业岗位要求的差距逐步缩小。

3.3 增强了学生学习的动力

职业技能竞赛是一场职业技能较量，既是对以往学习效果的一种检验，也是对解决实际问题能力的测试。由于检验和测试的结果是通过强化训练后得来的，并且通过比赛名次来体现。首先，学生会因为比赛结果而更加努力学习，当取得好名次时会强化信心更加努力，当未取得好名次时会激发暗自努力奋起直追的决心；其次，学生会因为平时的训练习惯而继续努力学习；最后，学生会因为榜样的力量和比赛带来的学习氛围而更加努力学习。

3.4 增强了学生抗挫折的能力

职业技能比赛是一个竞技过程，有比赛就会有胜负，每次比赛结果都会给学生心理带来冲击，特别是比赛失意时，他们要面对内疚、不理解、困惑和失望等，还需要调整心态。比如，将内疚变成自我认知和反省，从不理解中寻求真正的问题，从困惑中思索解决问题的办法，从失望中寻找自己的长处、树立信心、坚定自己的目标等。每次失败都会经历一次心理的斗争与反思，从而使内心不断强大，意志更加坚定，目标更加明确，抗挫折能力不断增强。

4 增强团队意识

学生参加职业技能竞赛不管是团体项目还是个人项目都是代表一个学校，从备赛到比赛，都需要学校教师、同学及相关人员的共同参与，并且要相互很好地配合，因而会大大增强团队意识。

4.1 使学生更加认识到团队的重要性

学生平时接受的团队意识教育主要停留在认识阶段，缺乏深刻的现实体验，在参加职业技能比赛时则需要别人真实的配合和支持。比如，团队项目必须每个参赛者都取得好的成绩时才有可能获胜。在备赛和比赛的每一个环节都需要同伴相互理解、配合、支持，相互学习，取长补短，将每个人的潜能和优势发挥到极致；而且还需要有效利用指导教师的时间和其他社会资源。任何一个环节没有处理好，都将使比赛受到影响。个人项目也是如此。学生在实践中会逐渐认识到团队的重要性。

4.2 使学生学会了包容与协作

人有高矮胖瘦，五指也有长短。在一个团队中，每个学生掌握的技能会不一样，而且一个赛项中对不同岗位的技能要求也是不一样的，岗位与岗位中还有工作上的连接，甚至在工作内容和数据上会共享。因此，在参赛时，同学们需要共同协作。竞赛的集训过程既是个人技能的训练，也是队友协作的一种磨合，在这个过程中，同学之间会从陌生到熟悉，了解彼此的性格和优缺点，熟悉彼此的业务处理方式和习惯，有时还需要包容同伴的不足甚至缺点，以实现合作的共同目标。这种实践中的不断合作，使学生学会了包容与共同应对问题。

4.3 使学生学会了帮助他人和共同成长

职业技能比赛的团队项目一般有 3~5 个学生参加，需要训练 2~6 个月的时间。团队成员为了取得好成绩，会共同努力，一起进步。然而彼此间的技能差异是客观存在的，队友们不仅要客观地认识自己的长处与不足，还要客观地认识同伴的长处与不足，还要利用自己的优势帮助同伴，只有实现共同进步才能达到目标。实践中的这种磨砺使学生学会了帮助他人和共同成长。

4.4 使学生学会了在团队中发挥各自的优势

竞技比赛的一个重要目标是获奖。在备赛过程中，由于选手在知识、技能等方面发展不平衡，心态、意志等方面存在个体差异，以及时间等资源面临有限性，参赛选手可以用有限的时间补充自己的不足，也可以尽可能地把自己的优势发挥到极致。每位选手根据自身情况都会有自己的选择，但大多数选手是力争把自己的优势发挥到极致。在当代，企业的员工面对竞争时大多也是力争把自己的优势发挥到极致。同学们的这种做法及练就出来的本领，正好也顺应了这种发展趋势。

5 余论

如前所论，目前我国职业技能竞赛在党中央、国务院的高度重视下，已经取得了可喜的成绩，并且在强化职业技能、培养工匠精神、提高竞争能力、增强团队意识等方面，对促进大学生成长发挥了重要作用。要让职业技能竞赛发挥更大的作用，还要处理好以下四个关系：一是处理好比赛与常规学习的关系；二是处理好参赛队员与一般同学的关系；三是处理好备赛与比赛成绩的关系；四是处理好学习职业技能与培养职业理想的关系。

参考文献

[1] 习近平.决胜全面建成小康社会夺取新时代中国特色社会主义伟大胜利——在中国共产党第十九次全国代表大会上的报告[J].先锋队，2017(31)：4-21.

[2] 佚名.国务院印发《国家职业教育改革实施方案》[N].人民日报.2019-02-14.

[3] 李政.职业教育现代学徒制的价值研究[D].上海：华东师范大学，2019.

[4] 陈贵州.技能大赛背景下的人才培养模式分析[J].职业技术，2019，18(7)：104-108.

[5] 陈卓.中国大学生科技竞赛活动的发展历程及其人才培养作用分析[D].合肥：中国科学技术大学，2014.

[6] 卜天然，黄飞.职业院校技能大赛促进教学改革的实践——以安徽商贸职业技术学院为例[J].电脑知识与技术，2020，16(3)：116-117+121.

数智化背景下物流管理专业实践课程教学研究

廖镇勇

（湖南应用技术学院 经济管理学院 湖南 常德 415000）

摘要：本文探讨了数智化背景下物流管理专业实践课程的教学方法和设计原则。首先，分析了数智化技术在物流管理中的重要性，并提出了物流管理实践课程的设计原则。其次，探讨了物流管理专业实践课程的教学方法选择，并强调了开发和利用教学资源的重要性。再次，通过三个案例研究，分析了基于物联网技术、大数据分析和人工智能的物流管理实践课程设计和教学方法。最后，讨论了物流管理专业实践课程的教学评价和改进策略，包括构建评价指标体系、选择和应用评估方法及探讨教学改进策略。本研究旨在为物流管理专业教育改革提供参考，以提高学生的实践能力和职业能力。

关键词：数智化；物流管理；实践课

1 引言

随着全球化的加速和信息技术的快速发展，物流管理作为管理领域的重要学科越来越受到关注。在现代经济中，物流在提高经济效益、优化资源配置和满足消费者需求方面发挥着关键作用。然而，随着物流需求的不断增长和技术进步的加速，传统的物流管理模式已经不能满足现代物流行业的发展需求。因此，如何利用数智化技术优化和升级物流网络，提高物流效率和服务质量已成为物流管理领域亟待解决的问题。

本文旨在探索数智化背景下物流管理实践课程的教学方法和设计原则，为物流管理专业教育改革提供参考和指导，促进学生综合素质和职业能力的提升。此外，本研究还可以为相关教育研究提供实证案例和理论支持，从而促进物流管理实践课程的教学和研究的深入发展。

2 数智化背景下物流管理专业实践课程设计与教学方法

2.1 数智化背景下物流管理专业实践课程设计原则

首先，课程目标的设定应与行业需求及学生实际情况紧密对接。通过培养学生的实际操作能力和解决问题的技能，培养能够快速适应行业发展的物流管理专业人才。

其次，课程内容的选择应涵盖物流管理基础理论知识、实际案例分析和技能培养。理论知识帮助学生理解物流管理的总体框架和基本概念，案例分析锻炼他们将理论知识应用于解决实际问题的能力，技能培养提升他们的核心竞争力。

最后，教学方法的确定应优先考虑实际操作和案例分析。通过模拟实践、实地参观和团队合作，培养学生的实际操作能力和团队合作能力。评价方法应全面评估学生对理论知识、实际能力和解决问题能力的掌握情况，采用考试、实际报告、小组讨论等多种评价方法，全面评估学生的学习成果。

2.2 物流管理专业实践课程教学方法的选择

首先，教学方法的选择应基于数智化时代物流管理的特点和发展趋势。随着数智化技术在物流管理中的广泛应用，教学方法应侧重培养学生的数字思维和技能。可以运用案例分析、模拟实验、项目实践等教学方法，通过实际操作和活动使学生掌握数智化技术在物流管理中的应用。

其次，教学方法的选择应考虑学生的学习特点和能力。物流管理专业的学生通常具有较强的实践和动手能力，因此，教学方法应强调实践性和操作性。可以采用案例分析、实地参观、实训等教学方法，让学生积极参与物流管理实践，提升他们的实际操作和解决问题能力。

此外，教学方法的选择还应考虑教学资源和条件的限制。在物流管理实践课程的教学中，可能需要使用特殊设备和工具，或者依赖专业软件和平台。因此，在选择教学方法时，应充分考虑教学资源和条件的可行性、可用性，确保教学方法的顺利实施。

总之，在数智化背景下，物流管理实践课程的设计和教学方法需要进行相应的调整。通过设定合理的课程目标、选择适当的课程内容、确定有效的教学方法和评价方法，能更好地适应行业的发展需求，培养具备实践能力和创新精神的物流管理专业人才。同时，在选择教学方法时，应注重培养学生的数字思维和技能，考虑学生的学习特点和能力，以及教学资源和条件的限制。通过选择适当的教学方法，能提高物流管理实践课程的教学效果，培养学生的实践能力和创新能力。

2.3 物流管理专业实践课程教学资源的开发与利用

为了提高学生的实践和应用能力，有必要充分开发和利用物流管理实践课程的教学资源。这些资源包括实际案例、实验设备、模拟软件、实地参观等，它们可以帮助学生更好地理解和应用物流管理的理论知识，提高他们的实际操作技能。同时，教师可以根据学生的实际需求开发有针对性的教学资源，如教学视频和 PowerPoint 演示文稿，以便于学生学习和掌握物流管理实践课程的知识和技能。

在开发和利用物流管理实践课程的教学资源时，可以利用互联网和信息技术建立在线学习平台和资源库，方便学生随时随地获取相关的教学资源。此外，可以与物流公司合作，引入企业资源，为学生提供更多实践机会和学习内容。

通过开发和利用丰富的物流管理实践课程的教学资源，可以提高教学效果，培养学生的实践能力和创新能力，为他们未来的职业发展打下坚实的基础。

3 数智化背景下物流管理专业实践课程教学案例分析

3.1 案例一：基于物联网技术的仓储管理实践课程

受数智化趋势的推动，物联网技术在仓储管理中的应用已成为物流行业的重要发展方向。通过将物联网技术与仓储管理相结合，可以大大提高货物处理的效率和准确性。本案例研究将深入探讨如何利用物联网技术提升仓储管理效率和准确性。

首先，我们将详细介绍物联网技术在仓储管理中的应用。通过利用物联网技术，我们对仓库中的货物可以实时监控和追踪，并获取货物的实时位置、温度和湿度等信息。这不仅增强了我们对货物的管理能力，同时也提高了货物的安全性。例如，温度传感器可以监测仓库内的温度变化，确保货物不因过高或过低的温度而损坏。

其次，我们将深入分析物联网技术在仓储管理中的优势和挑战。物联网技术的应用可以实现仓库的自动化管理和数智化操作，提高仓储管理的效率和准确性。然而，物联网技术的应用也面临网络安全和数据隐私等问题，需要采取措施确保系统的安全性和保护数据的隐私。

再次，我们将介绍如何设计和实施基于物联网的仓储管理实践课程。课程设计将包括理论教学和实际操作两个阶段。在理论教学阶段，将教授物联网技术的基本原理和应用案例，帮助学生理解物联网技术在仓储管理中的应用。在实际操作阶段，学生将参与物联网设备的安装和调试，以及数据的采集和分析，体验物联网技术在仓储管理中的应用过程。

最后，我们将总结基于物联网的仓储管理实践课程的效果和意义。通过学习和实践，学生将能掌握运用物联网技术解决仓储管理问题的方法和技巧，提升他们的实践能力和就业竞争力。同时，该课程的实施也将促进物流管理专业实践教学改革和深入发展。

3.2　案例二：基于大数据分析的运输管理实践课程

在数智化背景下，以大数据分析为基础的运输管理实践课程对物流管理专业至关重要。该课程旨在通过应用大数据分析技术探索运输管理领域的实际问题，并通过案例分析培养学生的实践能力和解决问题能力。

在这门课程中，学生将学习如何使用大数据分析工具和技术，并收集、整理和分析运输管理数据。通过挖掘和分析大量的运输数据，学生可以深入了解运输管理的各个方面，包括运输需求预测、运输路线规划和运输成本控制。此外，学生还将学习如何使用图表和报告等数据可视化工具展示分析结果，以便于制定和执行管理决策。

课程的案例分析部分涉及对实际运输管理案例的分析，学生将探讨涉及的问题和挑战，并提出相应的解决方案。通过分析和比较不同的案例，学生可以加深对运输管理实践的理解，并培养解决实际问题的能力。另外，学生将学习如何在团队中合作解决复杂的运输管理问题，培养团队合作和沟通技能。

通过这门课程，学生将能掌握使用大数据分析技术解决运输管理问题的方法和技巧，提高他们的实践能力和解决问题能力。他们还将了解数智化背景下物流管理领域的最新发展，为他们未来的职业发展打下坚实的基础。

3.3　案例三：基于人工智能的供应链管理实践课程

在数智化的趋势下，物流管理实践课程需要跟上时代发展的步伐，将人工智能（AI）技术应用到供应链管理中。这个案例研究聚焦于基于 AI 技术的供应链管理实践课程，旨在加深学生对于 AI 技术在供应链管理中应用的理解，培养他们的实践能力和创新思维。

在这个案例中，学生首先学习 AI 技术在供应链管理中的基本概念和原理，包括机器学习、数据挖掘和智能优化技术。这些技术通过分析和处理大量数据，并且自动识别和预测趋势，为实现供应链管理的准确和高效提供解决方案。

接着，学生将通过实际案例分析探索AI技术在供应链规划、库存管理和运输调度中的应用。他们将学习如何利用AI技术优化供应链以提高效率和灵活性。例如，通过用历史销售数据训练机器学习算法，可以预测未来销售趋势，制定更准确的生产和库存计划。

此外，学生还将学习如何评估AI技术在供应链管理中的有效性和风险。通过实践练习，他们将学习如何设计实验并收集和分析数据，以评估AI算法在供应链管理中的性能。这将帮助他们更好地理解AI技术的优势和局限性，并为实际供应链管理问题提供具有科学依据的解决方案。

通过基于AI技术的供应链管理实践课程，学生不仅可以获取物流管理知识，还可以了解和应用最新的AI技术。这将使他们能够更好地应对数智化背景下物流管理的挑战，并为企业提供解决方案。此外，该课程还将培养学生的批判性思维和解决问题能力，提高他们应对复杂物流问题的能力。

4 数智化背景下物流管理专业实践课程教学评价与改进

4.1 评价指标体系的构建

在数智化背景下，对物流管理实践课程进行评估和改进，需要构建一个全面的评价指标体系。这个评价指标体系应该包括多个维度的指标，只有这样才能全面评估实践课程的教学效果和学生的学习成果。以下是一些可以考虑的指标。

课程目标的达成情况：评估实践课程是否达到了预期的教学目标，学生是否在课程结束后掌握了相应的知识和技能。

教学方法的有效性：评估教师采用的教学方法是否符合学生的认知规律和学习特点，以及是否能激发学生在学习中的兴趣和主动性。

学生的参与度：评估学生在实践课程中的参与度和效果，包括他们在课堂表现、小组讨论表现及提问和回答问题方面的参与度。

学生的学习成果：评估学生在实践课程中取得的学习成果，包括他们的实践报告、作业完成情况和考试成绩。

学生对课程的满意度：评估学生对实践课程的满意度和反馈情况，包括他们对教师的教学态度、教学内容、教学方法的评价，以及对课程设计的建议和意见。

通过构建这样一个多维度的评估指标体系，我们可以全面评估物流管理实践课程，及时发现问题并进行改进，提升教学质量和学生学习效果。

4.2 评估方法的选择和应用

在数智化背景下评估和改进物流管理实践课程时，要根据具体的教学目标和评估要求选择合适的评估方法。以下是一些可以考虑的评估方法。

定量评估方法：通过收集和分析实践课程中的定量数据，如学生的考试成绩、作业完成情况和实践报告的质量，可以进行客观评价。这种方法可以定量描述学生的学习成果和教学效果，为教学改进提供数据支持。

定性评估方法：通过观察和记录实践课程中的定性因素，如学生的课堂表现、小组讨论表现及他们在提问和回答问题方面的参与度，可以进行主观评价。这种方法可以描述学生的学习状况和教师的教学效果，为教学改进提供更丰富的信息。

综合评估方法：通过综合应用定量和定性评估方法，可以全面评估实践课程的教学效果和学生的学习成果。这种方法可以利用各种评估信息的优势，为教学改进提供更准确、更全面的支持。

此外，我们可以融入学生自主学习和合作学习，采用小组讨论、案例研究和项目实践等方法培养学生的综合能力和创新思维。在评估过程中，可以使用在线调查、电子评价学生作业和实践报告等信息技术工具，提高评估的效率和准确性。通过将选择的评估方法应用于实际的教学评估中，我们可以及时了解学生的学习情况和教师的教学效果，并根据评估结果进行教学改进。在数智化背景下，还可以使用数据分析和可视化工具对评估数据进行统计分析，更好地了解学生的学习特点和效果，并针对性地进行教学改进。

4.3 教学改进策略的探讨

在数智化的背景下，除了构建评价指标体系和选择、应用评价方法，还应实施有效的教学改进策略，以解决现有的问题和挑战。以下是关于教学改进策略的深入讨论。

引入创新的教学技术和工具：随着大数据分析、人工智能和物联网等新技术和工具在物流管理领域的出现和应用，教师应利用这些创新的教学技术和工具，使教学内容更加实用，提高学生的兴趣和参与度。通过指导学生使用这些先进技术和工具，可以进一步培养他们的实际技能和解决问题能力。

优化课程设计和内容：为了改进物流管理实践课程的教学效果，需要进一步优化课程设计和内容。可以通过纳入更多实际的物流管理案例、引入具有挑战性的实际问题和加强实际操作环节来实现这一目标。此外，应根据学生的反馈和需求，定期调整和更新课程内容，以适应数智化背景下物流管理领域的快速发展和变化。

增强教学方法和途径的创新：为了增强学生的学习效果和能力，需要创新和改进教学方法和途径。例如，可以实施案例研究、团队合作和项目化学习等多样化的教学方法，激发学生的学习兴趣和积极性。此外，通过利用在线学习平台、虚拟实验室和其他现代教学工具，可以使学生获得更广泛的学习资源和实践机会，从而提高他们的学习效果和能力。

建立健全教学评价和反馈机制：为了及时了解学生的学习情况和问题，建立健全教学评价和反馈机制非常重要。可以通过各种评价方法，如考试、作业和实践报告，全面评估学生的学习情况和技能水平。此外，还应及时向学生提供反馈和指导，帮助他们识别自身问题并改进学习方法，从而提高他们的学习效果和成绩。

通过实施上述教学改进策略，我们可以有效提高数智化背景下物流管理实践课程的教学质量和教学效果，为培养具有实际技能和创新精神的物流管理专业人才提供支持。

5 结论

在数智化背景下，物流管理实践课程的教学和研究对培养物流专业人才的操作和解决问题能力具有重要意义。通过合理的课程设计、创新的教学方法、丰富的教学资源及科学有效的评价和改进，可以有效提高学生的综合素质和专业技能，促进物流行业的发展和进步。

参考文献

[1] 冯佳，张雪，戴昀弟. 数智化趋势下民办高校物流类人才培养模式路径优化对策[J]. 物流科技，2023，46(22)：181-184.

[2] 徐雅琴. 基于"数智并驱、名师领衔、四台贯通、就创一体"的跨境电商实践教学研究[J]. 宁波职业技术学院学报，2023，27(3)：93-98.

[3] 张玉璇. 高等院校数智化创新人才培育路径探讨[J]. 华东科技，2023(3)：140-142.

[4] 方海光，孔新梅，李海芸，等. 人工智能时代的人机协同教育理论研究[J]. 现代教育技术，2022，32(7)：5-13.

[5] 黄晓地，王晓艳，宋玉军. 面向"数智"驱动的智慧型供应链本科人才培养思考[J]. 应用型高等教育研究，2021，6(3)：48-55.

[6] 潘鹏. 数智化物流背景下人才培养模式创新[J]. 中国商论，2021(2)：174-175+177.

虚拟仿真技术在酒店管理专业教学中的应用

——以酒店前厅与客房管理课程实训教学为例

陈　娇　叶飞飞

摘要：在“互联网+”时代，我国的酒店行业也迎来了前所未有的发展机遇与挑战。只有对传统的酒店管理模式进行创新，引入“互联网+酒店”管理模式，提高酒店管理对“互联网+”时代的适应能力，才能够持续提高酒店行业的服务技能，促进酒店行业的稳定健康发展。学校是为酒店行业输出人才的主要场所。将虚拟仿真技术应用到学校的酒店管理专业教学过程中，对提高酒店管理专业教学质量、培养酒店管理专业人才核心素养等具有极为重要的作用。基于此，本文重点以酒店前厅与客房管理课程实训教学为例，针对虚拟仿真技术在酒店管理专业教学中的应用进行了详细的分析，以供参考。

关键词：酒店管理；酒店前厅与客房管理；实训教学

在信息技术不断升级与发展的今天，虚拟仿真技术等数字技术也已经渗透到教育领域当中，实现了教育的泛在化与智能化。在酒店管理专业教学中，虚拟仿真技术的应用使得教育场景和场所不再受到学校和课堂的局限，教育资源与内容不再受到课本的局限，教育方式不再受到讲台的局限。但是，要想将虚拟仿真技术的应用优势充分发挥出来，从整体上提高酒店管理专业教学质量，促进酒店管理专业人才的进一步发展，还需要进行更为深入的探究。

1　虚拟仿真技术的概述

虚拟仿真技术，其实就是一种通过三维虚拟环境设置，对现实世界中的各种场景与操作过程进行模拟的技术[1]。最初的虚拟仿真技术，只有简单的模拟功能。而在计算机图形学、人工智能技术等科学技术的大力支持下，现阶段的虚拟仿真技术不仅可以进行各种真实场景的模拟，还可以保证模拟效果的逼真性与交互性。

与传统的教学模式相比，应用了虚拟仿真技术的教学过程不仅不再受到时间、空间、讲台等条件的限制，还提升了学生学习体验的生动性与直观性。例如，在传统的酒店前厅与客房管理实训教学过程中，受到场地、设备、人员等因素的限制，学校并不能将会上各酒店中最真实的运营环境模拟出来，最终的实训效果也难以保证。而运用虚拟仿真技术，则能够有效解决这一问题，不仅可以为学生创造一个极为逼真的酒店运营环境，还可以让学生在模拟环境中进行各种操作和训练，直至掌握酒店前厅与客房管理的核心知识与技能，实训效果更有保证[2]。另外，应用虚拟仿真技术，还能够针对学生的实训情况予以及时的反馈和评估，让学生第一时间了解自己在实训活动中的不足之处，并予以改正，提高学习效率与学习质量。图 1 为一种虚拟仿真实训教学模式。

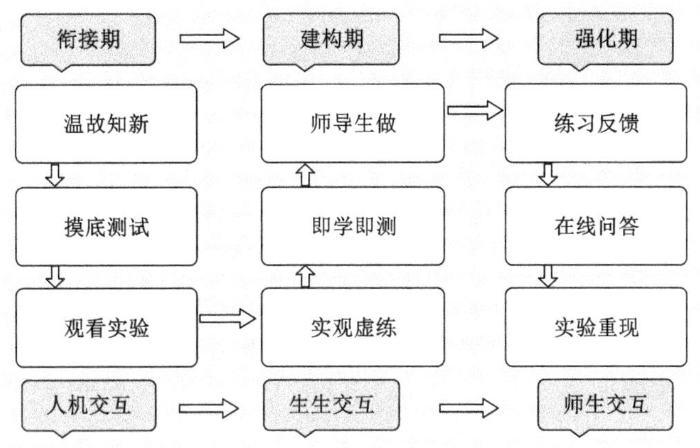

图 1　一种虚拟仿真实训教学模式

2　酒店管理专业教学现状

国内各大酒店为了更好地顺应时代的发展，都对店内的技术与管理模式进行了持续的升级和完善。但是，学校酒店管理专业的实训室，却因为经费不足、场地有限、人员较少等原因没有跟上时代的发展。在这种情况下，酒店管理专业的实训教学显得比较枯燥、乏味，仅涉及常规的技能训练，而无法涵盖酒店服务流程的优化及数据分析技术的应用。学生在完成所有的实训课程之后，也不能适应酒店的实际运营管理需求。虽然学校也会为酒店管理专业的学生提供酒店实训的机会，以强化学生的实践能力[3]。但是，由于这些学生没有工作经验，酒店管理者只能将他们安排到基层锻炼。在这种情况下，学生很难积累与酒店管理有关的工作经验。而且，很多学生片面地认为，酒店管理专业的出路就是在酒店“端盘子”，所以并不愿意选择酒店管理专业。学校招收到的酒店管理专业学生数量较少，也就很难为酒店行业培养足够多的优秀人才。在这种情况下，将虚拟仿真技术应用到酒店管理专业教学当中，就有了一定的紧迫性与必要性。

3　虚拟仿真技术在酒店管理专业教学中的应用策略

3.1　模拟酒店前厅与客房管理的框架与流程

利用虚拟仿真技术，先对酒店前厅的职责，例如，预定流程、礼宾流程等场景进行创设，对酒店客房预订过程中可能出现的各种意外情况进行模拟，然后让学生在虚拟的场景中完成各种任务，并对其中出现的突发情况进行处理。虚拟平台可以对每一位学生在实训中的表现进行记录、存储，为学生后续的复习与总结提供支持[4]。总而言之，在应用虚拟仿真技术的过程中，不仅要确保覆盖到所有酒店前厅与客房管理中的流程，还要保证模拟场景的真实性、形象性与具体性。只有这样，才能够让学生更加全面、细致地了解酒店前厅与客房管理的各个方面，并对日常教学中的理论知识有一个深刻的体会。

3.3 模拟酒店前厅与客房管理中相对成熟的环节

为了保证酒店前厅与客房管理的实训教学效果，需要对现实世界中酒店前厅与客房管理中相对成熟的环节进行重点模拟、集中模拟。例如，酒店前厅的预订管理工作中，就涉及了接受预订环节、确认预定环节、核对预订环节和取消预订环节。而利用虚拟仿真技术，对这些环节进行集中式模拟，可以让学生在接受训练的过程中，对客户的各种预定需求进行妥善的处理，并对酒店客房的预定流程有一个全面的了解。同时，对酒店客房预订过程中可能出现的突发情况进行妥善的处理，可以使学生的实践能力与解决问题能力得到提升。而教师也可以根据虚拟仿真技术的反馈，了解学生对相关知识点与技能的掌握情况，保证后续教学计划的制定与调整的合理性。

3.3 鼓励学生参与虚拟仿真流程

对虚拟仿真技术进行合理的应用，虽然能够为学生创设逼真的酒店管理场景，但是当学生真正参与酒店管理的时候，依然会出现各种各样的问题。在酒店管理中，最重要的是前厅管理与客房管理[5]。其中，客房管理更复杂，要求更精细。因为酒店的客房问题可能是多方面的。利用虚拟仿真技术，让学生参与从客户接待、客房预订、客房入住到退房的全过程，可以让他们对酒店管理有一个整体性的认识。

3.4 加强与酒店的合作

在酒店前厅与客房管理实训教学过程中，教师还需要为学生安排大量的酒店实习机会，让学生在实习过程中，观察并体验实际工作与虚拟训练的差别。另外，教师还可以与合作酒店取得联系，在合适的时间段内获取酒店的实时运营视频。这样，既可以让学生更加直观地体会酒店管理的严谨性，帮助学生积累实践素材，还可以让学生充分意识到虚拟场景与真实场景之间的差异，加深学生对酒店管理的理解。

4 虚拟仿真技术在酒店管理专业教学中应用的注意事项

4.1 创设多情景实训教学环境

在现代化信息教学过程中，虚拟仿真技术的应用备受关注。为了提高酒店管理专业教学质量，在应用虚拟仿真技术的时候，需要为学生创设多种不同的教学场景，并通过动态化演示夯实学生的理论基础，通过交互式操作强化学生的专业技能，通过多主体多维度教学评价纠正学生的不良学习行为。例如，在酒店管理专业的实训教学中，应用虚拟仿真技术就可以创设以下四类场景，满足学生的实训学习需求。一是酒店介绍、酒店前厅接待场景；二是客房预订—入住—退房场景；三是酒店操作系统使用场景；四是不同入住客户管理场景等[6]。在这样的场景下进行实训操作，可以让学生对酒店前厅与客房管理的工作要点有一个准确的把握和直观的感知。另外，应用虚拟仿真技术，还可以为学生创设更为特殊的实训教学场景，让酒店管理专业的实训教学更加完善，例如，残疾人客户服务场景、家庭娱乐客户服务场景、顶级 VIP 客户接待场景等。

4.2 创新传统教学模式

传统的酒店管理专业教学以“教师在讲台上讲，学生在台下记笔记”为主，理论性较强，实践性较弱，学生虽然能够记忆大量的理论知识，却难以获得实践技能的提升及情感态度价值观的优化。对于这种机械化的教学模式，无论是教师还是学生，都没有表现出较强的积极性。所以，在应用虚拟仿真技术的时候，需要重点利用现代化信息技术的优势，对学生的学习兴趣进行激发，确保在遵循职业教育发展规律的基础上，最大限度地提高学生的专业素养与实践技能，帮助学生成长为与时俱进的酒店管理专业人才。

首先，对学生的课堂主体地位进行充分的强调，通过 3D 动画形式，将现阶段最前沿、最真实的酒店内部现状展示在学生面前，并通过知识自测模块，让学生了解自己在学习过程中的不足之处。同时，利用虚拟仿真技术中的几十种交互式操作，加深学生对相关知识点和实践技能的理解与掌握，并为学生生成一对一的学习报告和个性化的教学分析，帮助学生进行自我提升[7]。其次，保证学生评价的多元化。因为虚拟平台会将学生的整个学习过程记录下来，并通过过程性评价与终结性评价等方式，对学生的不良学习行为进行纠正，对学生的正确学习行为进行肯定。最后，实现理论与实践的有机融合。缩短理论教学时间，增加实践教学时间，整个教学过程以探究性学习、协作式学习、问题讨论式学习为主，能够持续提高学生的实践操作能力。

5 结语

综上所述，在酒店管理专业的教学中，虚拟仿真技术的应用具有十分重要的意义，不仅让学校的酒店管理专业教学突破了时间、空间等方面的限制，还让虚拟教育的泛在化成为现实。但是，结合当前酒店管理专业教学的现状，要想将虚拟仿真技术的应用优势充分发挥出来，不仅要模拟酒店前厅与客房管理的框架与流程，以及酒店前厅与客房管理中相对成熟的环节，还要鼓励学生参与虚拟仿真流程，加强与酒店的合作。此外，还需要创设多情景实训教学环境，创新传统教学模式。

参考文献

[1] 朱惠娟，马卫，王禄杰，等.酒店管理虚拟仿真实验的设计与实现[J].电脑知识与技术，2023，19(36)：77-79.

[2] 黄聿明.虚拟仿真技术在酒店管理实践教学中的应用研究 ———以桂林旅游学院大住宿业新业态研究体验中心为例[J].区域治理，2021(9)：233-234.

[3] 郭贵荣.新文科背景下虚拟仿真技术在酒店管理实践教学中的应用[J].内蒙古煤炭经济，2021(3)：219-220.

[4] 夏保国，邓毅，靳延安，等.酒店虚拟仿真教学资源平台的开发与实现[J].湖北经济学院学报(人文社会科学版)，2021，18(10)：147-150.

[5] 武汉亿维达信息科技有限公司.基于虚拟现实技术的酒店管理专业教学管理平台系统：CN201610980181.8[P].2018-05-25.

08

第八篇
教学条件建设

加强实验室管理与建设：以经济管理学院实验中心为例

易　巨

（湖南应用技术学院 经济管理学院 湖南 常德 415000）

摘要：本文以经济管理学院实验中心为例，探讨了如何加强实验室管理与建设的问题，旨在为教育改革提供有益借鉴。通过深入分析实验室安全管理、实验室工作管理、实验室建设、实验室资源共享等方面的实践经验，提出了实验室管理与建设存在的问题、解决方案。同时，强调了实验室安全管理的重要性，以及实验室管理与建设对提高教学和科研水平、培养学生实践能力的重要性。最后，总结了经济管理学院实验中心在实验室管理与建设方面取得的成效，以期为其他高校实验室管理与建设提供有益的经验和借鉴。

关键词：实验室管理；安全管理；实验室建设；实验室共享；实践教学；教育改革

1　引言

随着教育的不断发展和变革，实验室管理与实践教学在高等教育中扮演着日益重要的角色。经济管理学院实验中心作为一个关键的教学支持单位，积极参与学校的教育改革，全力以赴地推动实验室管理与实践教学质量和效果的提升。本文旨在以经济管理学院实验中心为例，深入探讨如何加强实验室管理与建设，包括安全管理和开放共享、设备投入、人才培养等内容，以优化实践教学，为教育改革提供有益的借鉴。

经济管理学院实验中心积极努力，彰显了它在实验室管理与实践教学方面的引领和创新作用。实验中心全体教师以高度的责任感和奉献精神，投入各项工作，确保实验设备和计算机的正常运行。在安全管理方面，实验中心坚持“三防”，即人防、物防、技防相结合的管理模式，进行了多次安全培训和安全检查，确保实验室的安全运行。此外，实验中心还积极参与学生实习的管理和指导，提高了实习资料的规范性和准确性。

实验室工作管理是实验教育质量的关键保障，经济管理学院实验中心在课程实验、计算机维护等方面表现出色。通过对实习资料的检查、计算机的维护和升级，以及对实验课程的认真评审和认定，实验中心不断提升实验教学的质量和水平。同时，为了适应学科竞赛和学习的需求，实验中心还灵活开放实验室，为学生创造更好的学习环境。

本文将从实验室安全管理、实验室工作管理等方面进行深入分析，探讨实验中心如何在实践中加强教育管理，为培养高素质应用型人才提供更有力的支持和保障。

2　实验室安全管理的目标与重要性

实验室是学校教育教学的重要组成部分，承载着培养学生创新能力、实践能力和动手能力的使命。为了确保实验室的正常运行和学生的安全，实验室安全管理尤为重要。以经济管理学院实验中心的工作实践为例，我们可以深刻理解实验室安全管理的目标与重要性。

实验室安全管理的目标在于创造一个安全、健康的实验环境，保障师生的生命财产安全，促进实验教学质量的提升。从工作实践中可以看出，经济管理学院实验中心在实验室安全管理方面，从“三防”等多个层面进行了全面管理，包括人员培训、设备配备、监控安装等，力求将实验室安全风险降到最低。这充分说明实验室安全管理的目标是多方位的，涵盖了从人员安全素养提升到设备保障的方方面面。

实验室安全管理的重要性不言而喻。首先，实验室涉及多种实验设备、物品，一旦出现事故，后果可能不堪设想。保障学生和教职员工的安全是学校的首要任务，保障实验室安全就属于该任务。其次，实验室是培养学生实践动手能力的场所，如果实验环境不安全，将对学生的实践教学产生负面影响。实验室安全管理直接关系到教学质量的保障。此外，良好的实验室安全管理也是学校综合实力的一种体现，可以提升学校的声誉和影响力。

实验室安全管理不仅仅是一项管理工作，更是一种文化、一种责任。从工作实践中可以看出，经济管理学院实验中心不仅在日常管理上下足了功夫，还在各个方面积极探索和创新，不断提升实验室安全管理水平。更重要的是，实验中心教师都有很强的积极进取的态度。在实验室安全管理方面，我们需要坚持“党政同责、一岗双责、齐抓共管、失职追责”的原则，从管理制度、人员培训、设备设施等多个方面入手，形成全员参与、共同维护的管理格局。

3　经济管理学院实验室管理

近年来，实验室在高校教学中的地位和作用愈发凸显。为了确保教学质量和学生综合素质的提升，经济管理学院实验中心在近几年充分发挥了重要作用，通过扎实的工作落实和创新举措，取得了令人瞩目的成果。

实验中心高度重视实验室安全管理，为确保学生和设备的安全，采取了一系列举措。通过“三防”的综合管理，全体教师接受了消防知识、用电安全等方面的培训，例如，实验室里的所有电脑开机画面及桌面背景图案都设置成了安全提示及操作规程，提升了教师们的安全意识和操作技能。定期进行的安全检查和监控系统的安装也有效确保了实验室的安全。

实验室工作管理方面也取得了显著进展。实验中心对自主分散实习、计算机维护管理、实验项目认定等方面进行了全面的管理，确保了实验室设备的正常运行。在 2022 年上学期，对毕业班自主分散实习资料进行了规范检查，敦促学生规范填写相关表格。在计算机维护管理方面，对多台计算机进行了维护、安装和维修，保障了实验室设备的稳定使用。同时，对实验项目认定也进行了认真评审，为学生提供了优质的实验课程。

更值得关注的是，实验中心在疫情防控期间积极行动，为学生提供保障和服务。通过对实验室和公共区域的消毒，为学生提供安全的学习环境；临近期末时，为学生提供晚间开放服务，以满足他们的学习需求。同时，还积极参与学校和社区的防疫工作，展现了高校实验室管理者的社会责任。

经济管理学院实验室的管理与建设是提高教学和科研水平的关键环节，也是培养学生实践能力的重要途径。通过合理的实验室管理策略，包括设备更新与维护、人才培养、规章制度建设和资源共享，可以提高实验室的运行效率和管理水平。同时，实验室安全管理也是不可忽视的重要方面，应建立科学的实验室安全管理体系，确保实验室成员的人身安全和设备的正常运行。经济管理学院不断加强对实验室管理与建设的重视，以提供更优质的教学和研究环境，培养更具实践能力和创新精神的高层次应用型人才。

在实验室资源共享方面，虽然现在实验中心机房部署的各类软件在校园网内实现了资源共享，但因为考虑到对外网开放可能导致"黑客"攻击等网络安全因素，目前校网管中心还没对外网给予太大的开放权限。在2022年末，因疫情反复，实验中心和校网管中心协商，准备适时开放外网，使提前离校的学生能在家里使用各类实训软件，但最后因疫情消退放弃了这一计划。从技术上讲，实验室软件资源共享给兄弟院校软件共享提供了可能。同样，兄弟院校也可以将实验室资源共享给我们，实现资源共享(有偿或互换)。目前初探有两种方式可以实现共享，一是建立"公有云"，在公有云端部署拟共享的软件；二是在现有服务器上利用给予访问权限的方式让外网访问。由此延伸，学院的实训软件也可以有偿或无偿提供给合作企业，作为员工培训的一种训练手段。

4 经济管理学院实验室建设

实验室建设是高等教育质量提升的重要组成部分，尤其在经济管理学科领域，实验教学能够帮助学生将理论知识与实际应用相结合，培养学生的实际操作能力和创新思维。然而，在实验室建设与管理过程中，仍然存在一些问题需要解决，以适应不断变化的教育需求和科技发展。

经济管理学院在实验室建设中，不仅新建了多个实验室，还进行了改扩建，以致力于提供更加现代化、适应市场需求的实验环境。新建的实验室包括财务大数据分析与决策实验室、智能财务共享实验室、开放性实验室、电商直播室等。这些实验室的设施和设备均为学生提供了更加丰富的实验体验，促进了理论与实践的结合。实验中心在新建实验室申报、设备更新和管理整合方面也取得了一系列进展。通过与教研室的紧密沟通，积极参与新建实验室的申报工作，2022—2023年，共申请获得了373万元的项目建设资金，其中硬件投入70万元，软件投入303万元；新建实验场所7间，改扩建3间，撤销及合并实训室4间，购置了各类软件9款；申报并获批实践教学软件2款，计划投入40余万元。同时，针对实验室设备的利用率和需求，对一些设备进行了整合，提高了资源的利用效率。然而，在实验室资源的配置与管理方面，仍然需要进一步优化。不同实验室之间的资源共享和协同开发，可以进一步提高资源的利用效率。例如，将原本分散在各实验室的软件利用其B/S软件架构的特性，迁移到新建的实验中心服务器机房，通过网络共享实现资源在校园网内共享，从而解决实验室资源不足的问题。

实验室建设应不断关注前沿技术和设备的引入，以保持实验教学的活力。例如，电商直播实训室的建设，着眼于培养学生的网红技能、创业能力等，紧跟时代潮流，使学生能够在实验环境中真实体验并掌握相关技能。然而，实验室技术的创新也面临一些挑战。在引入新软件和硬件设备时，需要进行充分的培训和指导，以确保师生能够正确使用这些工具，并从中获得有效的学习成果。

经济管理学院在实验室的撤并与资源整合方面，考虑了实验室布局的合理性和资源利用的效率。撤销有名无实的实训室 3 间，将资源用于更有意义的实验室建设，体现了资源的最优配置原则。同时，将原酒店管理专业的 3 个具有类似特性的实训室合并为酒店管理专业酒水实训室，统一布局，既相互独立又形成一个有机整体，进一步优化了资源配置，提升了实验室的使用效率。

5 实验室管理与建设存在的问题与解决方案

实验室作为高校教学和科研的重要场所，其良好的管理和安全运行会直接影响到教学质量和学生的学习体验。然而，在经济管理学院实验室管理与建设过程中，也存在一系列问题，需要科学有效的解决方案。

主要问题有：①部分实验室的硬件设施老化、性能不足等，无法满足科研和教学的需求，特别是在信息化方面。这对于培养学生的实践能力和提升科研水平造成了限制。②部分课程缺乏专业软件，而且有的现有软件也已经滞后于时代发展，无法有效支持学生的实验和研究需求。软件支持的不足直接影响了教学和科研质量。③实验室管理制度流程还有进一步完善的空间，管理人员的专业素质有待提高。实验室的管理不规范会影响设备的维护、实验操作的指导及安全问题的应对。

针对以上问题，我们制订了科学有效的解决方案。如，加大投入、及时更新实验设备、提高实验室的科研和教学能力。建立设备维护制度，定期对设备进行检修和维护，以确保设备的正常运行；针对软件支持不足的问题，根据不同专业的需求，选择合适的软件进行采购和更新。建立软件更新机制，保持软件的先进性，以满足学生的实验和研究需求。制定科学的实验室管理制度，明确实验室使用规则、设备借用流程、安全操作规程等。加强实验室管理人员的培训，提高其专业素质和管理能力，确保实验室的高效运行。

经济管理学院实验室的管理与建设面临多方面的挑战，但通过科学的解决方案，可以应对这些挑战，提升实验室的教学和科研水平。优化硬件设施、完善软件支持、加强管理机制、推进科研合作和加强实验室安全管理等措施，将有助于经济管理学院实验室建设与管理水平的提升，为学生和教师提供更好的实验环境和资源支持。通过不断的努力，实验室将被打造成培养创新能力和实践能力的重要基地，为学院的发展贡献力量。

6 实验室管理与建设成效

经济管理学院实验中心经过全体教师的努力，取得了一系列的成效。实验中心在院领导的重视和支持下，不仅保障了实验室设备的正常使用，还积极参与各专业教研室的实践教学任务，实现了教学与管理的有机结合，为学院的教学质量和学生培养提供了坚实支持。

首先，实验室安全管理得到了有效加强。实验中心在人防、物防、技防等方面进行了全面管理，包括对管理人员的消防知识培训、消防器材的配备和使用培训，以及监控系统的安装等。这些举措使实验室的安全防范工作更加完善，确保了师生的生命财产安全。

其次，实验室工作管理取得显著成果。实验中心积极维护计算机设备，进行了大量的维护和维修工作，确保了实验室计算机的正常运行。此外，实验中心还配合教研室完成了学生实习资料的检查工作，规范了相关表格的填写，确保了实习工作的顺利进行。实验中心还对实验室设备进行了维护、更新和整合，为学生提供更好的实验环境。

最后，实验室的建设也取得了可观的进展。在学校的号召下，实验中心积极参与了各项建设项目，如智能财务共享实验中心和财务大数据分析与决策实验室项目。这些新建项目的推进为学生提供了更多的实验机会，促进了学院实验室建设的全面发展。

7 结论

经济管理学院实验中心在实验室安全管理方面取得了显著成效，通过全面的安全管理、规范的实验工作管理及现代化的实验室建设，为学院的教学和科研提供了有力支持。然而，实验室在管理与建设过程中仍存在硬件设施老化、软件支持不足等问题，需要采取相应的措施加以解决。解决这些问题需要学院持续关注实验室管理与建设的需求，加大投入，完善制度，提高管理人员素质，并不断引入前沿技术和设备。通过科学的管理和创新，实验中心将进一步提升实验室的教学和科研水平，为培养高素质应用型人才和推动学院发展做出更大的贡献。

参考文献

[1] 王金贵，胡超，林其彪，等. 基于双重预防机制的高校实验室安全管理体系建设[J]. 实验技术与管理，2022，39(1)：210-213.

[2] 曲若冰. 建设高校实验室安全管理制度的探索[J]. 科技风，2023(2)：144-146.

[3] 侯玉东，沈建英，王海燕. 普通院校实验室安全潜在风险因素探析[J]. 基础医学教育，2022，24(2)：118-121.

[4] 万李. “五育并举”背景下高校实验室“五位一体”建设的探索与实践——以湖南科技学院为例[J]. 湖南科技学院学报，2022，43(3)：87-90.

[5] 郭跃东，方明月，张成. 新形势下应用型本科院校实验室建设与改革[J]. 现代商贸工业，2023，44(10)：250-251.

[6] 宫丽，郭庆云. 我国高校经管类实验室建设与管理改革——以沈阳农业大学经济管理学院为例[J]. 农业科技与装备，2015(9)：86-88.

[7] 张健如，郭蕊，张吉国. 农林高校经管实验室建设研究——以山东农业大学经济管理学院(商学院)实验中心为例[J]. 山东农业工程学院学报，2020，37(5)：41-46.

[8] 陈亚树，丁业宸. 经管类实验室建设管理的问题及对策研究[J]. 现代商贸工业，2019，40(36)：184-185.

[9] 雷欣烨. 高校实验室信息化建设与管理策略[J]. 大学，2023(1)：10-13.

民办高校实验室建设与管理的问题及对策研究
——以湖南应用技术学院经济管理学院为例

伍　皓

（湖南应用技术学院 经济管理学院 湖南 常德 415000）

摘要：近年来，随着中国高等教育的迅速发展和民办高校的兴起，民办高校实验室建设和管理成为一个备受关注的议题。实验室是学校教学科研的核心场所，对于提高教学质量、促进科学研究具有重要作用。然而，由于民办高校相对于公办高校而言资源有限、发展历程短暂等，其实验室建设和管理仍面临着设备投入与高校发展需求节奏不均衡、实验室建设滞后于市场需求、实验室管理体制不完善等一系列的挑战。因此，对民办高校实验室建设与管理进行深入研究具有一定的理论和实践意义。

关键词：民办高校；实验室；建设和管理

中共中央、国务院印发的《扩大内需战略规划纲要（2022—2035 年）》提出，要推进民办教育发展的多项举措来鼓励、支持和规范民办教育发展。近年来，为培养适合社会发展的应用型人才，民办高校的应用性备受关注，其中民办高校的实践教学成了关注和研究的重点。实验室的建设和管理直接关系着实践教学质量。研究民办高校的实验室建设和管理，对于培养高素质应用型人才有着重要意义。

1　民办高校实验室建设和管理现状

湖南应用技术学院实验中心自 2014 年学校升本以来，由学校直管，现有软件工程实验室、行政管理实验室、数字媒体实验室、网络工程实验室、计算机实验室、大学物理实验室、生化实验室、动画设计实验室等各类实验室 192 个，其中本科实验室 129 个，基础实验室 63 个。同时，还有实验实训中心 7 个，校内实践教育基地 3 个，实验电脑设备 4600 余台，实验实训及校内实践教学基地面积 86818. 39 平方米。实验中心承担全校的计算机基础课实验和与计算机有关的专业课实验，也承担毕业设计、课程设计、网络视频考试及各种职业技能鉴定考试等任务。

经济管理学院始建于 2004 年，现有行政管理、物流管理、电子商务、酒店管理、财务管理 5 个本科专业和行政管理、财务管理、酒店管理、国际经济与贸易 4 个专科专业，还拥有形体礼仪实训室、物流管理实训室、大数据与经管类跨专业综合实训室、跨境电子商务实训室、财税一体化实训室、餐饮实训室、酒店管理专业酒水实训室、电子商务综合实训室、智能财务共享服务中心实验室和财务大数据分析与决策实验室 10 个校内实验（训）室，实验室总建筑面积 2560 平方米。

2 民办高校实验室建设与管理中存在的主要问题

2.1 实验设施设备投入与高校发展需求节奏不均衡

目前，民办高校在招生人数上已经初具规模，发展趋势整体向好，专业已从单一性向多样性转变，开设的新专业逐年增加，实验实训设备也在逐步增加；但是相比公办院校而言，缺乏国家教育经费的支持。民办高校的实验室建设与管理面临资金来源相对有限的情况，需要通过多种途径筹集资金，如校内资金、企业捐赠、科研项目资助等。同时，要合理规划和利用资金，确保实验室建设与管理的可持续发展。因为仅仅依靠学校自有经费去建设现代化的实验室远远不够，所以民办高校实验室普遍处于设施设备偏少、规格偏低，或者刚刚达到办学标准的状态。同时，由于现代社会发展节奏的加快，尤其是科学技术日新月异，民办高校实验室的投入与社会发展的需求之间的矛盾已日益明显，难以适应当前高校的发展。

2.2 实验室建设滞后于市场需求

民办本科院校肩负着培养应用型人才的使命，其实验室建设需时刻对接社会发展和就业市场需求。新建本科高校在实验室建设过程中，一般遵照的都是教育部规定的基本标准，其投入比较有限，仪器设备总数不多。同时由于经费限制，多数设备都是在原有陈旧的设备上逐渐增添的，原有的多数实验仪器设备因为更新换代和新技术的发展，已不适应目前的实验教学要求。新的设备数量有限，老旧的设备故障多、运行慢且很难满足现实的实验需要，导致实验很难完成科学研究和社会服务的任务。

2.3 实验室管理体制不完善

民办高校实验室目前管理体制混乱，缺乏科学的体系化的管理手段。多部门如教务处、资产处、各学院、教研室等都对实验室进行管理，管理部门多而杂，相互关联牵制，分工不明，比较混乱，造成多头管理、工作重复、效率低下、数据不统一、缺乏创新等问题。当前，迫切需要明确各管理职能的分工，并完善实验室管理体制。

2.4 人才队伍建设不足

实验室人才队伍是决定实验科研水平和实验教学质量的主要因素。相比公办高校，民办高校面临着更大的人才队伍建设不足的挑战。经济管理学院目前有校内实验(训)室 10 个，配有 4 名专职管理人员，其中 2 名具有中级职称，2 名具有初级职称，均为本科学历，整体职称、学历水平不高。通过调查其他民办高校，本人发现，民办高校实验室多数存在人才队伍建设不被重视、管理人员配备不齐、教师职称偏低、年龄偏大、学历偏低等现象，而且实验管理人员薪资待遇低且缺乏完善的考评及激励机制。这些问题又会导致实验教学效果不佳、实验室管理水平低下等问题。

2.5 缺乏严格安全管理意识

实验室的安全治理，是实现高等学校高质量发展的前提和基础。多年来，实验室发展重建设、轻管理，学生、教师及实验室人员安全意识偏弱。缺乏系统的治理体系。师生安全实践的基础薄弱、安全习惯不好、事故处置能力不足；师生在实践中不断总结、进行持续整改的意愿不强；全员参与的程度不足、深度不够等。

3 民办高校实验室建设与管理问题的对策

3.1 加大资金投入

新建本科高校虽然在建设初期对实验室投入了大量资金，但是随着招生人数的增加和各类评估的要求，实验室的建设相较而言有些落后，仍须加大投入，进一步重视实验室建设。第一，要保障实验室建设专项经费的划拨和使用，不能在使用上打折扣。第二，争取中央财政支持地方高校发展专项资金(以下简称专项资金)的支持。第三，可以通过与企业等合作，争取更多的社会资金支持，用于实验室建设和设备更新。民办高校要在服务地方经济的同时加强与企业的产学研合作，可以与企业共建实验室，同时也可以探索与其他高校的资源共享和合作，降低设备采购和维护的成本。

3.2 建立健全管理体制

为规范实验室的管理，民办高校应建立健全实验室管理体制，提高管理水平，适应培养高素质应用型人才的要求。大到校、院两级的实验室隶属管理，小到二级学院实验室主任的聘用、管理人员的培训都需要有清晰的规定和要求。专项制度要健全，包括实验室使用规定、设备管理规定、安全操作规程等，应明确责任分工、权限和管理流程，为实验室的日常管理提供指导。另外，实验室管理人员要高标准严要求地进行实验室管理，立足高点，打好基础，为长远发展奠定良好的基础。

3.3 关注市场需求，推动资源共享与合作

民办高校应积极关注市场需求和学科发展趋势，及时调整人才培养方案和实验室建设的方向和内容。与相关行业、企业保持深度联系，了解行业需求和技术发展方向，及时调整实验室建设的重点和方向。总而言之，民办高校实验室建设与管理要适应市场需求和社会发展，就要打破传统的实验室建设管理思维，使用战略化的眼光看待建设和管理问题，时刻关注市场的需求，按需供给，让“应用型”特色充分体现，以此让实验教学为高质量就业保驾护航。

另外，民办高校可以积极寻求与其他高校、科研机构、企业等的资源共享和合作，提高实验室运行效率和科研水平。同时，还可以建立合作机制，共享设备、技术和人力资源，提高实验室的综合实力。

3.4 加强实验技术队伍建设

首先，引进专业的实验管理人员。民办高校可以通过引进高职称、高学历或者有丰富从业经验的实验室管理人才，提高实验室的管理水平。其次，加强实验管理人员的培训。对于学历水平较低或者缺乏经验的在职实验管理人员，可以通过定期的校内专题培训和外出进修

提高相应的实验室管理水平。对于比较资深的管理人员，可以鼓励其进行实验室改革研究，进一步自我提升。再次，建立健全实验管理人员的考核制度和评价体系，主要包含实验室工作量、工作表现、科研成果。可以参照专任教师的考评方案，制定切实可行的实验室管理人员考评方案，以此来规范实验室管理人员的日常管理工作。最后，完善实验室管理人员的激励机制。为进一步激发实验室管理人员的积极性，合理且科学的激励机制是十分必要的。对于每年考评优秀的人员要加大正向宣传，同时可以为其优先提供外出进修和晋升高级职称的机会，并在薪酬待遇方面适当倾斜等。

3.5 强化实验室安全管理

民办高校应全员重视实验室安全管理，建立完善的组织体系、制度体系、评价评估体系、保障体系等。利用完善的制度约束管理人员进行科学管理，努力培养师生规范、安全、环保意识等综合科研素养，关注实验室、生产和社会安全，牢记安全责任重于泰山。定期进行安全检查和隐患排查，加强实验室安全意识和操作规范的培训，确保实验室的安全运行。

4 结语

高校实验室是高校培养高素质应用型人才的重要场所。实验室建设管理水平的高低，直接影响师生教学与科研工作的进展。由于我国传统教育重理论轻实践教学的特点，高校实验室建设与管理存在种种问题。民办高校由于其特殊性，在培养应用型人才的压力下对其实验室建设与管理尤其关注。只有重视且正视存在的问题，积极解决，打造良好的实验教学环境，才能为培养高素质应用型人才助力。

参考文献

[1] 梁永红. 高校实验室管理存在的问题及策略研究[J]. 科技风，2022(24)：133-135.
[2] 余霞. 实验室管理中的问题与对策分析[J]. 集成电路应用，2022，39(8)：178-179.
[3] 陈少晖. 基于大数据技术的实验室建设与管理探究[J]. 科技创新导报，2020，17(9)：164+166.
[4] 于晨，陈驰，代安娜. 民办高校实验室管理的科学化构建[J]. 湖北开放职业学院学报，2018，31(21)：53-54.
[5] 董雨. 浅析民办高校实验室教学与实验建设存在的问题及对策[J]. 教育教学论坛，2016(38)：273-274.
[6] 李可. 应用型本科院校经济管理类实验室建设的实践及思考[J]. 现代经济信息，2015(21)：439.
[7] 岳倩倩，王先桂. 民办高校实验室管理探索[J]. 科技风，2023(15)：149-151.
[8] 龚小龙. 大学实验室管理评价标准的科学化构建模式[J]. 大众标准化，2023(11)：13-15.

电子化对高校实验室日常数据记录的提升作用研究

孙　斌

（湖南应用技术学院 经济管理学院 湖南 常德 415000）

摘要：本文的核心内容是电子化对现阶段高校机房实验室日常数据记录与管理方面的提升作用。本文的核心思想是使用当前时代已有的信息化方法，对高校机房实验室日常数据记录与管理方面的工作进行升级，使其完全电子化，摆脱半手工半电子化的困境。为实现这一设想，本文提出将高校实验室日常数据记录过程全电子化的方法，以及通过现有计算机软件与云端平台代替传统的半手工半电子的数据共享与处理方法。该方法在提升数据准确性及数据收集速度方面有较明显提升，在数据互通方面有不小的进步。本研究具有一定的意义，对高校实验室的建设具有一定的参考价值。

关键词：电子化；高校实验室；数据记录；云端化

1　引言

现在是信息化技术高速发展的时代，信息化技术对各行各业都有着深刻的影响。从以前的黑板粉笔，到后来的多媒体投影教学，再到现在的智慧黑板智能教学，信息化对教育行业的影响在数十年间快速展露出来。高校实验室的方方面面也被信息化不断影响，从以前的纯手工记录，到现在的半手工半电子化记录，便是信息化对实验室日常数据记录影响的证明。最开始的纯手工记录，容易出现差错，数据的准确性与记录时间是否及时，与工作人员有着直接的关系。到了半手工半电子化记录的时候，由于电子化记录的信息依然依赖于一开始的手工记录，手工记录出现问题时也会直接影响到电子记录。

综上所述，本文旨在通过信息化手段，即全电子化与云端化来提升高校实验室的数据记录和数据互通，并结合电子化的意义，分析电子化在高校实验室日常数据记录中的应用，以及对高校实验室的数据记录在信息化时代实现提升，为高等教育的发展作出贡献。

2　高校实验室日常数据记录现状

日常数据记录是高校实验室日常运作的重要组成部分，是对实验室情况进行了解的主要方法。在教育高质量发展、网络与计算机设备高度普及的现在，相关方对实验室数据记录的及时性、准确性、科学性与互通性要求越来越高，而高校实验室日常数据记录的水平与相关需求还有部分差距。

2.1　原始数据手动记录

现阶段实验室原始日常数据记录普遍为以纸质为载体的手工记录，主要分为两类，一类是由管理员自己填写的日常事件类记录，另一类是由上课教师等实验室使用人员填写的日常使用登记类记录。填写时，管理员和实验室使用人员在高校统一制定、发放的多项目标准纸质记录本上，按对应的填写规则进行手工填写，形成原始数据记录，并将纸质记录本按时间排列存档。

2.2 电子化录入

随着信息化的不断发展，对于数据的存储与处理已经不再局限于纸质上，而是经由录入人员将数据录入电子表格后再通过电子设备处理。因此完成原始数据的记录后，还需要管理员定期将纸质记录本上的数据逐一录入到计算机中进行电子化，在让数据可以被基于计算机性能的电子软件快速处理的同时，也让数据可以多次备份，不会因为纸质记录本丢失或损坏而导致数据不完整。

2.3 电子化数据为主要传播形态

现在，填写完成后的纸质数据记录从开始到全部填写完成及其之后的时间都一直处于实验室管理员的保管中，不会调出，非管理员阅览通常需要前往实验室由管理员调出并当场观看，离开时也会由管理员重新保存继续作为原始记录。但根据原始数据记录录入后的电子化数据，因为可以不断地复制、备份，并通过普及度极高的网络和电子设备快速传输，却成了需要高校实验室日常数据记录的各个部门和个人之间流传的主要传播形态。

3 实验室日常数据记录存在的问题

信息化是现代发展的方向，是无法更改的趋势，社会各方面都需要精准、及时、全面的数据并对其进行高效处理。同样的，高等教育对于信息化的需求只增不减。每当信息技术发展到了更高的台阶，高校实验室，特别是其中的机房实验室便需要与时俱进，在合适的时候升级自己的电子化水平。电子化对高校实验室来说，不只是信息技术的发展，更是包括了数据采集、转化、处理、互通等多个方面。

3.1 手工记录数据易出错

以往的高校实验室，日常数据记录方法存在着许多的问题。如在进行手工数据记录时，会出现数据记录差错，这些差错很多时候是因为填写人笔迹不清晰、对于填写规则不熟悉、按自身理解方式进行填写，以及手工记录时出现的数据忽略、错漏问题产生的。当数据量不大时错误是不易出现的，但手工记录无法时刻满足数据记录对规范性与准确性的需求。因此当有大量数据需要进行录入时，在录入过程中存在的复杂性和易错性就会大幅度提高，而且之后的检查与纠错也会变得烦琐。同时，由于手工数据记录是在纸质文件上进行的，一旦整理和归档工作出现问题，便会有让花费了大量时间记录下来的数据丢失的风险。

3.2 电子化录入受手工记录的影响

再者，就是对于原始记录数据进行电子化录入时，也会因为数据忽略、错漏问题而导致输入的数据出现差错。原始记录数据是进行电子化录入的基础，其准确与否直接决定了电子化录入的数据是否正确，是否需要纠正、修改。但记载于纸质文件上的原始数据在检查时可追溯性低，追溯结果不准确，且一直存在纸质载体损坏、遗失的风险，进而易导致电子化数据的完整性、准确性出现问题。

3.3 数据互通性不足

完成电子化记录后，原始数据不仅需要管理员自己保存，更需要发给多个部门或个人以供数据分析、资料参考、数据佐证、文件存档、定时记录等。但数据只存在于实验室管理员一边，其他部门或个人想要获取数据时需要联系管理员单独发送过来，致使多个部门或人员之间都需要管理员单独发送数据。同时，因为部门之间交流性不高，彼此之间并不了解对方是否拥有同样的文件。这种情况导致了每一个部门想要同一份数据时，都选择单独联络管理员，增加了管理员重复行为的次数和数据互通的难度。

4 电子化在高校实验室日常数据记录中的应用

4.1 实验室日常数据记录全程电子化

通过全程电子化，实验室的日常数据记录不再依赖传统的纸质记录方式，而是通过电子设备进行记录和储存。在记录原始数据的过程中，管理员或实验室使用人员可以通过电子设备直接输入数据，从而避免了烦琐且容易出错的手工记录过程。全程电子化的原始数据录入方式，可以通过限定表格填入信息、提供对应的标准化填入内容的方式，及时地阻止、纠正第三方填入表格内的错误数据。对于不熟悉甚至不了解填写规则的填写人也可以通过当场的电子化查询了解，而不必通过以往的开会、发消息、人传人等方式让其得知填写规则。同时，将电子化数据备份于指定云端供多部门查看，既可以让需要数据的部门了解数据的更新、有无情况，也避免了实验室管理员需要给多个部门单独发送的情况。这种方式不仅提高了数据记录的准确性和可靠性，同时也加快了数据获取的速度。传统的纸质记录方式数据易丢失和破损，且在电子化录入时容易出错，而全程电子化记录方式可以有效地解决这些问题。

4.2 实验室电子数据云端化

实验室电子数据云端化是指将实验室日常数据的电子化记录存储在计算机中的同时也发送到高校自身的云端平台上储存，实验室管理员和其他需要数据的部门或个人可以通过校园网络与对应账号在登录云端平台后随时随地访问和查阅数据。这种方式避免了纸质记录的局限性，可以更加便捷地获取所需要的数据。云端化之后的数据可以实现统一存储和实时访问。之前的实验室数据因为由实验室管理员保存，在存在多个实验室管理员时，数据也会由多名管理员分别保存。这种情况往往会出现数据分散、丢失和难以共享的问题。实验室管理员们通常会使用各自的计算机或存储设备存放数据，既导致数据的分散和重复存储，又导致其他部门或个人需要数据时不仅需要联系实验室管理员，还需要从多个管理员中逐个询问才能找到自己需要的数据。而云端数据管理能够将实验室的数据集中存储在云端平台，实现数据的公共化与透明化。这种公共化与透明化及实时访问的好处在于，可以避免数据的丢失和冗余存储，让需要实验室数据的部门或个人无须逐一联系实验室管理员，提高了数据的利用与传播效率，为高校日常工作带来了便利。同时，云端平台还可以进行数据备份，确保数据的安全性。即使出现意外情况，如网络断开或数据丢失，也可以通过计算机中离线的备份数据进行恢复。云端化的公共与透明为高校实验室的数据互通提供了重要的支持。

5 结语

本文旨在探讨电子化对高校实验室日常数据记录方面的提升作用，并通过实验室日常数据记录全程电子化、实验室电子数据云端化两个方法进行了举例说明。文中提出的两种方法可以大幅提高实验室记录数据的效率和准确性，减少人为错误，为实验室与高校其他部门工作的展开提供有效支持。此外，本文还通过文献回顾和分析，对高校现在的实验室日常数据记录方面的背景现状、问题，以及应用进行了较全面的探讨。

本文的观点仍有一定的不足之处，未来的研究可以从更为系统的数据传递体系、各部门加大相互之间的沟通力度等方面加以改进和拓展。本文的研究结果和讨论对高校实验室的信息化建设和管理具有一定意义，并可为未来的实践提供一定的参考。

参考文献

[1] 欧东兰，唐万欢. 实验室建设与管理模式的创新探索[J]. 大众标准化，2023(10)：71-73.
[2] 顾倩，刘剑文. 高校实验室建设管理模式探索与实践[J]. 实验室科学，2023，26(3)：156-159.
[3] 魏阙，辛欣. 建设世界科技强国背景下国家实验室建设研究[J]. 创新科技，2023，23(5)：11-17.
[4] 方信昀，江铖，钱丽娟，等. 数字化计量实验室建设方案探究[J]. 中国计量，2022(12)：46-49.
[5] 文宇萍，崔泰花，金清. 浅析高校加强实验室建设的举措[J]. 山东化工，2022，51(24)：187-189.
[6] 郭跃东，方明月，张成. 新形势下应用型本科院校实验室建设与改革[J]. 现代商贸工业，2023，44(10)：250-251.
[7] 赵丹汇. 实验室信息化建设的现状与思考[J]. 电子质量，2022(7)：163-167.
[8] 范桐菲，李中闯. “智能+”时代高校实验室信息化建设的实践[J]. 科技资讯，2023，21(3)：167-170.

图书在版编目(CIP)数据

教育教学思想探讨与教学管理研究 / 李旋旗，何曦，吴建功主编. —长沙：中南大学出版社，2024.6

ISBN 978-7-5487-5851-8

Ⅰ. ①教… Ⅱ. ①李… ②何… ③吴… Ⅲ. ①经济管理—教育思想—研究②经济管理—教学管理—研究 Ⅳ. ①F2-4

中国国家版本馆 CIP 数据核字(2024)第 100782 号

教育教学思想探讨与教学管理研究

JIAOYU JIAOXUE SIXIANG TANTAO YU JIAOXUE GUANLI YANJIU

李旋旗　何　曦　吴建功　主编

□出 版 人　林绵优
□责任编辑　彭辉丽
□责任印制　唐　曦
□出版发行　中南大学出版社
　　社址：长沙市麓山南路　　邮编：410083
　　发行科电话：0731-88876770　　传真：0731-88710482
□印　　装　广东虎彩云印刷有限公司

□开　　本　787 mm×1092 mm 1/16　□印张 18.25　□字数 462 千字
□版　　次　2024 年 6 月第 1 版　□印次 2024 年 6 月第 1 次印刷
□书　　号　ISBN 978-7-5487-5851-8
□定　　价　85.00 元